RUNAS
NÓRDICAS

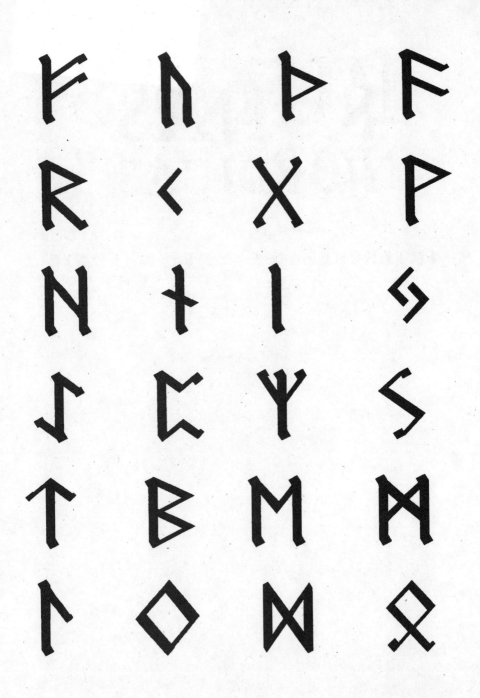

Runas del futhark antiguo

RUNAS NÓRDICAS

INTERPRETACIÓN DEL ANTIGUO ORÁCULO VIKINGO

PAUL RHYS MOUNTFORT

TRADUCCIÓN POR ADRIANA ÁLVAREZ

Inner Traditions en Español
Rochester, Vermont

A mi hijo, Finn, el valiente de corazón

Inner Traditions en Español
One Park Street
Rochester, Vermont 05767
www.InnerTraditions.com

Inner Traditions en Español es un sello de Inner Traditions International

ISBN 979-8-88850-010-1 (impreso)
ISBN 979-8-88850-011-8 (libro electrónico)

Impreso y encuadernado en Estados Unidos por Lake Book Manufacturing.

10 9 8 7 6 5 4 3 2 1

Diseño del texto y maquetación de Priscilla Baker.
Maquetación en español de Kira Kariakin.
Este libro se ha transcrito en Sabon LT con Mason como fuente de visualización.

Escanea el código QR y ahorra un 25 % en InnerTraditions. com. Explora más de 2.000 títulos en español e inglés sobre espiritualidad, ocultismo, misterios antiguos, nuevas ciencias, salud holística y medicina natural.

ÍNDICE

PREFACI⊙

Runas *nórdicas* es un volumen que acompaña a mi obra *Ogam: The Celtic Oracle of the Trees* y es una guía similar al libro anterior, ya que presenta un sistema funcional de adivinación basado en materiales antiguos y auténticos. Junto con una obra de próxima aparición, *Tarot: Oracle of the West*, forma parte de una trilogía oracular que pretende demostrar que los significados encarnados en los sistemas adivinatorios de los antiguos celtas y nórdicos, y de las culturas más amplias de Europa occidental, con sus profundas resonancias paganas, son mucho más ricos de lo que se ha sospechado hasta ahora. En ellos encontramos plasmadas las principales imágenes, enseñanzas y técnicas de los misterios occidentales. Al mismo tiempo, estos libros pretenden ser sistemas prácticos de divinización, y *Runas nórdicas* no es la excepción.

El hechizo de las Runas, tanto en el imaginario colectivo como en nuestras vidas individuales a través de su uso como fichas en la adivinación, la magia y la visualización creativa, es muy poderoso. Al conocerlo, este conjunto de signos, a primera vista sencillo, se expande casi de manera infinita para revelar todo un sistema de correspondencia y sabiduría mágica. Sus signos oraculares forman una red de caminos no menos potente que el alfabeto hebreo en la cábala, que ha sido durante mucho tiempo un pilar del ocultismo occidental. Como revelan las páginas que siguen, las Runas contienen un plano o mapa de carreteras hacia los misterios nórdicos y, más allá de su función adivinatoria, una especie de iniciación en una profunda tradición cultural. Al utilizar las Runas, el lector no solo puede acceder a esta singular tradición de sabiduría, sino también participar en su renacimiento contemporáneo.

Es preciso abordar algunas cuestiones técnicas para ayudar al lector a navegar por las páginas que siguen con la mayor facilidad. La primera se refiere al uso de nombres y otros términos arcaicos: aunque he tenido en cuenta el uso de acentos de las fuentes originales en inglés antiguo, noruego e islandés, no he incluido (con cierto pesar) letras de estas lenguas que no aparecen en el idioma moderno. Dar el salto mental de Odín a la representación nativa de su nombre, *Óðinn*, puede no suponer demasiado problema, y con el tiempo *Þórr* se hace reconocible como Thor, pero los términos menos familiares imponen exigencias poco razonables incluso al lector más razonable. No obstante, he hecho una excepción con los títulos de poemas, sagas y cuentos, que me parecen merecedores de un tratamiento especial; las traducciones a nuestro idioma figuran entre paréntesis. Otra fuente de confusión puede ser el uso selectivo de mayúsculas para una misma palabra en algunos contextos, pero no en otros: por regla general, utilizo la expresión las Runas para referirme al alfabeto futhark antiguo utilizado para la adivinación rúnica, y runas para las letras individuales y, más en general, para las demás escrituras rúnicas que existieron en siglos pasados. También utilizo minúsculas para referirme a las formas históricas de paganismo, mientras que el Paganismo contemporáneo se escribe con P mayúscula para establecer una distinción entre las creencias primitivas y su resurgimiento moderno. Por último, sigo la convención académica moderna de sustituir los anticuados términos "a. C." y "d. C." (antes de Cristo y después de Cristo) por "a. e. c." (antes de la era común) y "e. c." (era común), por razones obvias.

Me gustaría dar las gracias a todos los que han hecho posible este trabajo, en especial a mi pareja, Claire, y a nuestro hijo, Finn, por su paciencia, apoyo e inspiración. De entre quienes han contribuido de manera directa o indirecta a este trabajo, me gustaría agradecer a mi madre y a mi padre su ayuda y apoyo a lo largo del camino; a los hermanos Downey y a su familia extendida, en especial a Kirk y Shane; y al indomable Rhys Hughes. A Wilson y Margaret Harris por animarme en mis investigaciones, a Elaine Sanborn y Jon Graham de Inner Traditions por su fabuloso entusiasmo, y a Paora Te Rangiuaia, fabricante de talismanes, por guardar el manuscrito en mágica confianza. A Cian MacFhiarais y demás integrantes del Aquelarre de Triple Moon, mis más sinceros saludos. Por último, todo escritor debería tener un hogar lejos de su hogar: mi agradecimiento al Lazy Lounge Café, casa de viajantes y refugio seguro que da hacia el mar al norte y al sur; que sus propietarios, Nick y Pat, gocen del favor de los dioses por su generosidad de espíritu.

EL ORIGEN DE LAS RUNAS Y CÓMO USAR ESTE LIBRO

Este libro es una guía completa para quienes deseen aprovechar el pozo de sabiduría práctica y esotérica que encierran las antiguas Runas. Ofrece las herramientas necesarias para interpretar "las runas de la buena ayuda" y las enseñanzas de la tradición de sabiduría nórdica en las que se fundamentan. Las veinticuatro runas del antiguo alfabeto futhark, que cobraron protagonismo hace unos dos mil años, son hoy más relevantes que nunca para nosotros, en los albores de un nuevo milenio. Al igual que las imágenes de la baraja del tarot y los hexagramas del *I Ching*, las Runas son claves profundas para la capacitación personal, el autodesarrollo y la consciencia espiritual.

Las Runas son originarias de las culturas tradicionales del norte de Europa, con profundas resonancias en el mundo pagano nórdico de diosas y dioses elevados, fuerzas elementales, gigantes, enanos, guerreros y magos que inspiraron, entre otros, a J. R. R. Tolkien en la escritura de sus obras de ficción fantástica. Cuentos antiguos hablan de su descubrimiento por el dios mago Odín y de su uso en magia y adivinación. Este último uso predictivo de las runas continúa entre nosotros hoy en día, en guías como esta. Sin embargo, este libro sostiene que las veinticuatro runas del futhark antiguo son más que meras fichas adivinatorias: son una potente clave del rico patrimonio mitológico del mundo nórdico. Como veremos, cada símbolo (runa individual) evoca un conjunto de relatos y correspondencias en el antiguo mito nórdico; codifican un conjunto de profundas enseñanzas, toda una tradición de sabiduría. Además, estas enseñanzas son

1

universales y atemporales, y transmiten mensajes que trascienden su origen noreuropeo. Para el lector de runas, el sistema rúnico es un espejo mágico de símbolos al que, mediante el acto de consulta, se puede recurrir para reflejar la naturaleza de una situación y ofrecer consejo u orientación.

Adivinar, en el sentido original y literal de la palabra, quiere decir descubrir una visión superior, el funcionamiento del destino o "la voluntad de los dioses", según se aplique a nuestras vidas. Los sistemas de adivinación, como las Runas, se basan en conjuntos de signos significativos, presagios que elegimos "al azar" y entre los que buscamos su mensaje personal para nosotros. Pero, ¿cómo podría funcionar un procedimiento así? La respuesta tradicional nórdica sería que en la red del Wyrd (destino), todas las cosas y acontecimientos resuenan de una manera profunda y luminosa, y que las Runas registran con fidelidad la firma de los movimientos energéticos subyacentes a nuestro propio y único destino en el momento de la consulta. El racionalismo científico de Occidente no suele admitir que los sucesos que no están relacionados de manera causal puedan tener una conexión subyacente, pero la idea ya no es desacreditable, ni siquiera en términos científicos, pues la propia noción de aleatoriedad se ha sometido cada vez más a escrutinio en los tiempos modernos. En la década de 1950, C. G. Jung introdujo el concepto de sincronicidad, que describió como "coincidencia significativa", y algunos teóricos cuánticos han apoyado su convicción de que los sucesos "fortuitos" no vinculados en el aspecto físico o causal pueden, no obstante, surgir de un principio de orden más profundo. A pesar de todo su caos, estamos entrando en una época apasionante en la que la ciencia moderna y la magia antigua pueden por fin encontrarse y dialogar.

En el mundo antiguo, la adivinación se atribuía, por supuesto, a la actividad de dioses y espíritus. Tanto si consideramos a estas entidades como reales o metafóricas, es de vital importancia que en el norte de Europa el más alto de todos los dioses, Odín (que como el germánico Woden o Wotan dio su nombre a *Wednesday*, miércoles en inglés), fuera el descubridor y señor de las Runas. De hecho, Odín ofrece el modelo para el dominio del sistema rúnico: en el mito nórdico, baja del árbol del mundo y se somete a un sacrificio para extraer las Runas del pozo de Mímir. Este puede entenderse de varias maneras: como la psique del lector de runas, el inconsciente colectivo y el mundo de las formas de energía que subyacen a la materia física, ya que la historia de la búsqueda de Odín es en realidad un código para el proceso de mirar dentro y alcanzar en él el conocimiento de todos los mundos. Las Runas son las muestras físicas de su sabiduría, obtenida con tanto esfuerzo, y ofrecidas a aquellos "a quienes puedan servir".

¿De qué manera encarnan las Runas la sabiduría de Odín? En primer lugar, los signos rúnicos encierran muchos significados. Cada runa tiene un campo de asociaciones que perduraron para nosotros en tres antiguos "poemas rúnicos", que parecen estar basados en tradiciones orales mucho más antiguas. En la mitología nórdica, Odín era el dios y patrón de la tradición oral, por lo que la sabiduría de las runas y las costumbres populares acumuladas que representan pueden verse como emanadas de él y de diversas formas de la diosa, de cuyos manantiales de conocimiento se nutrió el propio Odín. Por ejemplo, la imagen de la primera runa, ᚠ (*fehu*), es el ganado. Las principales correspondencias son los bienes, la riqueza y la ganancia, ya que en la antigua cultura nórdica valías tanto como tu rebaño de ganado. En una lectura rúnica, cada runa se interpreta como un presagio de significado personal, por lo que *fehu* significa suerte material y ganancia, y en este libro se titula *abundancia*. ¡Es obvio que nos alegraría la aparición de *fehu* en una lectura para el presente o el futuro próximo! Sin embargo, como se verá en la parte 2 de este libro, "Símbolos rúnicos", la asociación de *fehu* con la riqueza, la buena fortuna y la codicia evoca temas míticos y legendarios mucho más profundos en la tradición rúnica.

Las Runas pueden enseñarnos el autodominio y regalarnos sus frutos. En las fuentes originales, se las elogia como guía para la acción, remedio para la desgracia y herramienta mágica para promover el empoderamiento, la realización, la prosperidad y la paz. Este es el espíritu con el que las Runas funcionan para nosotros hoy en día.

TRADICIÓN RÚNICA

Runas nórdicas se divide en tres partes, como la estructura de un árbol. La primera parte, "Tradición rúnica", las sigue hasta sus raíces en la Antigüedad pagana, e introduce al lector en la historia del alfabeto. Aquí conocerás el mundo de los misterios rúnicos codificados en antiguas escrituras e inscripciones, transmitidos por los gremios rúnicos y de los que se hacen eco los poemas rúnicos. También aprenderás sobre la historia de las Runas tal y como se cuenta en las Eddas islandesas medievales, esos notables vestigios del mito y la literatura nórdica pagana. Además de ser informativas, estas fuentes tienen un gran poder y belleza: nos acercan tanto como puede hacerlo la palabra escrita de una era cristiana a lo que se decía y recitaba en aquellos tiempos en los que la palabra hablada y el secreto susurrado dominaban.

Algunos lectores desearán, por supuesto, pasar directamente a la parte final del libro, "Tirada de runas", y su trabajo práctico de adivinación. Sin embargo, muchos lectores de runas comparten un profundo interés por el mundo de las antiguas tribus nórdicas y germánicas, y las Runas actúan como un puente hacia esas culturas, fundadoras de la identidad europea. Al igual que la cultura celta, la herencia nórdica no reside en los restos románicos de las instituciones jurídicas y la palabra escrita, sino en las raíces tribales y chamánicas de una Europa otrora cubierta de bosques y rebosante de bestias tanto reales como mitológicas, un mundo de misterio y magia.

A través de las Runas podemos acceder a esta antigua herencia pagana, y aprovechar una fuente que continúa inspirándonos hoy en día. Los devotos de los misterios nórdicos tienden a considerar a Odín y a la diosa de la fertilidad Freya (que prestó su nombre al día viernes en inglés, *Friday**) como deidades guardianas, guías profundos para recuperar las antiguas costumbres. Odín, al igual que los héroes magos del mundo celta, bebe de una copa de

---

*Nótese que la palabra para viernes en inglés, *Friday*, deriva en realidad de *Frigg*, la esposa de Odín (en nórdico antiguo es *Frigg's daeg*). Sin embargo, creo, al igual que muchos estudiosos, que Frigg y Freya (la esposa y la amante de Odín, respectivamente) fueron en su día dos aspectos de la misma diosa, como sugiere la similitud lingüística de sus nombres.

hidromiel divina y más tarde se impregna de la sabiduría de las Runas. Sin embargo, el mito nórdico también reconoce el poder de lo femenino y sirve de inspiración tanto a hombres como a mujeres. De hecho, varios relatos antiguos cuentan cómo Odín fue instruido por Freya en las artes de la *seidr*, su propia escuela de magia, y podemos ver que recipientes rituales como el pozo, el caldero y la copa, de los que bebe en sus corrientes de inspiración, son en última instancia símbolos de las aguas "femeninas" del inconsciente, que brotan de la sabiduría de la diosa. A través de las Runas, nosotros también podemos recurrir a este profundo pozo.

SÍMBOLOS RÚNICOS

La segunda parte de este libro, "Símbolos rúnicos", es el "tronco" del árbol, el almacén de savia vital en el que se destilan las aguas de la inspiración. Aquí encontrarás las veinticuatro runas del futhark antiguo, junto con sus asociaciones, significados y sabiduría única. Aunque en el sentido popular de la adivinación pueden funcionar como una manera de leer la fortuna, las Runas son en realidad una puerta de entrada, un conjunto de potentes enseñanzas que pueden actuar como una iniciación en una profunda tradición cultural.

Mi comentario sobre cada runa incluye los nombres de la runa, los versos del poema rúnico, una visualización, su significado adivinatorio (con palabras clave) y el trasfondo único de la runa en el mito y la leyenda. Además de los comentarios a continuación, una sección al principio de la parte 2 titulada "Guía de símbolos" te orientará en el uso de estos comentarios. Recuerda que el arte de adivinar con las Runas se desarrolla con la práctica y la experiencia. Una vez dominado, es en realidad una técnica sencilla y elemental para acceder a la sabiduría que yace en el interior.

¿Qué conforma el nombre de una runa? En primer lugar, diversos comentaristas utilizan varios títulos para los símbolos, desde el nórdico antiguo hasta el inglés antiguo, por lo que es útil conocer estas variaciones. En muchos casos, los nombres de las Runas son en sí mismos significativos, como *fehu*, del que deriva la palabra inglesa moderna *fee* (cuota, tarifa, tasa, etc). Y en términos mágicos, el propio nombre de la runa se considera poderoso y resonante, una parte vital de su identidad. En segundo lugar, los nombres solían acompañarse y aprenderse gracias a los versos del poema unido a cada runa. Estas bellas líneas encarnan la sabiduría tradicional con la que se asocian los símbolos y mejoran bastante nuestra percepción de ellos. Para este libro he realizado mis propias traducciones y eliminado las ocasionales e intrusivas referencias bíblicas con el fin de reparar los poemas. En la reproducción íntegra de los poemas que se encuentran en "Tradición rúnica", estos cambios se han señalado con corchetes, y la bibliografía dirige al lector a otras traducciones, para quien esté interesado. Como veremos, estos poemas oraculares son comunes a muchos sistemas de adivinación, en todas las culturas, y con paciencia generan muchas perspectivas. Luego, el lector encontrará una visualización para cada runa que conduce al corazón de su imagen primaria: estas imágenes nos ayudan a ir más allá de la palabra escrita, al ámbito intuitivo e imaginativo y están ahí para ser contempladas. En la tradición, solían ser una ayuda para asociar el símbolo. También ofrecen una imagen gráfica del carácter de la runa para retenerla en la mente.

Tras la visualización se encuentra la parte más importante de todas: una sección titulada "Significado" que ofrece el oráculo o el mensaje clave de esa runa. Más que una simple predicción, es una especie de lección que se dirige directamente a ti con orientación adecuada a las necesidades del momento. Aquí es donde la adivinación cobra vida propia y adquiere un carácter personal.

Por último, se habla de los mitos y leyendas conectados a cada runa. Allí podrás explorar los varios temas subyacentes al significado de las Runas y obtener una base más profunda en el sistema nórdico pagano sobre el cual se fundan las lecciones de la Runa. Estos temas también ayudan a explicar la bifurcación de los caminos de asociación que cada runa tiene en el vasto cuerpo de la tradición antigua de los misterios nórdicos (el término "antiguo" se utiliza en referencia a todas las cosas relacionadas con el mundo nórdico precristiano, aunque a veces significa "más viejo"). Si lo deseas, puedes detenerte en la sección "Significado", sobre todo mientras te familiarizas con tus Runas. Sin embargo, a largo plazo resultará muy enriquecedor adquirir un sentido más profundo de la unidad subyacente del cosmos rúnico y captar las antiguas historias, creencias y rituales que crearon la gran sabiduría rúnica. Este libro recurre, en mayor medida que ningún otro, al fabuloso tesoro de la literatura islandesa, cuya tradición narrativa es la mejor conservada de los pueblos septentrionales. En tales materiales, gran parte de los cuales han llegado hasta nosotros en una forma conocida como poesía sapiencial, se encuentra un tesoro de orientación y conocimientos arquetípicos, de mitos, no en el sentido moderno de falsedades y mentiras, sino de mitos según los cuales vivir.

TIRADA DE RUNAS

La tercera parte de *Runas nórdicas*, "Tirada de runas", es como las ramas del árbol, que se extienden hacia las infinitas posibilidades del futuro. Se ha dicho que "el mito es el símbolo en movimiento", y la adivinación podría describirse como la puesta en movimiento del mito; es decir, nos ayuda a observar cómo la mitología y sus arquetipos se manifiestan en nuestras vidas. Las runas se tallan mejor en piedras pequeñas o en algún otro material natural, aunque hoy en día mucha gente posee juegos de arcilla producidos en serie. Es la "tirada" o colocación de runas lo que las pone en movimiento, por así decirlo. Lejos de ser un ejercicio morboso y ligado al destino, la adivinación rúnica es un arte fortalecedor que nos abre a las innumerables posibilidades que presentan los caminos que se bifurcan en la vida.

En la parte 3 se hace una breve reseña del movimiento contemporáneo que se ocupa de "Re-cordar la tradición" de la adivinación rúnica, y le ofrece al lector un sentido del contexto de este arte mágico e inspirado. Después viene una sección titulada "La teoría de la adivinación rúnica", en la que antiguos conceptos nórdicos como *wyrd* y *ørlog* se enfrentan a la teoría de la sincronicidad de Jung y a la física cuántica. Esta última sección será de especial interés para los curiosos que quieran saber cómo y por qué funcionan las runas. Luego, abordaremos los aspectos prácticos del trabajo rúnico, como los métodos tradicionales de fundición de runas y las técnicas asociadas, como "recargar" un conjunto de piedras rúnicas e invocar el buen consejo.

A continuación, una sección titulada "Tiradas y lecturas" ofrece cinco métodos de tirada de runas, desde los más sencillos hasta los más avanzados. También se incluyen casos prácticos, que deberían servir de ayuda para establecer algunos principios básicos de la lectura de runas. Sin embargo, solo son puntos de partida. La interpretación rúnica sigue siendo una práctica muy individual que depende de la intuición y la inspiración del lector. La innovación y la evolución son posibles porque el sistema está vivo y en crecimiento. Como dice Nigel Pennick en su obra *Secrets of the Runes*: "Para que [las runas] tengan algún valor, tanto los significados como los usos mágicos de las runas deben estar relacionados con las condiciones actuales. Por supuesto, aunque hay algunos significados que nunca serán los apropiados para ciertas runas, siempre deben entenderse en términos de las condiciones actuales. Este enfoque creativo y no dogmático es un aspecto característico de la tradición nórdica hoy en día, como lo fue en épocas pasadas"[1].

Este libro puede darnos las llaves, pero corresponde al lector elegir qué puertas abrir y cómo hacerlo. El curso trazado en *Runas nórdicas* no es más que una posible ruta a través del "Camino del bosque", por utilizar el término que Michael Howard emplea para el trabajo rúnico. Sé creativo en tu trabajo con las tradiciones nórdicas y germánicas, bordándolas con novedosos elementos propios. El significado de los signos rúnicos nunca se considera definitivo; parte de la vitalidad de la tradición reside en el hecho de que, como lector, te animamos a crear tus propias correspondencias a partir de la experiencia y la intuición. De este modo, el objetivo final es personalizar los significados rúnicos y que los signos externos se conviertan en símbolos de una cosmografía interior en evolución. En este sentido el verdadero libro de Runas es el que se lleva dentro: un libro interno de asociaciones construido a través de la práctica y la experiencia.

He descubierto que se pueden obtener grandes beneficios a partir de la exploración de los mundos de la tradición rúnica. Muchos han descubierto que las Runas se convierten en amigos y guías, señales en nuestro progreso a través del laberinto de la vida. Ningún sistema esotérico o adivinatorio puede responder a todos los dilemas de la vida, pero las Runas nos sugieren caminos positivos que podemos tomar, así como agentes de autotransformación, desarrollo interior y empoderamiento en el mundo. Son señales de una sabiduría superior para aquellos que aprenden el arte de la interpretación rúnica.

¡Que tu propio viaje a través de los campos del trabajo y del juego rúnico sea fructífero y gratificante!

Parte 1

TRADICIÓN RÚNICA

Cantaré desde la silla del sabio
*   junto al manantial sagrado de las Nornas;*
Observé y escuché,   ví y pensé
*   en las palabras de los sabios*
cuando hablaban de las runas   y de lo que revelan
en el salón del Altísimo,   en el salón del Altísimo—
*   esto es lo que oí. . .*

*   HÁVAMÁL (DICHOS DEL ALTÍSIMO),*
*   POEMAS DE LA "EDDA MAYOR"*

EL REGALO DE ODÍN

La tradición nórdica atribuye el descubrimiento de las Runas al "Padre de Todo", Odín, señor de la inspiración, la profecía, la comunicación secreta y la sabiduría y, lo que es más siniestro, dios de las encrucijadas, los ahorcados y los muertos. La búsqueda de Odín del pozo de Mímir, en las raíces del árbol del mundo, da comienzo al relato. El pozo es un símbolo clásico del inconsciente colectivo, la reserva de energías y fuerzas que nutren las raíces de toda vida y sustentan el conocimiento y el destino. Asimismo, es un símbolo femenino, relacionado con los antiguos misterios de la diosa. La inmersión de Odín en las profundidades del pozo simboliza un proceso de reflexión interior, una búsqueda de la verdad y el significado. Es un relato profundo, instructivo e inspirador y una importante puerta de entrada a la sabiduría de las Runas para aquellos que buscan beber de las aguas del pozo de Mímir.

La narración de la historia que figura a continuación se basa en fuentes de la literatura islandesa medieval que pronto veremos con más detalle. También ilustra el importantísimo modelo de los nueve mundos de la mitología nórdica (fig. 1.1, página 13).

Esta es la historia de cómo Odín, el Padre de Todo, se convirtió en el más sabio de los dioses. Yggdrasil, el gran fresno del mundo, se alza en el centro del universo, abarcando los nueve mundos. Los "más altos" de estos mundos son: Asgard, hogar de los dioses superiores conocidos como los æsir, que se encuentra en la copa; Ljossálfheim, tierra de los elfos de la luz; y Vanaheim, hogar de los dioses de la fertilidad conocidos como los vanir. En el tronco se encuentra Midgard, la Tierra Media, "la hermosa morada del hombre", que está unida a Asgard por Bifröst, el puente del arcoíris. Al norte, está Niflheim, tierra de granizo y hielo perpetuos; al sur está el reino del fuego ardiente.

Algunos afirman que Jötunheim, dominio de los hostiles gigantes de roca y escarcha, se encuentra al este de Midgard y Vanaheim al oeste. Otros sostienen que Vanaheim está arriba y que Niflheim está bajo el suelo, en el reino de las sombras. Los dos mundos de los pequeños que trabajan la tierra son como uno solo: son Nidavellir, tierra de los enanos, y Svartálfaheim, tierra de los elfos oscuros. Debajo de todos los mundos está Hel, envuelta en la niebla, que algunos llaman la ciudadela de Niflheim. Sus murallas son imponentes y sus puertas prohibitivas.

Tres inmensas raíces del árbol sagrado penetran en los mundos. La primera de estas raíces se sumerge en el pozo de Urd en Asgard, donde las nornas tejen los destinos de dioses y hombres. La segunda penetra hasta el pozo de Mímir, más allá de la ciudadela de los gigantes, donde brotan las aguas de la inspiración. La tercera raíz cae en Hvergelmir, en Hel: aquí habita el dragón Nidhogg, terrible devorador de cadáveres.

Yggdrasil es el eje que une todos los mundos. Conocido como el árbol guardián, sustenta y mantiene toda la vida. No tiene principio ni fin conocidos; Yggdrasil fue y es y siempre será. En el ocaso de los dioses, cuando se libre la batalla de Ragnarök, incluso Odín está destinado a morir, junto con muchos de los otros dioses sagrados, pero Yggdrasil sobrevivirá y de él surgirán nuevos mundos. Sin embargo, incluso el gran árbol está protegido por las tres nornas: Urd (destino), Verdandi (necesidad) y Skuld (ser). Son ellas las que cuidan y riegan el árbol.

Odín se puso en camino, viajó desde Asgard hasta las raíces de Yggdrasil, y entre sus gigantescos surcos encontró el camino hacia el pozo de Mímir. Ahora bien, las aguas del pozo de Mímir poseen un don incomparable, pues confieren a quien las bebe el elixir de la sabiduría. Solo, Odín se acercó a Mímir y le preguntó si podía beber del pozo.

Mímir era el guardián del pozo y conocía sus poderes, y exigió a Odín un ojo del dios a cambio de una bocanada de agua. Odín accedió arrancándose el ojo de la cuenca; y, sin dudarlo, se lo dio a cambio del preciado líquido. Bebió profundamente del pozo y recibió la sabiduría que buscaba, pero su calvario aún no había terminado.

De inmediato, Odín se dio cuenta de lo que tenía que hacer y levantó la mano hacia el árbol para arrancar una rama, que luego transformó en una lanza. Odín decidió herirse a sí mismo con esta lanza mientras colgaba boca abajo del árbol del mundo durante nueve agonizantes días y noches. Medio ahogado en el pozo, sondeó sus profundidades en busca de las Runas.

Por fin, al noveno día, Odín las divisó y, bajando poco a poco con su mano torturada, las agarró y las levantó con un grito de triunfo: había ganado la sabiduría de las Runas. El conocimiento de todas las cosas era suyo al fin, pues allí aprendió el más poderoso de los *galdr* (hechizos y conjuros). Así fue como Odín llegó a ser conocido como el dios de un ojo y dios de la horca, maestro de la magia, el misterio y el poder que conoce en un instante la totalidad del pasado, el presente y el futuro. Ese fue el sacrificio de Odín; este es el don de Odín: ofrecer la sabiduría de las Runas a los habitantes de Midgard o, al menos, "a aquellos a quienes puedan servir"[1].

La búsqueda de Odín es uno de los grandes temas mitológicos de la literatura nórdica, y su prueba en el árbol del mundo guarda paralelismos con la crucifixión y otros antiguos mitos euroasiáticos simbólicos de muerte y renacimiento. El rito de iniciación del gran dios, como el despertar de Buda bajo el árbol Bodhi, conduce a la iluminación, en este caso en los misterios del pozo de Mímir y los secretos de las Runas. Como tal, el señor de las Runas enseña con el ejemplo más que invitando a la obediencia adoradora.

La triple muerte ritual de Odín (herida, ahorcamiento, ahogamiento) y el sacrificio de un ojo representan una transición simbólica de un modo de visión a otro: de la visión ordinaria a la visión profética, como veremos. Este es el camino misterioso del iniciado rúnico. Por supuesto, ¡no se nos aconseja sacarnos un ojo! Como Odín, el lector de runas sacrifica su "vista" cotidiana para visualizar una situación en un modo de consciencia "superior", simbólico, a través de la intuición o la perspicacia. Este es el verdadero significado del cuento.

```
┌─────────────────────────────────────────────────────────┐
│                         Asgard                           │
│                    Hogar de los æsir                     │
│                                                          │
│                       Ljossálfheim                       │
│                  Tierra de los elfos de luz              │
│                                                          │
│        Vanaheim                                          │
│     Hogar de los vanir              Muspellheim          │
│                                 Reino del fuego ardiente │
│                                                          │
│                        Midgard                           │
│                      Tierra Media                        │
│                                                          │
│        Niflheim                        Jötunheim         │
│ Reino de la nieve, hielo y niebla  Tierra de los gigantes│
│                                    de hielo y roca       │
│                                                          │
│              Svartálfheim / Nidavellir                   │
│           Tierra de los enanos y elfos oscuros           │
│                                                          │
│                          Hel                             │
│                Dominio de la diosa Hela                  │
└─────────────────────────────────────────────────────────┘
```

Fig 1.1. Los nueve mundos. Este sistema se describe de forma contradictoria en diferentes relatos, y nadie ha sido capaz de trazar un mapa exacto. El diagrama anterior formaliza los nueve mundos en un símbolo del árbol de la vida similar al asociado a la cábala.

Odín es, por tanto, el prototipo mítico de muchos lectores de runas, el que se adelantó y estableció la pauta para obtener dicho conocimiento. Esta función se reflejaba casi con toda seguridad en los cultos de misterio asociados a Odín en los antiguos mundos nórdico y germánico, donde el "Terrible" se erigía como guardián de las artes orales y mágicas. Odín también se considera, en cierto sentido, el canal a través del cual la sabiduría de las nornas (diosas del destino) fluye hacia el reino humano. Como dice Edred Thorsson, una figura clave en el renacimiento de las runas: "Comunicarse directamente con un dios, o con los dioses; en eso consiste la adivinación... Las runas son una especie de código tradicional, originalmente un don del dios Odín (Woden), a través del cual se pueden transmitir mensajes de un nivel de realidad a otro, de un mundo a otro"[2].

Como tal, la tirada de runas es un arte "mántico", una técnica de adivinación en la que los signos rúnicos y sus significados se convierten en agentes activos de un proceso interactivo. Se presentan, por así decirlo, al lector de runas para su contemplación. Así, la tirada de runas es un intento de asomarse al espejo de la propia red de Wyrd. Asimismo, las Runas hacen más que reflejar el desarrollo de los caminos del destino: ayudan a desarrollar y mejorar la intuición y la capacidad psíquica, al volver al usuario más receptivo al flujo sutil de las corrientes de energía que subyacen y crean la realidad material, y nos capacitan en las artes de su transformación.

LA RED DE WYRD

Los signos rúnicos que Odín toma son las muestras de sus conocimientos recién adquiridos: glifos mágicos que encarnan fuerzas arquetípicas primigenias. Un arquetipo (en términos junguianos) es una energía básica y formativa que crea patrones en el inconsciente colectivo de la humanidad. Los procesos arquetípicos son también los elementos subyacentes y generadores de cualquier situación, los "bloques de construcción" de la experiencia. Mucha gente considera que los símbolos rúnicos son un antiguo intento de plasmar de forma simbólica los arquetipos primigenios de la creación que dieron origen no solo al mundo material que nos rodea, sino también al plano interior y experiencial de nuestros pensamientos y emociones. Podríamos decir, de hecho, que uno es reflejo del otro.

El juego de estas fuerzas es un aspecto del concepto polifacético de *wyrd*. El término anglosajón *wyrd*, raíz de la palabra inglesa moderna *weird*, que significa "raro", deriva del término nórdico *urd*, que da nombre a la norna mayor, Urd, y al pozo de Urd en Asgard. El término *wyrd* no tiene equivalente directo hoy en día, y su significado debe deducirse de diversas fuentes nórdicas y del inglés antiguo. Significa "destino" individual, el entramado de todo lo que sucede y, por lo tanto y en última instancia, las fuerzas del propio universo. Es tanto una fuerza objetivo como un agente configurador de la singularidad de la experiencia individual. Los lectores de runas consideran que el proceso de lectura de las runas es como un contacto con el *wyrd*, que abre la posibilidad de captar los hilos subyacentes del pasado y el presente y de vislumbrar las semillas del futuro, si se aprende a "leer bien los símbolos". La tirada de runas no solo da una indicación de los posibles caminos del destino futuro, sino que cuenta al lector la historia de su propia vida y destino en el lenguaje de los signos, a través del campo de sus significados y asociaciones, y así, en última instancia, nos vuelve a contar nuestra historia a través de los temas de la mitología y el pensamiento nórdicos. Así es la filosofía subyacente de la adivinación rúnica; el uso de las Runas como oráculo.

Aunque las Runas tienden a ocupar un lugar especial entre los iniciados en los misterios nórdicos, los fragmentos únicos de la antigua herencia pagana plasmados en su literatura hacen que la tradición nórdica sea significativa para todos los paganos contemporáneos, y puede que también para los buscadores de sabiduría de cualquier credo o etiqueta. Después de todo, el pozo de Mímir, del que Odín extrae los signos, simboliza los infinitos alcances del inconsciente y, por tanto, las insondables profundidades del yo. Los mitos y leyendas, la magia y la sabiduría, los consejos y sugerencias que evocan las runas pueden conectarnos con el pasado, pero también nos ofrecen formas de vivir más a plenitud en el presente. Para que podamos utilizar las Runas como sistema de adivinación que complemente la intuición personal, esto debe adaptarse a las necesidades de las generaciones actuales. De hecho, es en el acto mismo de utilizarlas donde forjamos una continuidad entre el pasado y el presente, las raíces de la tradición y la fuente del yo.

Será en los restos de esa tradición, conservados en los ecos de lenguas antiguas, inscripciones en palos, metal y piedras, y en la riqueza de la literatura nórdica antigua y los poemas rúnicos, que nos centraremos.

MISTERIOS DIVINOS

La propia palabra *runa* evoca asociaciones mágicas en el acervo verbal del inglés antiguo y las lenguas germánicas. La palabra *runa* en el idioma moderno deriva del inglés antiguo *run*, que tiene sus equivalentes en germánico y celta y se adoptó en latín.

La raíz germánica común de la palabra *run* encierra la idea de misterio y secreto: el gótico *runa* significa "misterios divinos", y una palabra relacionada, *garuni*, se traduce como "consulta" o "consejo". Ambos términos llegaron al alto alemán antiguo como *rūna* y *giruni*, con significados similares. El plural nórdico antiguo *rúnar* sugiere "sabiduría secreta" o "misterios", mientras que el inglés antiguo *runian*, el sajón antiguo *runon* y el alto alemán antiguo *rūnen* significan "susurrar". El irlandés antiguo *run* ("secreto"), el galés medio *rhin* ("amuleto mágico") y el finlandés *runo* ("canto" o quizá "encantamiento") están estrechamente relacionados[3]. El inglés antiguo transmite todos estos sentidos mágicos a la palabra *runa* del idioma moderno. En conjunto, sugieren "misterios espirituales" de tipo secreto o susurrado que encarnan el consejo del conocimiento esotérico a través de escrituras, símbolos o mensajes secretos.

También es significativo el término para "símbolo rúnico" en inglés moderno, *runestave*, que procede del inglés antiguo *runstaef*. La raíz alemana *stabaz* significa "símbolo" o "bastón", y se han encontrado bastones tallados con runas en diversas partes de Europa. Algunas son inscripciones cotidianas, otras más oscuras. Algunos ejemplos son fórmulas mágicas casi seguras, mientras que otros quedan sin resolver. El tallado de runas en madera es, al parecer, el método más antiguo de inscribirlas, y la dificultad de tallar una figura en madera granulada explica que las letras sean tan angulares. El término *runstaef* solía referirse a las piezas de madera en las que se tallaban las runas, pero más tarde pasó a referirse a las propias letras. Estos símbolos solían colorearse con sangre u ocre, y en nórdico antiguo se conocían como *hlaut-teiner* (ramita de la suerte o ramita de sangre) y *hlaut-vidhar* (madera de suerte)[4].

Un relato del historiador romano Tácito revela que se utilizaban bastones similares en el acto de echar la suerte, un tipo de ritual adivinatorio practicado por las tribus germanas de alrededor del siglo I de la era común.

> Prestan la máxima atención a la adivinación y echar la suerte. Su método es muy sencillo: cortan una rama de un árbol frutal en rodajas que marcan con signos distintivos (en latín: *notae*) y esparcen al azar sobre una tela blanca. A continuación, el sacerdote de la comunidad invoca a los dioses, y con los ojos elevados al cielo, toma tres trozos de madera, de uno en uno, y los interpreta según los signos ya tallados en ellos[5].

No podemos asegurar que este famoso pasaje se refiera a la escritura rúnica, ya que Tácito se limita a utilizar la palabra latina *notae*, que significa signos. Tácito vivió casi dos siglos antes de la época de las inscripciones rúnicas documentadas, aunque el descubrimiento del broche de Meldorf (hacia el año 50 e. c.), cuyas letras podrían ser rúnicas, pone en entredicho las fechas más tempranas.

Otra posibilidad es que los "signos" de Tácito fueran protorrunas o incluso pictogramas prerrúnicos, y que las mismas prácticas antiguas de uso de las runas o similares a estas se continuaran en el período posterior, lo que las sitúa en último lugar en una larga línea de desarrollo. El estudioso de las runas Ralph Elliott, que presenta un estudio detallado de los aspectos cultuales y adivinatorios de la tradición rúnica, dice lo siguiente: "Hay una buena razón para que la palabra 'runa' esté tan cargada de matices: las runas nunca fueron una escritura puramente utilitaria; desde su adopción en el uso germánico sirvieron para echar suertes, para la adivinación y otros ritos"[6].

En su obra *Runes*, de 1959, Elliot llega a sugerir que el alfabeto futhark fue creado con el propósito de "echar suertes" por alguien que ya estaba familiarizado con el uso de símbolos pictográficos prerrúnicos en la adivinación. En tiempos recientes, la idea ha pasado de moda entre los principales estudiosos de las runas, y Elliott modificó la fuerza de su argumento en la edición de 1989 de la misma obra. Sin embargo, tenemos pruebas sólidas que sugieren que las Runas (probablemente el futhark joven, pero tal vez el complemento completo del alfabeto futhark antiguo) habían llegado a utilizarse como sistema adivinatorio a finales del primer milenio, ya que un relato del siglo IX sobre las prácticas nórdicas contemporáneas de un obispo llamado Rabano Mauro (que encontraremos más adelante en el contexto de los poemas rúnicos) afirma que los nórdicos utilizaban las runas para "significar sus canciones, encantamientos y adivinaciones".

También existen palabras compuestas en el dialecto alemán antiguo y en el nórdico antiguo que, junto con el término *runa* o *símbolo*, coinciden con los signos de buena o mala fortuna que caracterizan a los sistemas adivinatorios de todo el mundo. Los buenos augurios (signos de la suerte) incluyen *líkn-stafir* (símbolo de la salud), *gaman-rúnar* (runas de la alegría), *audh-stafir* (símbolo de la salud) y *sig-rúnar* (runas de la victoria); *myrkir-stafir* (símbolo oscuro), *böl-stafir* (símbolo del mal), *flaerdh-stafir* (símbolo del engaño) y el inglés antiguo *beadu-run* (runa del conflicto) advierten con oscuridad de una fortuna desfavorable[7].

Además, los nombres rúnicos en alemán, nórdico, islandés e inglés antiguos se conservan en listas que insinúan el significado de los signos individuales, y sus significados nos ocuparán a su debido tiempo. Sin embargo, son las fuentes literarias asociadas, sobre todo los poemas rúnicos, las que brindan las pistas más concretas sobre sus significados. Es probable, como veremos, que estos materiales sean restos fragmentarios de una tradición antigua y vibrante en la que las runas formaban un sistema de referencias mitológicas con significados oraculares. Pero, en primer lugar, examinemos más de cerca los usos de las antiguas "hileras de runas", dentro de las cuales ocupaban su lugar distintos tipos de runas.

RUNAS Y GREMIOS RÚNICOS

E l origen de las runas es un misterio en sí mismo. En un sentido estrictamente histórico, las runas no son un alfabeto único, sino una colección de escrituras relacionadas. La más remota es el futhark antiguo, una escritura de veinticuatro símbolos que se cree que surgió en la región alpina del norte de Italia, donde las tribus germánicas de la época se encontraron con la influencia romana, entre los años 50 y 200 e. c. Cada símbolo tiene un valor fonético similar al de otras escrituras grecorromanas, y el orden del futhark antiguo puede que se base en su modelo italiano. El nombre futhark está formado por los fonemas de las seis primeras runas del alfabeto: *fehu, urox, thurisaz, ansuz, raido* y *kennaz*, que producen *f, u, th, a, r* y *k*.

El futhark antiguo se divide en tres grupos de ocho conocidos como *ættir*. Algunos de estos nombres pueden reflejar una interpretación "icónica" o visual de las letras: así, *urox* podría haberse llamado así por la similitud entre la forma del símbolo y los cuernos de un buey (en inglés, *ox*). La siguiente lista incluye las runas del futhark antiguo, junto con sus valores fonéticos (sonido), títulos germánicos originales y significados en nuestro idioma. Nota: en la parte 2 de este libro, "Símbolos rúnicos", presento los símbolos del futhark antiguo bajo sus títulos adivinatorios modernos. En la parte derecha de la página, el lector también encontrará sus nombres germánicos originales junto con una traducción literal a nuestro idioma. Ten en cuenta, sin embargo, que muchos de estos elementos tienen formas variantes (en cuanto a las formas de los símbolos, los nombres originales, la forma en que se traducen y, sobre todo, los títulos divinatorios modernos). Los asteriscos (*) indican nombres germánicos cuyo significado se ha perdido o es discutido.

El futhark antiguo y sus valores asociados

RUNA	SONIDO	NOMBRE	SIGNIFICADO
ᚠ	f (como en _fe_)	fehu	ganado, riqueza
ᚢ	u (como en r_u_na)	urox	buey salvaje
ᚦ	th (como en _th_orn, en inglés, sin sonido)	thurisaz	gigante, ogro, demonio
ᚨ	a (como en _a_rte)	ansuz	un dios, Odín
ᚱ	r (como en _r_ienda)	raido	cabalgar
ᚲ	k (como en _c_andela)	kenaz	antorcha de pino
ᚷ	g (como en re_g_alo)	gebo	regalo
ᚹ	w (como en _w_ow)	wunjo	alegría (clan)
ᚺ	h (cómo en _g_élido)	hagalaz	granizo
ᚾ	n (como en _n_ecesidad)	naudiz	necesidad
ᛁ	i (como en h_i_elo)	isa	hielo
ᛃ	y (como en _hie_rro)	jera	año
ᛇ	i, e, y (como en r_í_o, t_e_jo, o _hie_rro)	eihwaz	tejo
ᛈ	p (como en _p_ieza)	pertho	*pieza del juego
ᛉ	z (como en _z_eta)	algiz	*juncia de alce
ᛋ	s (como en _s_ol)	sowulo	sol
ᛏ	t (como en _t_uesta)	Tiwaz	el dios Tiwaz
ᛒ	b (como en a_b_edul)	berkana	abedul
ᛖ	e (como en _e_quidad)	ehwaz	horse
ᛗ	m (como en _m_ano)	mannaz	hombre, humanidad
ᛚ	l (como en _l_ago)	laguz	agua
ᛜ	ng (como en I_ng_)	Inguz	el dios Ing
ᛞ	d (como en _d_ía)	dagaz	amanecer
ᛟ	o (como en h_o_gar)	othila	salón ancestral

Un rápido vistazo a esta lista revela que las Runas se dividen en varias categorías: dioses mitológicos u otros seres (Odín, Tiwaz, un "gigante"), fuerzas u objetos naturales (granizo, hielo, tejo, abedul, agua, dia, sol, juncia), animales (vaca, buey, caballo, alce), construcciones humanas (antorcha, salón, pieza de juego) y acciones o conceptos (cabalgar, necesidad, año, humanidad). Parece poco probable que estas letras rúnicas surgieran en el vacío: los yacimientos prehistóricos de todo el norte de Europa y los objetos hallados en ellos conservan rastros de un sistema pictográfico de signos mucho más antiguo, similar a los primitivos diseños *hällristningar* suecos que se encuentran en piedras erguidas por toda la península escandinava. Ralph Elliot desarrolla su teoría de que el carácter original y mágico de estos pictogramas se incorporó al futhark antiguo posterior:

> Este proceso pudo verse facilitado por la familiaridad con los símbolos prerúnicos más antiguos, como los que se han encontrado tallados en las rocas y piedras de las tierras teutonas... Los símbolos individuales de esta "escritura embrionaria"... tienen afinidades formales con ciertas runas; otras se reflejan en los nombres dados a algunas de las runas, por ejemplo, hombre, caballo, sol, tipo de árbol. Puede que las imágenes o símbolos tallados junto a algunas de las primeras inscripciones rúnicas... representen un refuerzo de la leyenda rúnica, complementándose ambos sistemas[8].

Esta "escritura embrionaria" de las tierras del norte tenía en su repertorio varios signos que se asemejan a las Runas, como la pictografía de la rueda solar conocida como esvástica, compuesta por dos runas *sowulo* entrelazadas. La runa *sowulo* representa el sol; ¿Pudiera ser una coincidencia? Parece poco probable, por lo que existe la posibilidad de que los significados de las Runas del futhark antiguo tengan raíces muy profundas en la prehistoria. La escritura del futhark antiguo es también la versión que casi todos los lectores de runas contemporáneos utilizan con fines adivinatorios, aunque también se emplean algunas variantes.

La mayoría de las inscripciones rúnicas antiguas se encuentran en Escandinavia, donde la escritura fue adoptada a través del proceso de migraciones tribales desde tierras más meridionales. Alrededor del año 800 e. c. se desarrolló allí un sistema de dieciséis grafías conocido como futhark joven, que sustituyó al futhark antiguo y floreció en Islandia hasta finales del siglo XVII. El futhark antiguo, que llegó a las islas británicas y a Frisia a través de los invasores vikingos a principios del siglo VIII, se expandió en variantes de escritura rúnica en inglés antiguo (anglosajón) y frisón de veintinueve, treinta y una y treinta y tres letras. Entre los objetos típicos con runas inscritas se encuentran espadas, vainas, broches, aros para el cuello y otras piezas de joyería, cerámica, cuernos de oro, objetos funerarios de tumbas y piedras. Hoy en día esta tradición continúa, con un resurgimiento de los objetos talismánicos, sobre todo joyas, tallados con potentes runas.

Los auténticos erulianos

Las Runas han dejado un legado desconcertante. Nunca se adoptaron en su totalidad como escritura literaria (las "tribus salvajes del norte" eran en gran medida "analfabetas") y por lo general se tallaban para transmitir mensajes breves, como marcadores (por ejemplo, en lápidas) y con fines mágicos. Aunque algunas inscripciones en joyas se han interpretado sin lugar a dudas como conjuros mágicos, destinados a consagrar objetos como amuletos o talismanes, la presencia de inscripciones en tumbas y reliquias asociadas también sugiere que las runas tenían un papel más bien sombrío en los cultos a los muertos. Stephen Flowers, en su exhaustivo estudio *Runes and Magic: Magical Formulaic Elements in the Older Runic Tradition*, sostiene que debió de existir algún tipo de red de gremios rúnicos o "ligas cúlticas" responsables de mantener el arte de la talla y la sabiduría de las runas. Concluye que los "aprendices" aprendían este sistema de los "maestros" de una forma tradicional; es decir, de forma oral. Esta transmisión de conocimientos de maestro a aprendiz parece ser el fenómeno social que está en la raíz de la tradición rúnica"[9].

Sabemos que había "maestros rúnicos" que tallaban runas y podemos imaginar algo del orden de las cofradías rúnicas solapadas con cultos de iniciación vinculados con Odín. Estas redes cúlticas facilitaron los cambios rápidos y cohesivos que se produjeron en

Fig. 1.3. Una piedra rúnica del sur de Suecia (colección del autor)

varias encrucijadas de la historia de la escritura, además de preservar la tradición rúnica original. Es posible que algunos maestros rúnicos se dedicaran solo a tallar inscripciones seculares, pero parece que el verdadero "eruliano" (nombre de una tribu que usaba runas, que pasó a significar "maestro rúnico") era un mago chamán, o maga chamana, versado en el arte rúnico. Era el guardián del saber popular y el maestro de la magia rúnica.

Como demuestra la investigación de Flowers, la práctica rúnica estaba íntimamente relacionada con la magia en la Edad Antigua, y en las páginas que siguen argumentaré que la sabiduría rúnica formaba un códice de aprendizaje místico, una especie de temario y libro de hechizos que se llevaba en la memoria. La magia y la adivinación eran las dos principales técnicas activas de utilización de este conocimiento. En este libro nos ocuparemos sobre todo de la adivinación, aunque la hechicería también se aborda en más de una ocasión.

Aunque las inscripciones en piedras antiguas, armas y objetos votivos y de otro tipo son fascinantes en sí mismas, en general tampoco son muy útiles para interpretar los significados de las Runas del futhark antiguo empleadas en adivinación. En consecuencia, aunque una o dos runas aparezcan de forma individual en conjuros antiguos, forman una parte muy pequeña del panorama más amplio.

Una vez más, la mayor fuente histórica para descubrir los atributos mágicos de las runas se encuentra en el campo literario, cuya popularidad está experimentando hoy en día un gran renacimiento. Hay dos conjuntos de textos que tienen una importancia crucial. En primer lugar, los poemas rúnicos: versos crípticos conservados en manuscritos medievales que insinúan el significado de los signos rúnicos individuales; y, en segundo lugar, tenemos los antiguos "cantos" nórdicos, mitológicos y heroicos. Estos magníficos escritos proporcionan una idea de la cosmología interna, el paradigma del mundo en el que vivían los nórdicos, y contienen los vestigios más ricos de las creencias y prácticas cultuales paganas del norte. En ellos podemos oír los ecos del desaparecido escaldo (skald), o narrador tribal. Los antiguos poemas y cuentos de los nueve mundos, de dioses y gigantes, de elfos y dragones, de brujas y héroes, también evocan el mágico mundo pagano de las Runas. Estos dos conjuntos de materiales van de la mano, ya que las pistas dadas en los poemas rúnicos muestran hilos que nos ayudan a navegar a través de la vasta red de la mitología nórdica. A continuación nos adentraremos en el mundo de los poemas rúnicos para luego adentrarnos en el apasionante mundo de la saga nórdica.

LOS POEMAS RÚNICOS

Este libro presenta los versos medievales relacionados con las Runas como poemas oraculares que enseñan e instruyen con un tipo de lección o mensaje. Esta forma de poesía ha estado bien arraigada en muchas culturas de todo el mundo y a lo largo de la historia. Las capas más antiguas del gran libro de adivinación de China, el *I Ching*, son "poemas adivinatorios" arcaicos asociados a cada hexagrama. La cultura tribal yoruba de África Occidental tiene un sistema oracular que puede indicar cómo evolucionaron esos versos. Su oráculo Ise Ifá consiste en un vasto corpus de historias tradicionales, en forma poética, que el adivino memoriza. La persona que consulta el oráculo arroja conchas de cauri en una especie de cuenco ritual y, a partir del resultado "aleatorio", activa un relato específico de la tradición oracular. El adivino se lo recita al oyente por su mensaje de significado personal. Solo en los últimos años se ha publicado el Ise Ifá como documento escrito. Antes, solo estaba inscrito en la memoria del adivino. ¿Podría haber ocurrido algo parecido con las Runas?

La académica de Oxford Marijane Osborn y su coautora Stella Longland fueron las primeras autoras modernas en sugerir un papel similar para el poema rúnico anglosajón, en su obra *Rune Games*, un libro que es algo así como un clásico olvidado. Ellas escriben:

El arte de la adivinación tiene muchas formas, pero como consideramos que "El Poema Rúnico" es una serie de expresiones oraculares, es la adivinación mediante oráculos lo que ahora nos ocupa...

De forma creativa, los oráculos, por su uso de la analogía y el símbolo, la paradoja y la ambigüedad, estimulan la imaginación del individuo en nuevas direcciones para que pueda, si es capaz, percibir su relación con el mundo exterior de otra manera y cambiar así su futuro.

...la contribución del oráculo consiste en ofrecer una expresión enigmática que puede desencadenar potenciales creativos no utilizados...

La posibilidad de cambio a través del autoanálisis es la verdadera cualidad "mágica" de los sistemas de echar suerte, que más bien podrían llamarse sistemas de "hacer suerte"[10].

El valor de este enfoque es brindarnos un material interpretativo que es verificable desde el punto de vista histórico y cuyos símbolos están abiertos a la interpretación y al trabajo intuitivo en muchos niveles. Asimismo, las pruebas presentadas en el resto de esta parte del libro, "Tradición rúnica", apoyan la afirmación de Osborn y Longland de que los poemas rúnicos tienen un núcleo adivinatorio y oracular.

Existen tres poemas rúnicos en total: el poema rúnico anglosajón, el poema rúnico noruego y el poema rúnico islandés. La fecha exacta de estos poemas es imprecisa: se cree que el poema rúnico anglosajón, escrito en inglés antiguo, fue compuesto en algún momento de los siglos VIII, IX o X, probablemente a finales del siglo IX. El poema rúnico noruego se pudo haber escrito a más tardar en el siglo XIII, y el manuscrito más antiguo del poema rúnico islandés data del siglo XV. Se desconoce la autoría y los probables "scriptoria" monásticos (centros de producción de manuscritos) de los tres poemas; sin embargo, es probable que sus fuentes originales fueran mucho más antiguas que los propios poemas. Hay que tener en cuenta que la Islandia del siglo XV aún conservaba profundas raíces paganas; el uso de las runas estaba lo bastante extendido como para que la iglesia lo prohibiera y condenara como "brujería" hasta 1639.

En sí, los poemas rúnicos ofrecen un verso para cada runa, le ponen nombre a cada símbolo y dan alguna indicación de su misterioso significado. El poema rúnico anglosajón provee estrofas para el futhark anglosajón de veintinueve símbolo que se desarrolló en Inglaterra tras las invasiones vikingas, mientras que los otros dos poemas se componen en torno a los dieciséis símbolos del alfabeto del futhark joven, por lo tanto, no elaboran los significados de las veinticuatro runas originales del futhark antiguo. No hay duda, sin embargo, de que estos poemas comparten una función similar, que fue en primer lugar actuar como recursos mnemotécnicos para la memorización de los nombres arcanos de las Runas. Pero, ¿existe un significado más profundo en los poemas que el que algunos eruditos han percibido? ¿Eran dispositivos para memorizar algo más que una mera miscelánea de términos?

De hecho, existen pruebas sorprendentes de que los poemas rúnicos son restos de un sistema mucho más elaborado de mnemotecnia utilizado para memorizar antiguos mitos, leyendas y material esotérico. En su obra *De inventione linguarum* (La invención de la escritura), el escriba del siglo IX y arzobispo de Fulda, Rabano Mauro, habla de cinco alfabetos: hebreo, latín, griego, una escritura alquímica y una escritura rúnica. De estas runas, que se utilizaban entre los "marcomanos" o "normanos", término que designa a ciertas tribus al norte del Danubio (nórdicos), escribe: "Se dice que estas formas de letras [runas] fueron inventadas entre los normanos [nórdicos]; se dice que todavía las utilizan para aprenderse de memoria sus canciones y conjuros. Creo que dieron el nombre de *runstabas* a estas letras porque al escribirlas sacaban a la luz cosas secretas"[11].

¿Qué es la adivinación sino sacar a la luz "cosas secretas"? Por otra parte, una segunda versión del manuscrito dice: "*...con estas [letras] significan sus canciones, conjuros y adivinaciones, [pues] todavía son dados a prácticas paganas*" (cursivas mías)[12]. Aquí estamos en el meollo de la cuestión: se nos dice que las Runas significan y encarnan un inventario de mitos paganos nórdicos, hechicería y sabiduría adivinatoria, y que se memorizaban como versos. Entendidos así, los poemas rúnicos parecen ser supervivencias tardías pero vitales de esta venerable tradición, y su función original es ayudar a preservar el saber sagrado relacionado con las runas.

INTERPRETANDO
LOS POEMAS RÚNICOS

Al principio, los poemas rúnicos parecen un conjunto de oscuros versos antiguos, pero si los situamos sobre el telón de fondo de los temas nórdicos que exploraremos, pronto se revelan como un inmenso acervo de sabiduría práctica y esotérica. El poema rúnico anglosajón, aunque es el más antiguo de los tres, también está más cristianizado en su tratamiento que los otros dos, debido al temprano éxito de las incursiones cristianas en las islas británicas. Como se verá, consta de una serie de tres y cuatro versos, uno por runa. Tomemos como ejemplo el verso correspondiente a la runa *ansuz*:

> *La boca es la fuente de la palabra,*
> *que trae sabiduría y consejo a los sabios,*
> *esperanza, inspiración y una bendición para todos.*

Este estilo se describe técnicamente como "verso sapiencial gnómico" y tiene paralelos en la poesía del inglés antiguo. Emplea una serie de juegos de palabras o adivinanzas que proceden del acervo tradicional de frases poéticas utilizadas para describir objetos, fuerzas y otros fenómenos "naturales" o a menudo sobrenaturales. En este caso, el poema aparenta aludir al dios Odín, que solía regir la palabra sagrada, aunque si lo leemos en conjunción con los demás poemas rúnicos, podemos ver que lo disfraza.

Comparémoslo con el poema rúnico noruego, que ofrece estrofas de dos líneas para cada runa que son "contrastivas", o que aparentan no estar relacionadas. Veamos de nuevo el ejemplo de *ansuz*:

> *La desembocadura del río abre la mayoría de los viajes;*
> *pero la espada debe estar en su vaina.*

El término *desembocadura* puede ser una alusión al dominio de Odín sobre la tradición oral, un sutil enmascaramiento del significado original de la runa. Su función esotérica (aquel de quien fluye la palabra, como el agua de la desembocadura de un río) contrasta con el papel del dios como patrón de la batalla, simbolizado por la espada, ya que Odín es, por supuesto, también el señor de Valhalla y a menudo dado al belicismo. Esta técnica literaria llena de acertijos corresponde a un modelo escáldico (los escaldos eran los poetas oficiales del mundo nórdico) conocido como *drottkvaet*, que está diseñado para "sacudir a su audiencia y hacerla consciente" de a qué se refiere[13]. Por último, el poema rúnico islandés es el más reciente y, aun así, el más rico de los tres en cuanto a material pagano. Contiene tres líneas para cada runa, como vemos en el siguiente verso sobre la runa *ansuz*:

> *Odín es el antiguo creador,*
> *y el rey de Asgard*
> *y señor del Valhalla.*

La primera línea señala el nombre de la runa seguido de una definición cristalizada, mientras que las dos siguientes son juegos de palabras que ofrecen un campo más amplio de asociaciones tradicionales para ayudar a fijar el significado de la runa. En este caso, el poema no deja lugar a dudas sobre la verdadera naturaleza de la runa: el propio Altísimo.

En efecto, los poemas rúnicos son enigmáticos y crípticos: son enunciados muy compactos que invitan al oyente a reflexionar sobre sus significados. Sin embargo, ayudan a identificar con claridad cada signo rúnico con su correspondiente dios, objeto o fuerza de la naturaleza. Podemos compararlos tangencialmente con el *koan* zen, el enigmático "poema" diseñado para inducir el *satori* (iluminación), y, una vez más, con los versos adivinatorios del *I Ching*, el gran oráculo de los cambios de la antigua China. Los versos adivinatorios o poemas oraculares siempre contienen imágenes sobre las que el interrogador medita hasta que se revelan sus significados y aplicaciones personales. Con un poco de práctica, podemos revivir con facilidad este arte profundo e iluminador.

Veamos ahora más de cerca, y bajo esta luz, los primeros veinticuatro versos del más completo de los poemas, el poema rúnico anglosajón (los textos de los poemas rúnicos noruegos e islandeses pueden encontrarse como versos adjuntos a las runas con las que coinciden en la parte 2 de este libro, "Símbolos rúnicos"). *Nota:* donde he sustituido las pocas glosas cristianas directas por otras paganas, las he encerrado entre corchetes.

POEMA RÚNICO ANGLOSAJÓN

La riqueza provee consuelo,
pero deben compartirla quienes esperan echar suertes
para juicios ante [los dioses].

El buey salvaje tiene grandes y altos cuernos
con los que da cornadas; feroz luchador
que pisa audazmente los páramos.

La espina es malvadamente aguda y causa dolor
a aquellos quienes la agarran, hiere
a ti quien descansa entre ellas.

La boca es la fuente de la palabra,
que trae sabiduría y consejo a los sabios,
esperanza, inspiración y una bendición para todos.

Cabalgar es fácil para los héroes
dentro de un salón; es mucho más difícil a horcajadas
de un caballo fuerte recorriendo los senderos
de las grandes millas.

A la antorcha la conocemos por su llama,
que trae iluminación y luz
allí donde se congregan las almas nobles.

Un regalo regresa a adornar al que lo da
con grandeza y honor; ayuda
y alienta a aquellos que nada tienen.

La alegría viene a ti quien no conoce la tristeza,
bendecido con ganancia y abundancia,
contento en una comunidad fuerte.

El granizo, el más blanco de los granos, cae del cielo,
es agitado por el viento y se convierte en agua.

La necesidad oprime el corazón, pero puede ayudar
y curar, si se le presta atención a tiempo.

El hielo es frío y resbaladizo;
como una joya y reluciente,
hermoso de contemplar, el campo helado.

El tiempo de la cosecha trae alegría
cuando la [diosa] Tierra
nos regala sus brillantes frutos.

El tejo tiene una corteza áspera por fuera,
pero guarda la llama en su interior;
profundamente arraigado, adorna la tierra.

Jugar significa diversión y risas
entre los de espíritu alegre que se sientan
juntos en la sala del hidromiel.

La juncia de alce crece en el pantano,
encerándose en el agua, hiriendo sombríamente;
quema la sangre de aquellos
quienes le pondrían las manos encima.

El sol guía a los marinos
que cruzan el baño de los peces
hasta que el hipocampo los lleva a tierra.

Tiw es un signo que inspira
confianza a los nobles; infalible,
se mantiene fiel a través de las nubes nocturnas.

El abedul, aunque infructuoso,
echa innumerables brotes;
ramas frondosas, en su alta copa,
alcanzan el cielo.

El caballo trae alegría;
orgulloso sobre sus cascos,
alabado por los héroes, es
un consuelo para el inquieto.

Nos alegramos mutuamente,
pero un día debemos despedirnos,
pues [los dioses] asignarán
nuestros frágiles cuerpos a la tierra.

El agua parece interminable para la gente de tierra
cuando zarpan en un barco agitado;
las enormes olas les abruman
y el hipocampo no hace caso de la brida.

Ing, visto por primera vez por los daneses del este,
se alejó más tarde en su carro
hacia el este sobre las olas;
así fue nombrado el gran [dios].

El día es el mensajero [de los dioses];
la luz [de los dioses] concede el éxtasis,
buena esperanza y bendición para todos.

El hogar es amado por todos
los que prosperan allí en paz
y disfrutan de una cosecha frecuente.

Es difícil escapar a la impresión de que el poema dice más
de lo que a simple vista parece decir, y la existencia de los tres
poemas rúnicos ha llevado a especular con la posibilidad de que
sean los restos de una única fuente común y preexistente o que
se hagan eco de antiguas tradiciones orales de memorización de
las correspondencias rúnicas. Este hipotético poema preexistente
se denomina *poema rúnico originario*, pero, por supuesto, es
posible que existieran distintas versiones de un conjunto básico
de significados originarios que cambiaron y evolucionaron con
el tiempo y el lugar. Si los poemas rúnicos son ramas que han
brotado de un árbol o apenas supervivientes independientes de
un campo de poesía rúnica diverso que relacionaba nombres y
significados rúnicos es, por tanto, una cuestión abierta.

Muchos académicos ven los poemas rúnicos desde un punto
de vista puramente naturalista, como nada más que ampliaciones
de una lista de nombres que reflejan el vocabulario cultural
común de la época. Sin embargo, conviene recordar que la
filosofía pagana nunca separó el mundo natural del sobrenatural:
las plantas, los animales y los "fenómenos naturales" eran parte
integrante de lo sagrado. Los signos que representaban a estas
entidades, seres y fuerzas no podían sino estar cargados de
significado y poder sobrenaturales, y estaban respaldados por
una gran cantidad de correspondencias mitológicas. Como escribe
Thomas DuBois en *Nordic Religions of the Viking Age*:

Los nórdicos de la era vikinga tenían una gran variedad de iguales
(humanos, casi humanos y no humanos, móviles e inmóviles,
visibles e invisibles) con los que compartían y competían a diario.
Entre ellos había otras personas, vivas o muertas, elementos del
paisaje y la naturaleza, flora y fauna y espíritus invisibles, todos
los cuales... requerían o esperaban comunicación y negociación
por parte de la comunidad humana[14].

Muchos de los signos rúnicos que representan a dioses
paganos, animales, árboles y a una variedad de otras entidades,
fuerzas u objetos entran claramente en esta categoría de
luminosidad mágica.

Por supuesto, en muchos casos el uso de las Runas para la adivinación en los primeros tiempos puede que abarcase fines muy pragmáticos, como predecir el clima y aconsejar cuándo zarpar, ir a la guerra, plantar cosechas, casarse o realizar otros ritos. Pero los significados literales pueden conllevar correspondencias más simbólicas y metafóricas. La runa *jera*, ᛃ, por ejemplo, significa literalmente "año" o "cosecha" (en el sentido agrícola), pero su significado más amplio podría interpretarse fácilmente en términos más filosóficos para referirse a un ciclo de acontecimientos, anuales o de otro tipo, y a nuestra cosecha de lo que hemos sembrado, para bien o para mal. *Hagalaz*, ᚺ, se refiere a la fuerza primigenia del granizo, aunque puede relacionarse de forma más general con un retraso o interrupción causados por circunstancias fuera de nuestro control. *Tiwaz*, ᛏ, simboliza al dios Tyr, que, como uno de los más valientes de los dioses æsir, representa la justicia, el honor y la correcta aplicación de la energía guerrera. Así, a través de los nombres y poemas rúnicos, somos conducidos directamente al dominio más amplio de la cosmología nórdica.

En términos adivinatorios, cada runa es polifacética y puede referirse a varios estados o condiciones del ser. El aspecto exterior y visible del símbolo contiene muchas facetas ocultas en su núcleo. Si no fuera así, los veinticuatro símbolos rúnicos no podrían cumplir la función de encarnar y describir tantas situaciones diferentes de la experiencia humana. Y estos aspectos de los símbolos son también el vehículo que encierra su misterio interior y su profunda sabiduría; porque la consciencia de los planos arquetipales de la realidad nos eleva por encima de la cadena de causalidad y hacia los reinos de la consciencia superior. Las runas son, por ende, tanto un sistema adivinatorio maravilloso y versátil como un instrumento de iluminación espiritual. Pasemos ahora a la célebre mitología en la que ocupan un lugar tan destacado y cuyos temas evocan.

RUNAS Y SAGAS

La imagen que la gente tiene hoy de los vikingos suele ser la de guerreros feroces y merodeadores despiadados, el azote de la Europa de la Edad Media. Esto es cierto en parte, pero la mayoría de los nórdicos llevaban una vida más o menos tranquila y sedentaria. Había tres clases sociales principales: la más baja era la de los siervos, trabajadores manuales y prácticamente esclavos, a menudo agrupados con la clase campesina, algo más acomodada; veneraban a dioses y diosas de la fertilidad o deidades locales, y la suya era la "religión popular". Por su parte, las "clases medias" estaban formadas por pequeños propietarios y hombres libres cuyo dios patrón era Thor, dios del trueno y la guerra; su vida, aunque modesta, gozaba al menos de ciertos derechos y libertades. Y en la cúspide de esta estructura social tripartita se encontraban los condes y los guerreros, una clase aristocrática cuyo patrón era Odín; eran ellos quienes organizaban las expediciones estacionales de saqueo, pillaje y colonización. El telón de fondo de esta vida un tanto cruda, cercana a los animales, las estaciones y los elementos, es el vasto lienzo mitológico septentrional que los poetas islandeses y noruegos tejieron con tanta habilidad.

Las fuentes islandesas son la clave principal de lo que significaban las Runas para los pueblos que las utilizaban. Sin embargo, la propia presencia de textos escritos (lo que indica la existencia de monasterios) nos informa de que la rica cultura oral precristiana estaba siendo asediada en la época en que los mitos y las leyendas se plasmaban en pergamino. Esto plantea la compleja y hoy en día cuestión insoluble de hasta qué punto los datos registrados reflejan auténtico material antiguo.

Hay que reconocer que los estudiosos de la corriente dominante se han vuelto cada vez más pesimistas sobre la posibilidad de demostrar la supervivencia de un contenido en verdad arcaico y pagano en las fuentes literarias primitivas, por lo que prefieren en su lugar examinar su entorno social inmediato (cortesano y cristiano). Esto, sin duda, ha aportado un sentido más agudo del contexto histórico y ha cuestionado algunas de las suposiciones más simplistas a las que se han visto arrastrados algunos comentaristas esotéricos. Sin embargo, este enfoque puede ser peligrosamente unilateral: los medievalistas competentes han sido capaces de mostrar cómo los eruditos de los primeros monasterios islandeses y noruegos se basaron en modelos mitológicos griegos y romanos y en la influencia de la literatura cristiana continental de la época, pero rara vez son capaces (y cada vez menos) de situar los mitos registrados en el ámbito más amplio de las mitologías indoeuropeas, con las que el mito nórdico tiene profundos y sin duda antiguos vínculos. En cambio, Kevin Crossley-Holland escribe sobre el papel que desempeñan en el relato de la creación nórdica una diosa vaca primordial y un gigante de hielo andrógino:

Estos paralelismos son tales que es seguro que estos dos elementos... eran de origen oriental, lo que no es tan seguro es cuándo se incorporaron a la tradición nórdica. Es posible que fueran el resultado del contacto a lo largo de las rutas comerciales en los primeros siglos tras el nacimiento de Cristo, pero una teoría más interesante sitúa el contacto entre mil y dos mil años antes de Cristo: los miembros de las tribus teutonas que se desplazaron hacia el oeste de Europa desde las estepas rusas en la era de las migraciones, y luego hacia el norte, a Escandinavia, pueden haber traído consigo los fundamentos del mito nórdico de la creación (al igual que otros indoeuropeos llevaron los mismos elementos hacia el este a la India, China y Japón, y hacia el sur a Irán y Oriente Próximo)[15].

En los últimos tiempos, algunos estudiosos de la corriente dominante se han burlado de estos fundamentos que pueden parecer antiguos, y sugieren que, a falta de pruebas concluyentes de contacto y continuidad, los paralelismos interesantes se quedan en eso. Pero debemos, al mismo tiempo, mostrar el mismo escepticismo ante la tendencia a intentar situar estos materiales literarios en un entorno predominantemente cristiano. En los siglos IX y X, de los que datan las primeras composiciones literarias, el mundo septentrional seguía siendo muy pagano, y la conversión se producía de forma fragmentaria y a menudo más de nombre que en sustancia. Es difícil creer que la vasta estructura acumulada de creencias que se había desarrollado allí a lo largo de los siglos tan solo se derrumbara como una casa de palitos ante un nuevo dogma emanado de los círculos cortesanos y de unos pocos monasterios dispersos, por muy influyentes que pudieran haber sido.

El mundo pagano nórdico era, después de todo, un mundo en el que el escaldo era una figura central: tejedor y conservador de la sabiduría sagrada. El generoso respeto que se le concede a los poetas refleja la noción arcaica del poeta como una especie de viajero por los otros mundos que se encuentra y se comunica con los seres de allá, y luego regresa con conocimientos recién adquiridos a la comunidad humana. Charles W. Dunn escribe: "El papel del poeta nórdico precristiano era el de un chamán, un vidente tribal. De él se esperaba que, a través de su control del proceso mágico de la poesía, descubriera y revelara la sabiduría"[16]. La creación de poesía era parte vital del proceso de mantener los vínculos con los reinos de lo sagrado, con los dioses y otros seres mitológicos, y de preservar la cosmografía de los nueve mundos y las redes de relaciones entre ellos. Ursula Dronke, una de las más destacadas estudiosas de los mitos, la literatura y la religión nórdicos, afirma que esta poesía debe entenderse en un contexto "de culto, que implica asociaciones estrechas con temas mitológicos, una conservación meticulosa de la tradición y un lenguaje exaltado, oscuro y perifrástico. Es antiguo y está arraigado en antiguas prácticas religiosas paganas"[17]. Y, por problemáticas que sean las cuestiones académicas que plantean, en ningún otro lugar está tan presente esta sensación de antiguos fundamentos como en las Eddas islandesas.

LAS EDDAS

Existen dos ramas principales de textos escritos del mundo nórdico que nos ocupan en este momento. Primero y principal está la *Edda prosaica* de Snorri Sturluson: la obra, escrita en 1220 por este extraordinario estadista, historiador y mitógrafo islandés, pretendía resumir la tradición nórdica precristiana de la tierra natal de su autor. ¿Hasta qué punto debemos tomar en serio la afirmación de Snorri, cristiano confeso? Es cierto que se basó en modelos grecorromanos y en su propio poder creativo para describir un "panteón" de dioses nórdicos. Dos siglos después de la llegada del cristianismo, el estatus de Snorri como testigo ocular de la tradición pagana arcaica es cuestionable. No obstante, la obra sigue siendo el principal registro escrito de la mitología nórdica, e incluye varias referencias dispersas a los usos y funciones de las runas. Snorri se preocupó por garantizar que las generaciones venideras no perdieran el vocabulario poético

Fig. 1.4. Thor lucha con la serpiente del mundo, de una versión iluminada bajomedieval de la Edda prosaica

de sus antepasados y, aunque trabajaba en un contexto cristiano, la *Edda prosaica* parece concebida para preservar las hazañas de las diosas y dioses mayores, cuyo culto se desvanecía rápidamente. El grado de simpatía que sentía por este antiguo espíritu está abierto a la interpretación, pero parece que pensaba que el mundo habría sido un lugar más pobre sin un registro de las creencias del pasado. Sean cuales sean sus limitaciones, sin el esfuerzo de Snorri nuestro conocimiento actual del mito nórdico se vería infinitamente reducido.

En 1643, el obispo Brynjólfur Sveinsson adquirió un manuscrito en vitela de cuarenta y cinco hojas, que confundió por una compilación de un mago islandés llamado Saemundr el Sabio (1056–1133). Compuesta en realidad hacia 1270, es, junto con una obra de Haukr Erlendsson de la misma época llamada *Hauksbók*, la principal fuente de la segunda gran rama de materiales islandeses: la llamada *Edda poética*. También conocida, DE forma algo confusa, como la *Edda antigua*, es una colección de poemas en versos de varios metros. Muchos de sus fragmentos se encuentran también en la *Edda prosaica*, que con frecuencia estalla en versos, y su compilación puede haber sido una continuación del proyecto de registrar los cuentos y sagas que inició Snorri. Al igual que la *Edda prosaica*, la *Edda poética* puede dividirse a grandes rasgos en tradiciones "mitológicas" y "heroicas"; las sagas familiares o "trágicas" que narran guerras entre clanes, por ejemplo, son heroicas, mientras que las historias de la creación y los relatos dedicados más que todo a las hazañas de los dioses se califican de mitológicos. Sin embargo, en realidad hay cierto solapamiento, ya que los temas de los grandes mitos aparecen en las sagas heroicas, en las que a menudo intervienen personajes divinos. ¡Los héroes pueden encontrarse con altos dioses en los caminos kilométricos que recorren!

Junto a los relatos en prosa de Snorri, hay varios poemas éddicos que figuran en la segunda parte de este libro. Entre ellos se encuentran el gran poema profético de los siglos X–XI *Völuspá* (La profecía de la vidente), los versos atribuidos a Odín contenidos en *Hávamál* (Dichos del Altísimo) y los "diálogos" de preguntas y respuestas, llenos de versos sapienciales, que se encuentran en varios otros poemas éddicos. Este formato se utilizaba en la recitación de la sabiduría pagana tanto en el mundo nórdico como en el celta, por lo que probablemente refleja un antiguo estrato de material. Las principales piezas de este tipo son el *Vafþrúðnismál* (el canto de Vathrúdnir), del siglo X, donde Odín discute con un gigante, y el *Alvíssmál* (el canto de Alvíss), donde Thor gana un concurso de adivinanzas contra un enano. Aunque hay elementos de influencia externa (tanto clásica como cristiana), los escribas parecían preocupados en general por registrar con considerable cuidado lo que sabían, a la vez que innovaban a partir de las nuevas tradiciones y seguían las líneas preestablecidas de su propia herencia nórdica. Algunos repositorios mágicos de materia pagana que implican explícitamente a las Runas incluyen *Grímnismál* (El canto de Grímnir) y *Sigdrífomál* (el canto de Sigdrífa), encontrados más abajo. Si lo deseas, puede explorar estas fuentes por ti mismo, en una de las traducciones de las Eddas que figuran en la bibliografía.

En *Runas nórdicas* trabajamos más que todo con los materiales mitológicos tanto de la *Edda prosaica* como de la *Edda poética*, en especial las historias relacionadas con los dioses y diosas superiores. Así, cada runa se convierte en una poderosa señal adivinatoria que evoca una historia o un tema de la tradición mitológica. Esta, como he argumentado, era una de las funciones originales de las runas: significar los "cantos, conjuros y adivinaciones" de un pueblo que a finales del primer milenio "seguía siendo dado a las prácticas paganas", en palabras de Rabano Mauro. Aunque el registro de estas fuentes se remonta a la era cristiana, la presencia de composiciones de fecha tan temprana como el siglo IX sugiere que, en efecto, pueden haber estado aprovechando lo que Charles W. Dunn describe como una "tradición poética masiva, de raíces antiguas..."[18] con miles de años a sus espaldas. Es probable que gran parte, incluso la mayoría, se haya perdido, por lo cual lo que queda debe considerarse un tesoro de incalculable valor. Por muy fragmentario que haya sido el proceso de conservación, para muchos los mitos, leyendas y sagas conservados en estos manuscritos son los textos sagrados de los misterios nórdicos, y rememorarlos es un acto a la vez esclarecedor y devocional.

Veamos ahora un poco más de cerca algunos de los temas centrales relacionados con las Runas en la mitología nórdica, como el árbol del mundo, las tres nornas, los rostros de la diosa, la búsqueda de Odín y las runas en la antigua magia y adivinación. Esto no solo inspirará una mejor comprensión de su importante papel en el marco de la religión pagana nórdica tradicional, sino que también ayudará a preparar el terreno para la sabiduría popular asociada con las runas individuales en la parte 2. Asimismo, estos materiales están llenos de un poder y una belleza que no se encuentran en ningún otro lugar.

EL ÁRBOL DEL MUNDO

Uno de los principales símbolos de la antigua religión nórdica que resplandece en la literatura éddica es el del árbol del mundo, llamado Yggdrasil, un emblema o arquetipo reconocible de la mitología mundial, muy extendido por toda Eurasia. Representa un punto central, o *axis mundi*, del globo, una fuerza vital que sostiene y une el tejido mismo de la realidad. En la mitología nórdica, Yggdrasil es un elevado fresno que domina los nueve mundos y, al mismo tiempo, de algún modo los envuelve y los impregna. Con su tronco en el centro de los mundos, Yggdrasil es amigo y protector de la humanidad. Aún hoy, en Islandia, los patios de muchas granjas solitarias están adornados con sus propios "árboles guardianes", y muchos paganos contemporáneos de todo el mundo veneran árboles sagrados personales como personificaciones de la fuerza vital.

Una hermosa descripción de Yggdrasil se halla en el *Völuspá*, un poema en el que una *volva*, o profetisa, canta sobre el principio y el fin del mundo. El lenguaje de estos versos nos ayuda a visualizar el poder y el misterio de Yggdrasil:

> *Hay un árbol de fresno—   su nombre es Yggdrasil—*
> *un árbol alto y regado   por un nublado pozo.*
> *El rocío cae de sus ramas   abajo hacia los valles;*
> *siempre verde se yergue   junto al manantial de las nornas*[19].

Yggdrasil tiene muchos significados: es el origen del poder regenerador de la naturaleza y la fuente de la que se alimenta toda la vida; se dice que el árbol gruñe continuamente a causa de esta terrible carga. Yggdrasil es también el vínculo entre los mundos y el hilo de continuidad que da coherencia a las edades del mundo. Es un profundo símbolo ecológico para nuestro tiempo.

El árbol del mundo es otro de los elementos del mito nórdico que tienen una base común indoeuropea, ya que los Vedas del mundo indio contienen representaciones similares. Comparemos los elementos exclusivamente nórdicos celebrados arriba con este poema del Bhagavad Gita, donde un gran árbol también está vinculado al conocimiento de temas sagrados.

> *Hay un árbol de higo*
> *En la historia antigua,*
> *El gigante Aswattha,*
> *Enraizado en el cielo,*
> *Sus ramas hacia la tierra:*
> *Cada una de sus hojas*
> *Es un canto de los Vedas,*
> *Y aquel quien lo conoce,*
> *Conoce todos los vedas*[20].

De hecho, ambos árboles sagrados corresponden a los rasgos arquetípicos que el gran mitólogo comparativo Mircea Eliade ha encontrado en las descripciones del árbol del mundo en todas partes. Eliade escribe:

Por una parte, representa el universo en continua regeneración, el manantial inagotable de la vida cósmica, el depósito supremo de lo sagrado (porque es el "Centro" de recepción de lo sagrado celestial, etc.); por otro lado, simboliza el cielo o los cielos. En numerosas tradiciones, el árbol cósmico, que expresa la sacralidad del mundo, su fecundidad y su perennidad, se relaciona con las ideas de creación, fecundidad e iniciación, y, por último, con la idea de realidad absoluta e inmortalidad. Así, el árbol del mundo se convierte también en el árbol de la vida y de la inmortalidad. Enriquecido con numerosos dobletes míticos y símbolos complementarios (mujer, manantial/pozo, leche, animales, frutos, etc.), el árbol cósmico se presenta siempre como la reserva misma de la vida y el maestro de los destinos[21].

Según el *Vōluspá*, tras el Ragnarök, la batalla final en la que Midgard (la Tierra Media, el reino humano) es consumida por el fuego e incluso Odín muere, el árbol del mundo Yggdrasil "permanece visible, como una antorcha encendida contra el cielo, después de que la tierra y las estrellas hayan sido destruidas"[22], un símbolo perdurable de atemporalidad y eternidad.

LAS NORNAS Y EL POZO DE URD

Bajo una de las raíces de Yggdrasil se encuentra el pozo de Urd, donde habitan las tres nornas. La proximidad de estas "doncellas del destino" al pozo de Urd no es casual: este pozo y la norna mayor, Urd, comparten el mismo nombre y las tres se relacionan claramente con la antigua figura europea de la triple diosa.

> *Mucha sabiduría   tienen las tres doncellas*
> *que vienen de las aguas   cercanas a ese árbol;*
> *establecieron leyes,   decidieron las vidas*
> *que los hombres debían llevar,   marcaron su destino*[23].

Amas del destino, las nornas son paralelas a las tres parcas de la mitología griega y, según algunos estudiosos, pueden ser un préstamo de ellas: los aspectos de doncella, madre y arpía de las "hermanas tejedoras" que hilan, miden y cortan los hilos de la vida y el destino.

Sus nombres revelan la naturaleza de las nornas: Urd (destino), Verdandi (necesidad) y Skuld (ser), ya que se dice que las nornas anuncian su destino a los recién nacidos, y en las sagas se dice que este destino está fijado. De hecho, en el *Vōluspá* se describe a una de las nornas como "anotadora del destino", literalmente, "la que talla en trozos de madera". ¿Podría tratarse de runas? Las nornas pueden aparecer como grandes aliadas o como brujas llenas de odio, según tu suerte. En la *Saga völsunga* (Saga de los volsungos), de la *Edda poética*, se cuenta que cuando el héroe Helgi nació en medio de una tormenta, con las águilas chillando fuera, las nornas vinieron a decidir su destino:

Las nornas llegaron   a la casa esa noche,
las que forjarían   el destino del príncipe;
gran fama, dijeron   que marcaría su futuro,
sería llamado   el mejor de los reyes.

Ellas entonces enrollaron   los hilos de fuego,
en el castillo de Bralund   donde nació el héroe,
juntaron las hebras   en una cuerda de oro,
y la sujetaron   en el alto salón de la luna[24].

Otros no tuvieron tanta suerte. Pero, aunque los decretos de las nornas eran vistos con fatalismo, se consideraba que comprender sus caminos podía otorgar conocimiento y sabiduría al receptor. En la consulta rúnica actual, las preguntas se dirigen a las nornas, y en la tirada de tres símbolos (en la que las piedras o símbolos se colocan según lo que ha pasado, lo que está pasando y lo que está por venir) vemos un reflejo directo de la presciencia de las nornas sobre el pasado, el presente y el futuro. Ellas son las tejedoras en el centro de la red de Wyrd.

⊙DÍN, EL ENCAPUCHADO⊙

Odín es el Merlín de la literatura nórdica, un poderoso dios y mago que tiene un claro eco en Gandalf, el personaje de J. R. R. Tolkien. A menudo se representa a un Odín que viaja por las carreteras y caminos bajo distintas apariencias, pero lo más habitual es que vista una capa azul, apoyado en su bastón y con el sombrero de fieltro bajo sobre la cara. Las Eddas no dejan lugar a dudas de que Odín es el más alto y sabio de los dioses de Asgard: el Padre de Todo y Señor del Valhalla, el encapuchado que es señor de los ahorcados, las encrucijadas, la sabiduría y las Runas. En el *Loddfáfnismál* (El canto de Loddfáfnir) leemos:

Cantaré   desde la silla del sabio
ante el manantial sagrado de las nornas;
Observé y escuché, miré y pensé
en las palabras de los sabios
cuando hablaban de las runas   y lo que revelaban
ante el salón del Altísimo,   en el salón del Altísimo[25].

El poeta celebra el descubrimiento de las Runas por Odín, y su referencia a la "silla del sabio / junto al manantial sagrado de las nornas" alude al extendido tema del oficio ritual del poeta (o vidente) como guardián de la tradición. Y por supuesto, en su búsqueda de la sabiduría, Odín descendió por el fresno del mundo hasta una raíz de Yggdrasil y, como ya vimos, bebió de las aguas de la inspiración en el pozo de Mímir.

El episodio en el que Odín obtiene las Runas es quizá el mayor acontecimiento épico de la antigua poesía nórdica. Puedes leerlo en uno de los poemas más famosos de la *Edda poética*, *Loddfáfnismál*, que forma parte de *Hávamál*, un célebre conjunto de versos compuesto de consejos de un poeta que habla como Odín. En él, Odín relata algunas de sus mayores hazañas, como el robo del hidromiel de la inspiración a la giganta Gunnlod, su búsqueda y sacrificio de un ojo por las Runas, y su aprendizaje de los grandes *galdr*. En una sección del poema cargada de sabiduría, conocida como el "Runatal" (Canto de las Runas), Odín canta su sacrificio, su descubrimiento y cómo ese descubrimiento puede ayudar a la humanidad:

> *Sé que estuve colgado   de un alto árbol ventoso*
> *durante nueve largas noches;*
> *atravesado por una lanza—la promesa de Odín—*
> *entregándome a mí mismo.*
> *Nadie puede decir   sobre ese árbol,*
> *de cuáles raíces profundas se levanta.*

> *No me trajeron pan,   ni cuerno del cual beber,*
> *miré hacia el suelo.*
> *Gritando fuerte,   atrapé runas;*
> *finalmente caí.*

> *Nueve poderosos cantos   aprendí del hijo*
> *de Bolthorn, el padre de Bestla,*
> *y llegué a beber de ese hidromiel costoso*
> *que el vaso sagrado contenía.*

Así aprendí   la tradición secreta,
prosperé y crecí en sabiduría;
Obtuve palabras   de las palabras que busqué,
los versos se multiplicaron   donde busqué el verso.

Encontrarás runas   y leerás los palos correctamente,
la magia fuerte,
los poderosos hechizos
que el sabio dejó,
que los grandes dioses hicieron,
sabiduría de Odín[26].

Bolthorn el gigante es el abuelo de Odín, y los "nueve poderosos cantos" que aprendió son *galdr*, como veremos. Pero la principal sabiduría adquirida por Odín es la de la profecía, el poder de ver desde el principio hasta el fin de los tiempos. De hecho, al igual que el griego Tiresias, Odín es el patrón de la profecía, y cuando la *volva* (vidente) de *Völuspá* profetiza, afirma que es "por voluntad de Odín" por lo que pronuncia la antigua sabiduría. De este modo, Odín es un verdadero mago, cambiaformas y chamán en jefe.

LA BÚSQUEDA DEL CHAMÁN

En el chamanismo, quizá la religión fundacional de la humanidad, el tema del descenso o ascenso del chamán por el árbol del mundo está profundamente arraigado. De hecho, es una de las principales metáforas utilizadas para la adquisición del conocimiento chamánico, y sigue activa entre las tribus inuit (esquimales) hasta nuestros días. Joseph Campbell dice lo siguiente:

La visión del árbol es un rasgo característico del chamanismo de Siberia. Como el árbol de Woden [Odín], Yggdrasil, es el eje del mundo, que llega hasta el cenit. El chamán se ha criado en este árbol, y su tambor, hecho de su madera, le lleva de vuelta a él en su trance de éxtasis... La magia de su tambor le transporta en las alas de su ritmo, las alas del transporte espiritual. El tambor y la danza elevan al mismo tiempo su espíritu y le evocan a sus familiares, las bestias y los pájaros, invisibles para los demás, que le han dado el poder de ayudarle en su huida[27].

Aunque Odín desciende antes de ascender y se hiere a sí mismo con una lanza arrancada de Yggdrasil en lugar de agarrar un tambor fabricado con su madera, los paralelismos son obvios. El Dios supremo que representa los poderes de la consciencia superior desciende a los reinos del inframundo con sus aguas femeninas para beber de esa profunda sabiduría. Luego regresa imbuido de los secretos del pozo. Odín es, de hecho, el arquetipo del chamán extático que cabalga el árbol del mundo. En algún momento se relacionó con la "magia alfabética" de las Runas, al dar un nuevo giro a una vieja historia, quizá en parte por imitación de los mitos de los dioses del alfabeto entre las culturas que utilizaban el alfabeto en la región itálica del norte, de la que los nórdicos tomaron prestada (o más bien adaptaron) la escritura rúnica. Los chamanes contemporáneos de los misterios nórdicos intentan seguir un camino similar al de Odín cuando buscan los secretos de las Runas, ya que se atreven a cabalgar entre los mundos.

Odín, al igual que los chamanes de antaño, también viene acompañado de una serie de animales familiares, entre ellos, dos águilas (a veces cuervos) que se posan sobre sus hombros y le susurran conocimientos al oído; sus dos lobos, Freki y Geri; y el caballo Sleipnir, en el que cabalga hacia el otro mundo. En ese aspecto se corresponde a una figura muy antigua conocida como el maestro de los animales o de las bestias, un personaje de vetusta antigüedad que nos enseña nuestra relación con los mundos animal y espiritual.

FREYA Y LOS ROSTROS DE LA DIOSA

El carácter muy "masculino" del mito nórdico no es tan evidente como parece a primera vista. Aunque Odín es el jefe de los æsir, por ejemplo, el poder de las nornas y las valquirias también señala el papel fundamental de las *ásynja* (diosas) en la religión nórdica. Snorri nos asegura en la *Edda prosaica* que las dieciséis grandes diosas (que en realidad son doce si comprimimos sus diversos títulos) no eran "menos santas ni tenían menos poder" que los doce dioses, y en otra parte se nos dice que la diosa Freya, señora de la *seiðr* (*seidr*: fertilidad y magia de la tierra), enseñó sus artes a Odín.

Freya es la más destacada de las diosas. Entregada por los vanir (dioses de la fertilidad) a los æsir (dioses del cielo) para concluir una tregua en un pasado lejano y mítico, Freya se convirtió en reina de Asgard y de Vanaheim. Representada como una hermosa Afrodita nórdica en tratamientos posteriores, como en *Der Ring des Nibelungen* de Wagner, es en realidad una figura muy compleja. Freya, a menudo representada en un carro tirado por dos gatos, recuerda a la Isis egipcia: reina del Cielo y del Infierno. A veces se comportaba como una valquiria, ya que escogía a los caídos en combate, y también gobernaba un salón en Asgard llamado Fólkvangr, al que conducía las almas de los muertos. Era el par de Odín, y como es lógico, a veces también es su amante. De hecho, la gran similitud entre su nombre y el de la esposa de Odín, Frigg, sugiere que ambas podrían ser formas gemelas de la misma diosa.

La principal posesión de Freya es un cinturón de oro llamado Brísingamen. Para conseguir este tesoro, descendió a Svartálfaheim (tierra de los elfos oscuros) y se acostó con cuatro enanos, ya que consideraba este trueque de carne por metal brillante como un intercambio igualitario, y después ascendió, como Venus, a los mundos superiores. Esta historia tiene paralelismos con el mito griego de Perséfone, representante de los frutos y las flores de la tierra, que debe pasar la mitad del año en el lúgubre inframundo con Plutón. Está claro que uno de los aspectos de Freya es el de la diosa de la tierra que hace un pacto con los poderes de fertilidad gnómica del inframundo y encarna la fecundidad de la tierra. Su cinturón, Brísingamen, puede simbolizar un campo dorado de trigo o algo parecido, que brota de nuevo en la época del verano tras los oscuros meses en los que la fuerza vital de la tierra estaba encerrada en las heladas garras de los poderes del invierno.

De igual modo, las valkirias, ominosas pero cautivadoras figuras del mito, son mujeres guerreras que acompañan al germánico Woden (Odín) en su faceta de dios de los muertos mientras cabalga por el cielo nocturno en la fantasmagórica "cacería salvaje". Las valquirias elegían a los caídos en combate, que acompañarían al temible señor de vuelta al mundo de los muertos. Allí, los afortunados que morían en combate tenían el honor de festejar y combatir con la élite elegida por Odín, hasta el Ragnarök (el apocalipsis nórdico) en el Valhalla, el salón con lanzas por vigas y escudos por paja. Las valquirias son, si se quiere, administradoras prácticas de los decretos de las nornas. Solían ser feroces y sedientas de sangre, pero más tarde se romantizaron: en *Volundarqviða* (El canto de Volund), vemos a la valquiria como una hermosa doncella cisne. En *Sigdrífomál*, la valquiria Sigdrífa instruye al héroe del cuento en el arte de la magia rúnica, como veremos, lo que indica que las valquirias podían ser expertas en runas y establece para nosotros un prototipo mítico de la transmisión de runas, en este caso mediante instrucción oral, de mujer a hombre.

Aunque existen muchas otras diosas importantes en la mitología nórdica, como Iðunn, que guarda las manzanas de la inmortalidad, y Frigg, esposa de Odín, es Freya la que ha captado la mayor devoción en los tiempos registrados. En el Paganismo nórdico contemporáneo, tiende a funcionar como la gran diosa, paralela a la diosa wiccana de las brujas, conocida como Diana, Aradia, Ceridwen, Astarté, Ishtah y Anu. Porque en los misterios nórdicos, como en el Paganismo contemporáneo en general, hay muchas caras de la diosa, pero solo *una* diosa.

RUNAS DE HECHICERÍA Y ENCANTAMIENTO

Como hemos visto, el descenso de Odín por el árbol del mundo y el descubrimiento de las Runas están bastante imbuidos de tradiciones chamánicas. ¿Cuál es, entonces, la naturaleza del conocimiento y la magia que obtiene a través de su descubrimiento? En otras palabras, ¿cómo se revelan las Runas como mágicas y potentes en los cantos y sagas?

Hemos aprendido del *Hávamál* como, tras adquirir las Runas, Odín está dotado de diversas habilidades mágicas. Estas se exponen como beneficios por los que se nos ordena esforzarnos. Antes de recitarlas, Odín nos desafía:

¿Sabes escribir? ¿Sabes leer?
¿Sabes pintar? ¿Sabes demostrar?
¿Sabes desear? ¿Sabes adorar?
¿Sabes invocar? ¿Sabes sacrificar?[28].

"Escribir" en este contexto se refiere al acto de inscripción mágica, y "leer" a la interpretación de los presagios. Del mismo modo, el "pintar" al que se hace referencia en el tercer estribillo se relaciona con lo que ya hemos leído en el *Hávamál* sobre

...las runas sagradas
dadas por los dioses
que Odín dispuso
y el sabio tiñó de color...[29].

Las runas se solían inscribir o "pintar" con rojo, generalmente ocre o sangre. El "demostrar" del cuarto estribillo es la práctica de la adivinación, una técnica consagrada para probar la naturaleza de una situación, ya que las runas están relacionadas con el término *rede* o *rad* (consejo, asesoramiento), y los términos relacionados con la propia palabra *runa*, como hemos visto, significan "asesorar" y "aconsejar". El "deseo" del quinto estribillo, unido a "adorar" e "invocar", sugiere la invocación, el uso de la magia para lograr fines mágicos y prácticos específicos. Por último, el "sacrificar" del estribillo final remite al propio sacrificio de Odín para obtener las Runas y parece incitar al oyente a mantener el acto de sacrificio a los dioses. Este pasaje es una fórmula ritual estrechamente entretejida de una hermosa manera.

La relación de las Runas con la hechicería es indudable: en la siguiente sección de *Hávamál*, Odín describe los dieciocho *galdr* mágicos y las habilidades asociadas que ha adquirido, ¡entre ellas la de resucitar a los muertos! Nos dice:

Conozco un duodécimo [hechizo]:   si arriba en un árbol
veo un cadáver colgando alto,

las poderosas runas   que escribo y coloreo
hacen que el hombre baje
a hablar conmigo[30].

Otras habilidades mágicas de las que Odín presume comprenden la sanación (incluida la ayuda a los enfermos y desamparados, al aliviarles sus penas); embotar el filo de la espada de un enemigo; romper los grilletes que se utilizan para atar a un hombre; detener una lanza veloz en el aire; redirigir las runas de daño (escritas en la raíz de un árbol) de vuelta al enemigo; apagar un incendio; calmar el odio que cunde entre los guerreros; salvar un barco en una tormenta al calmar el mar; vencer a las brujas; bendecir a los amigos con buena fortuna en la batalla; evitar que un amigo luche; otorgar conocimiento de los dioses y los æsir; otorgar poder, triunfo y entendimiento; seducir a una chica; retenerla; seducir a la mujer de otro.

En otra parte, aprendemos con más detalle los procedimientos para activar runas con fines mágicos. En *Sigdrífomál*, el héroe Sigurd recibe, como ya se ha dicho, instrucciones de la valquiria Sigdrífa, a la que despierta de un sueño encantado al que ha sido arrojada por Odín. En una versión en prosa del cuento, leemos: "Sigurd le pidió que le enseñara sabiduría si ella conocía todas las palabras. Entonces ella tomó un cuerno lleno de hidromiel y le dio a beber algo que le haría recordar". Ella le dice:

Primero traeré   cerveza al guerrero—
la fuerza la hizo,   la mezcló con la fama—
llena de hechizos   y potentes canciones,
rica en encantos   y runas de alegría[31].

El cuerno, al igual que el pozo, el caldero y la copa, es un recipiente sagrado que contiene la sabiduría de los otros mundos. La "cerveza" que contiene recuerda al hidromiel de la inspiración que degusta Odín, una bebida divina vinculada a los éxtasis prometidos por el dios griego Dioniso o el soma sagrado que beben los dioses de la India. Sigurd (el equivalente nórdico del héroe germánico Sigfrido) se inicia en el camino del *vitki*, o iniciado rúnico. Su "recuerdo" implica un renacimiento transformador, pues Sigurd es recordado como un ser más poderoso y primigenio.

En esencia, el uso de amuletos rúnicos enseñado por Sigdrífa implica inscribir el símbolo relevante en un objeto asociado para lograr su efecto. Su primer ejemplo consiste en "recargar" una espada.

> *Te enseñaré   runas de triunfo*
> *para tenerlas en el puño de tu espada—*
> *algunas en la hoja,   otras en la guarda;*
> *luego invoca dos veces a Tyr[32].*

Como ya dijimos, Tyr es el antiguo dios de la guerra de la religión nórdica, conocido en su forma germánica como Tiw o Tiwaz, y una de las runas del futhark antiguo lleva su nombre (*Tiwaz* es el nombre germánico del símbolo, que se convierte en Tyr en nórdico e inglés antiguo). La runa del amuleto se inscribe en la hoja y la empuñadura de una espada y se invoca a Tyr para dar poder al arma para la batalla. Aquí nos adentramos directamente en la antigua práctica mágica de la hechicería rúnica a través de la inscripción y la recitación de *galdr*.

Este relato demuestra un principio importante: las Runas invocan ciertas energías arquetípicas. Entre ellas encontramos ejemplos en *Sigdrífomál* como las runas de la cerveza rayadas en un cuerno para beber y la runa de la "necesidad" (*naudiz*) en la uña para evitar que la mujer de otro hombre traicione tu confianza o que tu bebida sea envenenada; runas escritas en la palma de la mano para ayudar a una mujer de parto; runas cortadas en la proa y el timón para salvar una embarcación; runas escritas en la corteza de un árbol para curar a los enfermos; runas del habla para "dar cuerda", "tejer" y "torcer" para que nadie te haga daño por odio; y runas de la mente para superar el ingenio de todos los hombres. Estos arcaicos ejemplos son solo algunas de las muchas aplicaciones posibles del arte de la magia rúnica. Hoy en día mucha gente emplea las runas en hechizos y afirmaciones con gran efecto. Este aspecto de la tradición rúnica no es el foco principal de *Runas nórdicas*, que se ocupa principalmente de la adivinación, pero mis comentarios sobre las identidades de las Runas en la parte 2 ofrecen algunas sugerencias en cuanto a cómo las Runas pueden emplearse en ciertas situaciones con propósitos mágicos, porque en la tradición rúnica, la adivinación se utilizaba a menudo en tándem con la magia, con la adivinación como una herramienta de diagnóstico y la magia como la cura.

El modelo de una figura femenina (si es sobrehumana) que enseña las artes rúnicas refuerza la idea de que los elementos de la tradición rúnica se derivan de la sabiduría de la diosa. Las mujeres también estaban bastante relacionadas con la adivinación, una práctica muy extendida por toda Europa, pero que influyó directamente en los nórdicos a través del contacto con los pueblos sami y báltico-finlandeses del norte. En *Eiríks saga rauða* (La saga de Erik el Rojo), por ejemplo, una poderosa chamana llamada Thorbjorg, que trabaja según la tradición *seidr*, llega a la granja de una familia y realiza una especie de fundición en círculo y un ritual adivinatorio; y aunque no se mencionan las runas en sí, hay muchas correspondencias con rasgos de la tradición rúnica que estamos perfilando. Por ejemplo, esta *finna ein fiolkunnig* (mujer experta en magia) tiene nueve hermanas y se la describe ocupando un "alto asiento" similar al de Odín en el *Hávamál* (Dichos del Altísimo). La descripción de su atuendo también deja una rica impresión:

> Así es como iba vestida: llevaba un manto azul con tirantes que estaba engastado con piedras hasta el dobladillo; tenía cuentas de cristal alrededor del cuello, y en la cabeza una capucha de piel de cordero negra forrada por dentro con piel de gato blanca. En la mano lleva un bastón con un pomo, adornado con latón y engastado con piedras justo debajo del pomo. Alrededor de la cintura llevaba un cinturón de madera de tacto, y en él una gran bolsa de piel en la que guardaba los amuletos que necesitaba para su magia. En los pies llevaba zapatos de piel de becerro con largas correas, y en los extremos de las correas grandes pomos de latón. En las manos llevaba guantes de piel de gato, blancos por dentro y peludos por fuera[33].

Resulta tentador imaginar, como han hecho algunos comentaristas rúnicos, a mujeres de este tipo que viajan por el campo y ofrecen el arte de la fundición rúnica entre sus mercancías, no menos mecenas de las artes ocultas que la valquiria Sigdrífa con toda su tradición rúnica.

ADIVINACIÓN RÚNICA

La profunda potencia mágica de las runas y su uso como amuletos se ilustra en toda la literatura éddica, como hemos visto. Las referencias claras a la adivinación son más escasas; hay que leer entre líneas. Una de las pocas descripciones directas de un ritual de adivinación por parte de los dioses se encuentra en *Hymisqviða* (El canto de Hymir), donde los æsir utilizan ramitas de la suerte para localizar cerveza para el banquete.

> *Los dioses estaban felices— tuvieron una buena cacería*
> *y les apetecía darse un festín;   descubrieron,*
> *al agitar pequeñas ramas   empapadas en sangre,*
> *que ægir tenía todo   para elaborar cerveza*[34].

El poema no nombra específicamente las runas, pero las pequeñas ramas "empapadas" en sangre nos recuerdan la inscripción de runas en ocre rojo o sangre y las *hlaut-teiner* (ramitas de sangre) de Snorri. En cualquier caso, se habla tan a menudo de las runas al mismo tiempo que de otras cuestiones obviamente relacionadas con el conocimiento del futuro y la profecía que su papel en las artes mánticas (adivinatorias) es incuestionable. Al fin y al cabo, la sabiduría que Odín buscaba en el pozo de Mímir era tanto la presciencia como la destreza mágica.

Este tema se refuerza en el gran poema profético *Völuspá*, en el que la *volva*, o vidente, describe la venida de Odín a ella de un modo paralelo a la tradición clásica de las sacerdotisas del oráculo, conocidas como *pitias*, poseídas por la inspiración divina del dios Apolo. Aquí la volva se identifica a sí misma y su relación cultual con Odín:

> *Los hombres heidi me llaman cuando sus casas visito,*
> *Bruja previsora, sabia en talismanes,*
> *Lanzadora de hechizos, astuta en magia,*
> *Por las mujeres malvadas siempre bienvenida.*

> *Anillos de brazo y collares, Odin, me diste*
> *para aprender mi sabiduría, para aprender mi magia:*
> *Más y más a través de todos los mundos veo.*

Afuera me senté sola cuando viniste,
Terror de los dioses, y me miraste a los ojos.
¿Qué me pides? ¿Por qué me tientas?
Odín, sé dónde está oculto tu ojo,
escondido en el pozo de Mímir;
Mímir cada mañana su hidromiel bebe
De la promesa de Valfather. Bien, ¿quieres saber más?[35].

Conviene recordar que el contexto es el de la volva que relata la historia (y el futuro) del mundo a dioses y hombres, y que la inmersión de Odín en el pozo de Mímir es fundamental para su capacidad profética. De hecho, las palabras "afuera me senté sola" no son una descripción de un espacio físico, sino de un estado clarividente del ser: el nórdico antiguo *"Ein sat hon uti"* se ha traducido mejor como *"Sola celebró una sesión de espiritismo por la noche"*, palabras que "solían implicar 'sentarse fuera para escuchar y contactar con los espíritus', una ocupación de magos y brujas"[36]. Aquí nos adentramos en el dominio del mundo de los espíritus.

Las runas son parte integrante del conocimiento superior de las espirales y los ciclos de la historia. Más adelante leemos en *Völuspá* que tras el Ragnarök, el ardiente apocalipsis nórdico, los dioses æsir se reagrupan y se reúnen en una llanura llamada Idavoll para

considerar todo   lo que pasó
las antiguas runas   ofrecidas a Odín[37].

Aquí, el ciclo completo del progreso del mundo, desde su creación hasta su destrucción, está contenido en la sabiduría de las Runas que Odín adquirió en el pozo de Mímir, entre las raíces de Yggdrasil. Vemos runas que funcionan de manera profética y a gran escala. En conjunto, estos hilos forman un telón de fondo, una especie de mosaico de mitos, creencias y prácticas que han llegado hasta nosotros de forma fragmentaria. Cualquier referencia a rituales de adivinación con runas parece consistir en meras insinuaciones. Sin embargo, dadas las asociaciones de secreto y "susurro" que se asocian a la palabra runa, puede que no sea una coincidencia. Las Eddas establecen con claridad que las runas son un conjunto mágico de letras en glifos de pensamiento vikingos con poder para invocar las energías que representan: bendecir, maldecir, consagrar. Los símbolos arquetípicos son la materia de la adivinación, que es una especie de inversión del funcionamiento activo de los signos mágicos en la lectura pasiva para comprender el destino "por decreto de las nornas".

Tal vez este ámbito de la práctica cultual haya dejado pocas huellas porque estuvo envuelto en el secreto desde el principio. Como dice el *Hávamál* (Dichos del altísimo):

> *Aquel que leyera   las runas sagradas*
> *dadas por los dioses,*
> *que Odín colocó*
> *y que el sabio tiñó de color*
> *hace bien en no   malgastar palabras*[38].

LA TRADICIÓN
NÓRDICA

Nuestra exploración del campo de la tradición rúnica ha revelado que, aunque las fuentes disponibles son fragmentarias y en algunos casos abiertas a la interpretación, no hay duda sobre algunos hechos fundamentales. Los orígenes de las runas siguen siendo un tanto oscuros, pero no hay duda de que, en cierto modo, encierran significados mágicos y adivinatorios; esto, junto con su papel como letras comunes, puede incluso haber sido el propósito de su invención. El uso de las runas para la adivinación no está confirmado sino hasta finales de la época vikinga, pero este uso se basa en la herencia mágica y chamánica más antigua del norte de Europa. En cuanto a la recuperación de este sistema, la parte 1 de este libro ha demostrado que no dependemos totalmente de conjeturas para reconstruir los significados de las runas. Aunque la intuición juega un papel importante en la lectura, los nombres de las Runas y los poemas asociados a ellas apuntan a referencias mitológicas concretas dentro del gran cuerpo de la mitología nórdica. De hecho, ofrecen una poderosa clave para esta tradición, que, además, adquiere un significado personal a través de los procesos de adivinación. Con *Runas nórdicas*, el lector puede acceder a la auténtica tradición de utilizar las Runas como fichas que invocan los temas y las historias de los antiguos mitos y leyendas. Si recurrimos a los comentarios expuestos en "Símbolos rúnicos", podemos recuperar el propósito de las "runas de la buena ayuda" y la antigua sabiduría que evocan. Al aplicar sus significados a los contornos reales de nuestras vidas actuales, nos aseguramos de que no solo las Runas, sino también los cuentos que las acompañan, adquieran una poderosa relevancia contemporánea.

En las Runas tenemos quizás la herencia más preciada del paganismo nórdico: un conjunto de fichas adivinatorias con significados esotéricos y prácticos, un verdadero libro de hechizos de operaciones mágicas, un sistema de enseñanzas espirituales e indicadores de caminos superiores a la par con la cábala o el *I Ching*. La rama de los misterios nórdicos del Paganismo contemporáneo se nutre de estos grandes pozos de conocimiento y aprendizaje, al mantener viva e innovar una tradición mágica única. De hecho, las Runas nos ofrecen un puente entre nuestra era y el mundo desaparecido de la cultura pagana nórdica; guían al iniciado en su búsqueda por el árbol del mundo hasta el pozo sagrado de esa sabiduría colectiva, un dominio donde la palabra es sagrada, potente y siempre viva. Para muchas personas del Occidente moderno, estas antiguas enseñanzas brindan una sabiduría indígena que puede complementar y conducirnos a una relación con las tradiciones nativas de las sociedades que con demasiada frecuencia hemos suprimido y desdeñado.

En la parte 3 encontrarás una sección llamada "Re-cordando la tradición", que explora a mayor profundidad las relaciones entre las Runas, su renacimiento contemporáneo y el Paganismo actual. Por el momento, basta con señalar que el atractivo de los misterios nórdicos reside en su poder primigenio y elemental. He aquí un sistema en el que el centro del universo no es un dios masculino antropomórfico, sino un poderoso árbol de cuyas ramas cuelgan los mundos como fruta madura. Esto nos conecta de una manera directa y poderosa con el mundo verde, con las energías regenerativas y fecundas de la tierra misma. Los elementos primigenios de la naturaleza sustentan e impregnan todo el pensamiento nórdico. Nuestro mundo, Midgard (Tierra Media), es un punto de equilibrio fortuito entre las fuerzas enfrentadas del fuego y el hielo. El aspecto femenino de este tejido es la diosa, que adopta muchas formas; el rostro masculino es el Dios, igualmente multifacético. Juntos contienen muchos aspectos que han sido ignorados o suprimidos en nuestra cultura tanto por el monoteísmo como por la ideología atea de la ciencia material. Odín y

Freya encarnan muchos temas de los que podemos aprender verdades profundas: las de la búsqueda mística; el dominio de la magia; la sabiduría de las plantas, los árboles y los animales; el poder de los elementos; leyendas de amor, crisis y renacimiento.

En los mitos nórdicos, el ser humano está tejido con la misma trama de la creación que el mundo natural, los seres elementales y los dioses. El relato islandés de la creación describe cómo los primeros seres humanos, Ask y Embla (fresno y quizá olmo), proceden a su vez de "dos árboles débiles" a los que Odín insufló vida. Asimismo, otra emblemática pareja de seres humanos escapa de la destrucción final de Ragnarök y se refugian en el tronco del árbol del mundo, Yggdrasil, con lo que regresan en el momento del peligro a esa naturaleza viva de la que surgieron, y de la que emergerán de nuevo, a un mundo regenerado. Así pues, se nos considera de la misma materia que el propio Yggdrasil, encarnaciones vivientes del árbol cósmico, con nuestras raíces ancestrales y evolutivas profundamente arraigadas en el suelo de la prehistoria, nuestros cuerpos troncos que se mantienen en pie y hacen frente a cualquier clima, nuestros brazos ramas que se extienden hasta el infinito. Después de habernos dado la vida, los dioses y las diosas nos regalan muchos otros dones, entre ellos, en última instancia, las Runas, que están ahí para ser utilizadas como herramientas de una consciencia expandida.

Por supuesto, ningún sistema esotérico da por sí solo respuesta a todos los misterios de la vida, y debemos tener cuidado de no totalizar el significado incluso de las runas. Se ha comentado que el valor determinante de un sistema reside en que, en última instancia, prescindamos de él. En otras palabras, su valor se deriva de lo que hemos aprendido por el camino: no es un fin en sí mismo. Del mismo modo, por mucho que nos identifiquemos con una tradición cultural concreta, nunca debemos perder de vista el hecho de que cada una de ellas no es más que un hilo conductor en el conjunto más amplio del crecimiento y la búsqueda espiritual del ser humano. Los buscadores de hoy en día viven en condiciones muy diferentes a las de los nórdicos de antaño, que pasaban gran parte de sus vidas en viviendas aisladas iluminadas con lámparas de sebo (grasa animal o de ballena) en densos bosques y fiordos solitarios, mientras se dedican por turnos a la caza, la agricultura, la pesca y las incursiones. Nuestros antepasados eran tan falibles como nosotros, pero su sabiduría aún puede fluir del pasado al presente y al futuro. Las Runas encarnan su visión y sus intentos de alcanzar una comprensión más elevada. En mi opinión, el propio sistema mágico y adivinatorio vinculado a estos fascinantes signos fue creado en un acto (o tal vez en una serie de actos) de inspiración divina. Su universalidad queda atestiguada por el hecho de que aún hoy, después de casi dos mil años, pueden hablarnos.

Las Runas pueden considerarse el verdadero texto sagrado de la tradición nórdica y encarnan sus grandes misterios. Como sistema esotérico, encapsulan los misteriosos poderes y procesos del cosmos, porque los mundos interior y exterior están conectados y los mismos temas arquetípicos que se encuentran en los mitos antiguos se reflejan en nuestras vidas personales. Es así que las Runas nos conectan a través y más allá de nuestras situaciones personales con los grandes ritmos y fuerzas que lo animan todo y, al hacerlo, nos inician en el gran misterio del que formamos parte. Las Runas dan poder, incluso mientras instruyen y transforman con sus "secretos susurrados". Este libro trata de las Runas en específico, pero al adivinar con ellas llegarás a conocer y comprender más de los misterios nórdicos. Utilizadas con habilidad, promoverán el flujo de sabiduría, felicidad y abundancia en tu vida.

Parte 2

SÍMBOLOS RÚNICOS

Encontrarás runas   y leerás los palos correctamente,
la magia fuerte,
los poderosos hechizos
que el sabio estableció,
que los grandes dioses hicieron,
sabiduría de Odín.

HÁVAMÁL (DICHOS DEL ALTÍSIMO),
POEMAS DE LA "EDDA ANTIGUA"

GUÍA DE SÍMBOLOS

€n esta parte del libro, "Símbolos rúnicos", encontrarás una lista de cada runa individual del futhark antiguo en orden original bajo un nombre moderno. Al lado de cada runa verás su nombre germánico original seguido de una traducción a nuestro idioma del significado literal de este nombre (más abajo encontrarás más información sobre esos nombres rúnicos). Después de esto se incluyen los versos correspondientes del poema rúnico y sus asociaciones, que se discutieron con cierta extensión en la parte 1, "Tradición rúnica". Notarás que los veinticuatro símbolos están agrupados en tres antiguas divisiones: ætt de Frey (sagrado para el dios de la fertilidad Frey), ætt de Hagal (sagrado para la fuerza elemental del granizo) y ætt de Tyr (sagrado para el antiguo dios nórdico de la espada, Tyr, conocido por los pueblos germánicos como Tiw o Tiwaz). Estas divisiones, por supuesto, no serán de mucha importancia cuando adivines con las Runas.

Nombres de los símbolos rúnicos

Como verás primero en los detalles de cada runa, cada símbolo tiene varios nombres en distintas lenguas. Por ejemplo, en germánico, ᛒ (abedul) es *berkana*; en nórdico, *bjarkan*. Cuando se tiran, estas runas deben verse como imágenes visuales, signos tallados que tienen un gran poder y potencia como amuletos mágicos, con nombres resonantes que suenan increíble cuando se cantan. Freya Aswynn, por ejemplo, ha creado una invocación inquietante basada en el canto secuencial de los antiguos nombres germánicos de cada una de las runas.

Aunque los símbolos rúnicos y sus nombres te resultarán familiares y fáciles de reconocer con el tiempo, otros comentaristas optan a menudo por utilizar los títulos nórdicos o del inglés antiguo de las runas, lo que puede dar lugar a cierta confusión. En consecuencia, también ofrezco una lista de los títulos alternativos más utilizados para cada runa, incluyendo, a veces, variantes de los nombres germánicos, así como los nombres empleados en inglés antiguo, gótico y lenguas escandinavas (este último como se encuentra en los poemas rúnicos noruegos e islandeses). Aprender estos nombres alternativos te ayudará a identificar los nombres rúnicos en otros comentarios que puedas encontrar. La siguiente clave sirve como guía para entender la fuente de los nombres de cada runa y la correspondencia de cada runa dada en las páginas siguientes.

Clave de los nombres rúnicos

Gmc	Germánico	La protolengua hablada por los germánicos antes de la aparición de los dialectos regionales. Contiene los títulos más antiguos de las Runas del futhark antiguo, aunque a menudo existen formas germánicas variantes de sus nombres, que he incluido en la sección siguiente.
IA y PRA	Inglés antiguo y del poema rúnico anglosajón	La lengua inglesa del periodo 450-1110 e. c. A veces hay variantes en inglés antiguo de los nombres que se encuentran en el poema rúnico anglosajón.
Gótico		Los godos eran originarios de Escandinavia, pero más tarde emigraron hacia el sur, a la Europa continental. El primer nombre gótico que se proporciona está en gótico antiguo, que contiene formas muy tempranas de los nombres rúnicos. El segundo nombre procede de una nueva forma estandarizada de gótico desarrollada por el obispo cristiano del siglo IV Ulfilas e influida por otras escrituras. La mayoría de los significados góticos coinciden con los germánicos.
PRN	Del poema rúnico noruego	Estos nombres suelen derivarse del nórdico antiguo, que se hablaba en Noruega, Islandia y partes de Gran Bretaña entre los años 800 y 1100 e. c. Así, los nombres de las runas del poema rúnico noruego suelen ser los mismos que los del poema rúnico islandés (véase PRI, más abajo).
PRI	Del poema rúnico islandés	Generalmente derivado del nórdico antiguo (véase PRN más arriba).

Junto a los nombres de cada símbolo, se indican su sonido y su *correspondencia*. En cuanto al sonido asociado a cada runa, he facilitado, en la medida de lo posible, el valor fonético más antiguo. En el caso de una o dos runas, existe cierta controversia al respecto y, de hecho, los sonidos representados por varias de ellas cambiaron periódicamente para reflejar los cambios lingüísticos en las comunidades de habla de las culturas rúnicas.

Las *correspondencias* dadas proceden de un conjunto de las llamadas marginalia: elaboraciones de una sola palabra, que suelen ser de naturaleza clásica, astrológica u ocasionalmente indígena, adjuntas a los márgenes del poema rúnico islandés. Son interesantes en la medida en que confirman la identidad sospechada de un símbolo o bien ofrecen correspondencias que algunos lectores de runas consideran que tienen valor esotérico, sobre todo cuando se refieren a los dioses y/o planetas clásicos.

LOS POEMAS RÚNICOS

Después de la información sobre el nombre de cada símbolo, encontrarás los versos del poema rúnico conectados a cada runa. Como se señaló en la parte 1 de este libro, mis versiones muestran los poemas rúnicos restaurados a lo que creo que es el carácter original, pagano; considéralos acertijos para reflexionar. Una vez que hayas aprendido a descifrar sus "juegos de palabras", se convierten en oráculos de sabiduría bastante profundos por derecho propio. Es a través de los poemas rúnicos que las antiguas tradiciones encuentran su voz. Deberíamos recordar que la poesía en el antiguo mundo pagano no era el fenómeno encuadernado que conocemos ahora, sino una forma vital y viva, entretenida e instructiva, ligada al hechizo mágico y al encanto del mago. Hemos visto en la parte 1 cómo el "poema oracular" es una tradición transcultural de gran antigüedad y venerabilidad. A través de las Runas tenemos la oportunidad de recuperar el arte de su interpretación.

VISUALIZACIÓN

La imagen adjunta a cada runa en este libro se deriva de su identidad primaria (evidente en el nombre de cada runa) y de la imagen pintada por los poemas rúnicos. Estos son combinados y presentados después de cada poema rúnico en un conjunto de visualizaciones para ayudarte en tu comprensión. En las tradiciones oraculares, la imagen siempre tiene primacía sobre la palabra, al eludir el lenguaje y conducir directamente a la sabiduría intuitiva. Considera estas imágenes como puertas de entrada a la identidad de la runa en cuestión. Como base para la visualización creativa, estas imágenes son buenos recipientes y nos llevan al corazón de la sabiduría rúnica: las formas ancestrales que yacen en el pozo de Mímir. Por supuesto, puede que en última instancia elijas imaginarlas de una forma diferente a la expuesta en estas páginas, pero estas visualizaciones son un buen punto de partida.

SIGNIFICADO

Por último, en la información sobre cada símbolo rúnico viene la parte más relevante en lo personal: la sección "Significado", que contiene el oráculo o mensaje de la runa tal y como se aplica a tu situación. Como las Runas son polifacéticas y un cuerpo de signos muy comprimido, a veces debemos pescar en su pozo de asociaciones antes de captar su mensaje exacto. Intenta decidir con qué área de la vida se relacionan en específico, para activar el aspecto particular de la runa que es relevante para tu pregunta. No se trata tanto de un proceso lógico como intuitivo, en el que se espera el "clic" que indica que se ha encontrado la interpretación correcta. El uso de las Runas es un proceso para establecer un diálogo y puede llevar algún tiempo y práctica. Puedes consultar la parte 3 de este libro, "Tirada de runas", para más detalles.

La mayoría de los símbolos tienen significados invertidos; es decir, si la runa en cuestión aparece invertida en la lectura, adquiere el significado contrario. Si sacas una runa de esta manera, lee de todos modos el comentario principal, para comprender la naturaleza esencial de la runa. Luego mira el significado invertido al final del comentario y reflexiona sobre lo que significa que esta runa esté invertida. Un símbolo invertido muestra literalmente el presagio de la runa en cuestión dada la vuelta, el lado sombrío del acontecimiento o de la corriente energética que se representa. Aquí puedes intentar alinear la energía de esta runa; es decir, ponerla en posición vertical. Esto podría incluir usar la imagen rúnica en una visualización creativa positiva o tallarla mágicamente en un talismán o realizar algún ritual similar de significado personal. *Nota*: de forma bastante poética, a la luz de la obsesión nórdica con el número 9, hay nueve runas "no invertibles" que tienen el mismo significado hacia abajo que hacia arriba. Algunos comentaristas esotéricos les conceden un estatus especial y consideran que representan cualidades más profundas o intrínsecas que las demás runas, pero, para lo que nos compete, basta con señalar que no son invertibles.

MITOS Y LEYENDAS

La última sección de información de cada símbolo, titulada "Mitos y leyendas", te introduce en el trasfondo mitológico de cada runa y su significado. Aquí podrás explorar los diferentes temas de las creencias, prácticas y literatura nórdicas tradicionales que sustentan la sabiduría del oráculo.

Es posible que no quieras leer todos los temas relacionados con cada runa la primera vez, sino más bien elegir lo que te parezca más interesante e ir asimilando el trasfondo más amplio con el tiempo. De este modo, obtendrás un mapa bastante completo del sistema nórdico de los nueve mundos, que te permitirá apreciar mejor el sistema rúnico en su conjunto. No obstante, recuerda que la tradición rúnica no es solo algo del pasado: es un sistema evolutivo de comprensión ancestral.

El arte de la tirada de runas es una herramienta profunda que puede dar poder e iluminar, un sistema vital y vivo que puede servirnos en nuestras vidas de hoy. Aunque las tradiciones que rodean a las Runas han permanecido dormidas durante muchos siglos, el Paganismo contemporáneo las ha revivido de tal modo que su significado interno brilla intacto y siempre adaptable a la danza de la realidad. Porque como la valquiria Sigdrífa instruye al héroe Sigurd sobre las "runas de la buena ayuda":

Quien las conserve   intactas, inalteradas
tendrá buena suerte
y se alegrará de su tradición
hasta el día final[1].

AETT DE FREY

Abundancia: *fehu* (ganado)

Nombres: Gmc *fuhu* (ganado, bienes); Gótico *faihu/fe*; IA *feh*; PRN y PRI *fe* (riqueza)

Sonido: *f* (como en *fee*)

Correspondencia: oro

POEMA RÚNICO ANGLOSAJÓN

*La riqueza provee consuelo,
pero deben compartirla quienes esperan echar suertes
para juicio ante los dioses.*

POEMA RÚNICO NORUEGO

*El dinero provoca luchas entre parientes;
el lobo crece en el bosque.*

POEMA RÚNICO ISLANDÉS

*El dinero provoca luchas entre parientes,
y el fuego de la marea del diluvio
y el camino de la serpiente.*

VISUALIZACIÓN

Una vaca de cuernos curvados se yergue en un campo fértil. A la izquierda, un lobo acecha en un bosque oscuro y, en primer plano, una serpiente yace enroscada como un anillo en la hierba.

SIGNIFICADO

Fehu es un presagio de abundancia. Como principal símbolo rúnico de la riqueza, indica ganancias en términos de riquezas y posesiones, y suerte en general. Puede referirse a una ganancia inesperada o a una mejora de su situación financiera, o bien indicar que disfruta de un estado general de abundancia. La riqueza y la abundancia están a la vista, y si se tiene presentes algunas advertencias fuertes contra los excesos del materialismo, esta runa es muy positiva cuando está en posición vertical.

El significado original de *fehu* en la adivinación primitiva era "ganado", por lo que ha sido durante mucho tiempo un signo de ganancia y abundancia. En tiempos nómadas, el ganado era la principal fuente de riqueza para los nórdicos, y esta asociación se conserva en el inglés moderno con la palabra *chattel* (bienes). En lo material, el ganado daba al propietario leche, mantequilla, queso, carne, cuero y estatus en tiempos tribales. Todavía hablamos, de forma bastante cruda, de algo con un gran potencial de ingresos como una vaca lechera. *Fehu*, por lo tanto, no solo se refiere a ganancias y bienes, sino también a aquellas inversiones o posesiones que se pueden utilizar para generar más riqueza.

Sin embargo, es la imagen de la diosa vaca como proveedora la que apuntala y profundiza el significado de la runa *fehu*. En el paganismo nórdico, el ganado era sagrado para la diosa de la tierra Nerthus, lo que indica que toda abundancia procede de la tierra, la gran proveedora. Al fin y al cabo, todo lo que poseemos, comemos, bebemos o disfrutamos ha brotado de la tierra o del mar. Los frutos de su cornucopia (literalmente, "cuerno de la abundancia") se derraman sobre ti.

Esta runa también corresponde al oro y, por tanto, a las monedas y al dinero. Afirma que se puede ganar dinero en este momento.

Sin embargo, *fehu* establece una clara distinción entre los aspectos positivos y negativos de acumular dinero. Como Odín dijo una vez: "¡El dinero convierte a los hombres en monos!". La codicia del oro conduce a luchas sin fin, así que no sacrifiques los intereses de la comunidad en general al beneficio individual. De lo contrario, el tejido social y medioambiental empieza a deshilacharse, y empobrece a todos. Y como bien sabían los nórdicos, un tesoro mal adquirido atrae una maldición.

Sin embargo, tenemos derecho a invocar una justa medida de abundancia en nuestras vidas. En la creencia nórdica, los guardianes de la tierra, dioses y diosas de la abundancia y la fertilidad conocidos como los vanir, son venerados por sus dones de riqueza y abundancia. Como encarnan la fecundidad del mundo natural, en la Antigüedad se les invocaba para obtener cosechas fértiles y suerte en la caza y las expediciones marítimas. En la magia rúnica actual, *fehu* sigue utilizándose como amuleto de la suerte para generar abundancia. Se puede tallar en un amuleto o meditar sobre *fehu* mientras visualizamos los cuernos de Nerthus.

Invertida, *fehu* puede significar un bloqueo del flujo de la abundancia en tu vida, con lo que provoca pobreza y carencia. Actúa de forma mágica y práctica para superar esta situación. De esta forma, *fehu* también puede indicar pobreza espiritual a pesar de la prosperidad material. Este es "el camino de la serpiente" y del lobo: aunque no es necesariamente malvada, la serpiente se utilizaba a menudo en la tradición oral para ilustrar el principio de la avaricia venenosa; y el lobo era también un peligroso oportunista que simbolizaba al marginado, al que merodea por los márgenes de la sociedad, siempre dispuesto a llevarse lo que está desprotegido. La lección de este símbolo es, por tanto, que la riqueza es una bendición, pero ¡cuidado con los caminos de la serpiente y el lobo!

Palabras clave: abundancia, riqueza, inversiones, posesiones, prosperidad, suerte, ganancia, ganancia inesperada, generosidad, mucho, fecundidad, cornucopia. *Invertida*: empobrecimiento, pérdida material, avaricia, tacañería, materialismo excesivo.

mITOS Y LEYEnDAS

En el relato de la creación de la *Edda prosaica*, la vaca primordial Audumla alimenta con su leche al gigante de hielo Ymir y lame el hielo primigenio para revelar la forma de Búri, el abuelo de Odín. Audumla simboliza el fuego vivificante que derrite el hielo hostil asociado al siguiente símbolo, *urox*, y crea así un mundo fértil y habitable. Esto podría, por cierto, recordar el período al final de la última edad de hielo, cuando los pastores resurgieron para recuperar la tierra para el pastoreo del ganado. En cualquier caso, la diosa vaca Audumla se ajusta claramente al arquetipo de la madre tierra y, por tanto, de la gran diosa, como fuente definitiva de generosidad y fertilidad.

Fehu también es la primera runa del ætt de Frey, dedicado al dios Frey. Frey y su hermana Freya son el rey y la reina de los vanir (dioses de la fertilidad), asociados con la riqueza y la fecundidad de la tierra, así como con los animales ungulados. Su reinado fue precedido por el de su padre, el dios del mar Njórd, cuya consorte fue la temprana diosa germánica de la tierra, Nerthus. En algunas versiones de la mitología, se decía que el propio Frey era el amante de Nerthus, que estaba en el centro de un culto de adoración al ganado. En Egipto, por ejemplo, la diosa vaca Hathor era símbolo de abundancia y fertilidad, y el ganado sigue siendo sagrado en la India.

Tableros de juego dorados

En el poema rúnico anglosajón, se dice que la riqueza da bienestar, con la condición de que se comparta. Su distribución a través del clan, tribu o comunidad, la virtud de la generosidad y la tradición de hacer regalos eran de suma importancia para los paganos germanos y nórdicos mucho antes de la llegada del cristianismo, como ilustra la runa *gebo* (intercambio). El impacto divisivo del dinero cuando se atesora queda patente en los versos noruegos e islandeses, en los que evoca "luchas entre parientes".

El hecho es que el oro, por muy deseable que fuera, siempre fue conocido por el terrible costo que podía suponer. El nombre tradicional de este brillante metal era *rogmálmr*, "metal de lucha". Esto tuvo un fatídico precedente. En el gran poema mitológico *Vǫluspá*, es en parte la avaricia, "la necesidad de oro", lo que destruyó la inocencia de los dioses, provocó la primera guerra del mundo e inició el camino hacia el Ragnarök, el apocalipsis nórdico:

> *Sentados en prados,   sonriendo sobre tableros de juego,*
> *[los dioses] nunca conocieron   ninguna necesidad del oro,*
> *pero llegaron tres doncellas   monstruosas a la vista,*
> *hijas gigantes   de Jötunheim*[2].

Estas tres doncellas gigantes representan las fuerzas del materialismo y sus efectos destructivos. Aunque no son necesariamente malvados, el carácter de los gigantes en los mitos nórdicos es, en términos generales, codicioso, posesivo y usurpador; son criaturas de grandes apetitos. Pero también los dioses, los hombres y los enanos son víctimas de la codicia del oro y de los actos de traición que engendra.

Fenris, Jörmungander y Ragnarök

Frente a la imagen amistosa de la vaca, los poemas rúnicos islandés y noruego introducen los tótems malévolos del lobo y la serpiente para representar las tentaciones de la riqueza. Ambos animales son emblemas tradicionales de la codicia y suelen utilizarse como tales en las Eddas. Los ejemplos más infames del lobo y la serpiente en los mitos nórdicos son Fenris y Jörmungander, hijos del dios embaucador Loki y de una giganta de escarcha. El lobo que "crece en el bosque" en el poema de las runas noruegas corresponde al gran y terrible lobo Fenris, que, en los días finales del Ragnarök, escapa de su cadena y corre libre, mientras siembra la destrucción total. El otro amenazador vástago de Loki, la serpiente Jörmungander, interviene en los catastróficos acontecimientos del Ragnarök, cuando, en palabras de *Vǫluspá*:

> *la serpiente que ciñe el mundo*
> *surge del agua,*
> *azotando las olas*[3].

Aquí tenemos una visión de la catástrofe planetaria que implica la subida de los mares, y estos poemas, basados en tradiciones orales más antiguas, lanzan una advertencia tanto personal como colectiva. La codicia no es buena; puede convertirse en fuente de luchas, conflictos y, en última instancia, de destrucción apocalíptica.

El anillo de los nibelungos

El papel proverbial del lobo y la serpiente queda muy bien ilustrado en la famosa *Saga völsunga*, con su tesoro maldito de Niflunga. En ella, los miembros de una familia se asesinan unos a otros por sus fabulosos tesoros, cuya pieza central es un anillo de gran poder llamado Andvari. Forjado por el enano del mismo nombre, este anillo había sido maldecido y etiquetado como *wergild* (dinero de sangre pagado a la familia de un hombre asesinado). Por la participación del ladrón Fafnir en el asesinato de su padre, como leemos en la *Edda prosaica*, es convertido en el rey de las serpientes, el dragón, mientras que en *Atlakviða* (El canto de Atli) Gunnar pronuncia esta maldición sobre el tesoro embrujado de los Niflunga: "¡El lobo gobernará la herencia de los Niflunga!". Este cuento con moraleja, que sirvió de base para *Der Ring des Nibelungen* de Wagner, y por supuesto, para *El señor de los anillos* de Tolkien, fue la fuente de otro juego de palabras tradicional para el oro: *rog Niflunga*, "lucha de los Niflunga". Así pues, aunque *fehu* significa ganancia, la advertencia de que una persona puede muy fácilmente llegar a ser poseída por sus posesiones es muy clara.

Desafío: *urox* (buey salvaje)

Nombres: Gmc *uruz* o *urox* (uro), de ahí el inglés moderno "ox"(buey); Gótico *urus/uraz;* IA *uur;* PRN *ur* (escoria); PRI *ur* (llovizna)

Sonido: *u* (como en *runa*) y a veces *v*

Correspondencia: llovizna

POEMA RÚNICO ANGLOSAJÓN

El buey salvaje tiene grandes y altos cuernos
con los que da cornadas; feroz luchador
que pisa audazmente los páramos.

POEMA RÚNICO NORUEGO

La escoria se funde con el mal hierro;
los renos atraviesan la nieve dura.

POEMA RÚNICO ISLANDÉS

La llovizna es el llanto de las nubes,
y arruina la cosecha
y es odiada por el pastor.

VISUALIZACIÓN

Un buey salvaje, más alto que un hombre, se encabrita contra un paisaje helado. A un lado, un cazador con una lanza.

SIGNIFICADO

Urox representa un desafío, una prueba arquetípica o un rito de iniciación. Advierte de un concurso de fuerza en el que se enfrentará a un enemigo hostil, a la adversidad o a otra experiencia desagradable. Te enfrentas a un reto importante y se te pondrá a prueba, quizás hasta el límite de tus fuerzas. Aunque doloroso, este proceso es necesario para el crecimiento personal.

El uro era un buey salvaje, antepasado del ganado doméstico, que solía vagar por los bosques de la Europa prehistórica. Enfrentado por los hombres jóvenes en pruebas de iniciación, era "una enorme bestia negra de dos metros a la altura del hombro, con grandes cuernos extendidos y curvados hacia adelante"[4]. Está claro, pues, que el buey salvaje no era un adversario de poca monta y que se le respetaba como a un feroz luchador. Puedes traducirlo en términos personales como un elemento de prueba al que debes enfrentarte y dominar para crecer y progresar.

La noción del rito de iniciación engloba las pruebas y obstáculos equivalentes a los que nos enfrentamos en nuestra vida cotidiana. En una sociedad como la nuestra, que carece de elaborados rituales de iniciación, podría corresponder a muchos acontecimientos de naturaleza difícil. La crisis puede ser psicológica, romántica, espiritual o ética. Las runas circundantes indicarán el área de la vida afectada, pero, sea lo que sea, hay cuestiones importantes con las que luchar.

El enorme buey negro con sus cuernos lacerantes es un símbolo temible de todo lo que debes superar en el camino hacia la maestría. Sin embargo, no estás solo ni indefenso en tu búsqueda: la fuerza de tus antepasados, que se enfrentaron a muchas de estas amenazas, corre por tus venas. Enfréntate al desafío con valentía, porque en realidad se trata de una iniciación a un estado superior del ser, y serás más fuerte y más sabio.

Invertida, esta runa significa dificultad para aceptar el desafío; puedes temer que te destrocen. Se trata de una prueba dolorosa, pero al enfrentarte a la bestia, o lo que se traduce, en términos junguianos, como enfrentarte a la sombra, serás conducido a un grado mucho mayor de empoderamiento personal y, así, lo que te aterroriza puede acabar convirtiéndose en una fuente de fuerza y sabiduría. De forma paralela, en las tradiciones tribales hay muchas historias de animales muertos que se convierten en tótems de héroes y actúan como protectores y guías de su reino en el mundo de los espíritus. Del mismo modo, tu mayor miedo puede convertirse en tu maestro y aliado.

Palabras clave: un desafío, juicio, contienda, o encuentro con la adversidad; iniciación, tiempos de prueba, prueba de fuego, enfrentarse a la adversidad. *Invertida*: no poder superar las pruebas de la vida; sufrir la conquista; ser corneado en el juego de la vida.

MITOS Y LEYENDAS

El significado de *urox* se encuentra en parte en la tensión que existe entre esta y la primera runa, *fehu*: la oposición primaria y creativa de toro y vaca, indómito y domado, hielo y fuego. Este último par (hielo y fuego) ayuda a explicar las referencias de los poemas rúnicos escandinavos a la llovizna, la nieve y "el borde de hielo", al vincular *urox* con el hielo primordial (literalmente, la "materia ur", el material elemental) de la creación nórdica. La runa anterior, *fehu*, por el contrario, sugiere a la vaca Audumla, que en los relatos de la creación lame el hielo primigenio y lo derrite, por lo que representa así el calor maternal que da vida. Así, mientras que *fehu* es cálida, nutritiva y benévola, la gélida *ur* es una fuerza desafiante u hostil de la naturaleza. De ahí el significado de *urox* en la adivinación original: es un desafío, un peligro y una prueba que hay que afrontar.

Por su parte, aunque a primera vista los tres versos del poema rúnico para *urox* parecen bastante diferentes, todos hacen hincapié en el desafío y la dificultad. La *ur* (escoria) al que se refiere el poema rúnico noruego es de "hierro malo", el desecho del metal, lo inservible y, en cierto modo, lo indómito. En el poema rúnico islandés tenemos *ur* (llovizna) como elemento hostil que "arruina la cosecha" y puede entenderse que sea "odiado por el pastor". Una vez más, es un elemento crudo que desafía la vida sedentaria.

El cuerno dorado para beber

Aunque *urox* tiene un aura amenazadora, la tradición relacionada con el buey salvaje sugiere su significado más profundo como instigador de una prueba importante, una prueba de fuerza o un rito de iniciación. En la antigua cultura nórdica, el buey salvaje era un adversario al que los jóvenes se enfrentaban para reivindicar su virilidad. César, al escribir sobre los *germani* (antiguos germanos), nos cuenta que matar a una bestia así era una prueba de fuerza viril, un trofeo por la mayoría de edad de un joven:

> En tamaño son algo más pequeños que los elefantes; en apariencia, color y forma son como toros. Son muy fuertes y veloces, y no perdonan ni a hombres ni a animales. Los germanos los matan

con celo, capturándolos en fosos; con este trabajo los jóvenes se endurecen y se entrenan en este tipo de caza, y los que han matado a la mayoría de ellos llevan los cuernos consigo a un lugar público para dar testimonio de ello, y ganan gran renombre. Pero aunque se les cace muy jóvenes, los animales no pueden domesticarse ni acostumbrarse a los seres humanos[5].

A continuación, relata cómo se recogían los cuernos del buey salvaje, se forraban de plata y se convertían en copas, trofeos de iniciación. Debido a su función original de ofrecer a los jóvenes la oportunidad de ponerse a prueba, *urox* también pasó a simbolizar fuerza, valor, logros y renombre, y el uro funcionó como animal de culto, una especie de tótem tribal.

Los pueblos cazadores en general muestran un gran respeto por sus presas. Como dijo Joseph Campbell: "La caza en sí... es un rito de sacrificio, sagrado, y no un asunto secular"[6]. La prueba de fuerza contra una criatura así es al mismo tiempo un intento de igualar su vigor y valentía. El vencedor asume entonces el prestigio del vencido. En consecuencia, la runa *urox* también se identifica con la propia fuerza y las cualidades asociadas de valor y valentía.

Thor y el rebaño del gigante

En la mitología nórdica, hay muchas competencias de fuerza en las que los dioses se proponen demostrar su valía (o solo divertirse) al luchar con fuerzas primigenias a lo largo de los nueve mundos. Uno de los temas favoritos es la visita a Jötunheim, la tierra de los gigantes. En *Hymisqviðá* (La canción de Hymir), el gigante Hymir reta a una prueba de fuerza al dios Thor, que consumió dos de los preciados bueyes del gigante, ¡en su propio salón! El dios consiente en remar mar adentro con Hymir en un concurso de pesca para demostrar su destreza al grosero patán. Antes de que puedan empezar, Hymir le dice con rudeza a Thor que debe encontrar su propia carnada. Nos enteramos de cómo Thor mata a un buey salvaje llamado Himinhrjot (Campanario del cielo) del rebaño del gigante:

> *Thor se adentró   con rapidez en el bosque,*
> *y pronto un buey negro   se interpuso en su camino;*

> *el matagigantes   agarró los cuernos,*
> *y le arrancó a la bestia   la cabeza del cuerpo*[7].

Thor se une entonces a Hymir a bordo de un bote. Con esta carnada, Thor va a pescar el mayor desafío de su carrera (y quizás más de lo que esperaba): la serpiente del mundo, Jörmungander, en cuya boca se aloja la carnada.

Tales relatos de la tradición oral otrora proporcionaron modelos heroicos de la conducta humana. Podemos imaginarnos a los jóvenes escuchando en la sala del hidromiel los relatos de valentía divina del escaldo, historias que los preparaban para retos que les aguardaban, sus propias batallas con un uro del "rebaño de los gigantes".

Infortunio: *thurisaz* **(gigante)**
Nombres: *Gmcthurisaz* **(gigante)** o *thurnuz* (espina);
Gótico *thairis/thyth*; IA *thorn*; PRN *thurs*; PRI *thurs* **(gigante)**

Sonido: *th* (sin sonido, como en
thorn (espina))

Correspondencia: Saturno

POEMA RÚNICO ANGLOSAJÓN

La espina es malvadamente aguda y causa dolor
a aquellos quienes la agarran, hiere
a ti quien descansa entre ellas.

POEMA RÚNICO NORUEGO

El gigante provoca enfermedad en las mujeres;
la mala suerte no agrada a nadie.

POEMA RÚNICO ISLANDÉS

El gigante es el tormento de las mujeres,
y el morador de los valles rocosos
y esposo de Varthrun la giganta.

VISUALIZACIÓN

En un dominio rocoso, salpicado de hielo, poderosos gigantes de escarcha luchan entre sí. Una maraña de espinas se alza a la entrada de su valle. Arriba, en el cielo, está el martillo de Thor, Mjölnir.

SIGNIFICADO

Thurisaz representa una alteración perturbadora, amenazadora o dolorosa del orden de la vida humana. Se refiere a una desgracia que mina su seguridad y crea desorden. En algunos casos, puede tratarse de una cuestión personal difícil, un problema "espinoso" en el ámbito de la salud, el amor o las finanzas, o pudieras estar luchando contra fuerzas externas hostiles que parecen caóticas y fuera de tu control.

El título primitivo de esta runa era "gigante", y más tarde fue cristianizado a "espina". El término nórdico incluye las asociaciones de "ogro" e incluso "demonio". Los gigantes son criaturas malintencionadas y entrometidas en el mito nórdico, y una persona que saca el símbolo de *thurisaz* puede experimentar grandes dificultades o una poderosa oposición. Puedes sufrir tormentos e incluso sentirte perseguido.

A menudo, *thurisaz* indica que se está bloqueado en casa o en el trabajo, tal vez por uno o más individuos que trabajan contra uno, o por un entorno generalmente hostil. El problema puede afectar a entidades grandes e irreflexivas, como instituciones públicas y grandes empresas. Los gigantes, por tradición, son agentes del caos, de fuerzas ciegas, malignas e inconscientes, por lo que la desgracia suele ser inmerecida o injusta. Puede que te veas envuelto en una lucha que te sobrepase y te veas afectado por las consecuencias. Por lo general, hay que soportar la dificultad, aunque en algunas circunstancias puedes tomar medidas eficaces.

Thurs también se ha asociado durante mucho tiempo con Thor, el matagigantes. Aunque él mismo era un gigante, Thor defendía a los dioses y a los hombres de estos titanes merodeadores y rebeldes. De ahí el tema de la defensa contra los ataques externos, simbolizada por el martillo de Thor, un amuleto protector que se asemeja a la forma de la runa *thurisaz*. En la práctica mágica, a veces se invoca a Thor como fuerza para combatir una oposición abrumadora. Tú también puedes recurrir a la fuerza de los poderes superiores para que te ayuden, porque esas energías son reales y están dispuestas a ayudar. ¡Ánimo! Sea cual sea tu "gigante", encontrarás ayuda para derrotarlo.

Invertida, *thurisaz* señala un encuentro aterrador con fuerzas hostiles. Podrías sentirte abrumado y víctima de energías oscuras. En la Antigüedad, *thurisaz* era un símbolo de magia negra utilizado para atraer la mala suerte sobre la víctima. Esto no significa que seas víctima de un maleficio, pero sí sugiere dificultades complicadas, sobre todo para las mujeres, ya que a veces se relaciona, en cuestiones de salud, con los problemas que enfrentan específicamente las mujeres. La espina punzante puede traducirse a veces como un problema de salud menstrual o (tanto para hombres como para mujeres) sexual o de fertilidad, para el que se debe buscar consejo médico.

Palabras clave: amenaza o perturbación, dolor por sucesos desafortunados e imprevisibles, la necesidad de contrarrestar ataques desde el exterior, infortunio, un trastorno, dolor o malestar, una amenaza al orden establecido. *Invertida*: una intensificación de lo anterior; problemas de salud femenina.

MITOS Y LEYENDAS

En el relato nórdico de la creación, los poderosos gigantes de hielo (o *rime thurses*) existían mucho antes que los humanos e incluso antes que los dioses. Odín y sus dos hermanos tuvieron que matar al padre de los gigantes de hielo, Ymir, antes de poder crear el refugio seguro de Midgard. Los gigantes de hielo y roca eran tan hostiles a los hombres y a los dioses que tuvieron que ser agrupados en un solo lugar, Jötunheim, donde se asentaron y permanecieron. De vez en cuando, sin embargo, los gigantes resurgen para perturbar tanto los mundos superiores como Midgard, y los tres terribles hijos de Loki y una giganta amenazan el mundo hasta el final.

Para apreciar a plenitud el significado del signo "gigante", debemos recordar la profunda estructura de los nueve mundos del mito nórdico. Los æsir habitan en Asgard, en el vértice de los tres mundos superiores; los humanos, en Midgard (la Tierra Media, el reino de los humanos); y los gigantes, por último, están encerrados entre los muros de su dominio, Jötunheim, situado al este de Midgard. Los æsir son los gobernantes de los nueve mundos, los mantenedores del orden cósmico. Los gigantes, por el contrario, al igual que los titanes de la mitología griega, desafían belicosamente ese orden. Como comenta Kevin Crossley-Holland: "Hay poco que elegir entre un gigante y otro. Los gigantes representan en gran medida las fuerzas del caos, que intentan alterar el orden cósmico mediante la fuerza física, el engaño y la magia"[8].

Los gigantes no son necesariamente malvados, pero actúan como heraldos del desorden y la destrucción, y a menudo se identifican en la runología esotérica con fuerzas inconscientes. Como agentes del caos, la conexión con el mundo de los gigantes predicha por esta runa tiende a significar un interludio de dificultad y desgracia para la persona que dibuja *thurisaz*. Es como si se sufriera una incursión del caos primigenio del reino de los gigantes.

Thor y los gigantes de escarcha

La palabra *thurs* y el nombre de Thor están muy próximos y pudieran estar relacionados de modo lingüístico. De hecho, el día jueves (en inglés, *Thursday*) solía ser "el día de Thor". Los *thurs* y Thor son fuerzas parecidas; la distinción estriba en que Thor esgrime su poderío en defensa del orden y no con fines maléficos. Es el "famoso" Thor, como hombre fuerte de los dioses y azote de los gigantes, quien, con su gran martillo Mjölnir, trata de poner en su sitio a los usurpadores. Defiende firmemente los mundos de Asgard y Midgard. Sin embargo, y paradójicamente, Thor se parece más a los gigantes por su fuerza bruta, y no siempre está claro que pueda imponerse a ellos. En un relato, el gigante Thrym roba el martillo de Thor, Mjölnir, un acto que preocupa bastante a los dioses. En la runa anterior, se puede leer sobre la lucha de Thor con el amenazador gigante Hymir, que le reta a una titánica prueba de fuerza.

Algunos comentaristas han señalado el parecido que tiene este símbolo con la forma del martillo de Thor. ¿Es significativo? La *Edda prosaica* nos da una pista enigmática: una línea de *Skáldskaparmál* (Dicción poética) de Snorri afirma que el corazón de Hrungnir, jefe de los gigantes de hielo, es "afilado y de tres lados", de ahí "la runa tallada que se llama 'corazón de Hrungnir'". La historia en la que se encuentran estos hechos cuenta cómo el alborotador Hrungnir desafió a los dioses æsir en la propia Asgard, y cuando Thor regresa, enfurecido, se enfrenta a él. El dios lanza su poderoso martillo, Mjölnir, contra Hrungnir, que lanza su propia "piedra de tres puntas" contra el matagigantes. Las armas se encuentran en el aire y, aunque el martillo de Thor destroza el de Hrungnir y aplasta el cráneo del gigante, algunos de los fragmentos de piedra del implemento que explota se alojan en la cabeza de Thor. A la vez que Mjölnir prevalece, Thor es destinado a llevar fragmentos del arma de Hrungnir. El corazón del gigante, que da nombre a esta runa, y su arma son descritos como de tres caras y puede que sean el mismo objeto. Además, el arma de Thor se encuentra con la de Hrungnir en un motivo que parece conectar profundamente al dios y al gigante en algún nivel. Thor incluso camina el resto de sus días con fragmentos de la piedra del gigante en la cabeza.

Por tales razones, este símbolo pudiera estar vinculado a Mjölnir, y por eso el tema de protegernos mágicamente de los ataques del exterior. El martillo de Thor se ha usado durante mucho tiempo como talismán protector, y algunas piezas tradicionales de joyería incorporan a *thurisaz* en su diseño.

La enfermedad de las mujeres

En los poemas rúnicos escandinavos, *thurs* se describe como perjudicial para las mujeres. Existe un paralelismo en el poema éddico *Skírnismál* (El viaje de Skírnir). Skírnir, el siervo de Frey, ha sido enviado a conquistar a una bella muchacha, Gerthr, para el dios amoroso que está enamorado de ella. Cuando la muchacha se hace la difícil, Skírnir la amenaza con una serie de maldiciones, entre ellas *thurs*, que se utiliza como "runa de unión" negativa (un hechizo mágico de unión que implica más de una runa). Pronuncia estas palabras:

[Thurs] Esculpo para ti   tres personajes
"Lujuria" y "Ardor"   y "Necesidad Insoportable"[9].

Invertida, *thurisaz* puede relacionarse con los problemas que pueden encontrar las mujeres, sobre todo de naturaleza sexual o menstrual, y a veces puede indicar problemas reproductivos. Debido a su naturaleza cruda, el símbolo también se relaciona con asuntos eróticos que pueden ser intensos pero espinosos en su desenlace.

Una cama de espinas

Como vimos, el poema rúnico anglosajón llama a este símbolo "espina" en lugar de "gigante". ¿Por qué, si en la tradición escandinava esta runa se asocia sin duda con gigantes? *Thurisaz*, por supuesto, se parece a la forma de una espina, aunque, como ya vimos también, el vínculo con el corazón del gigante Hrungnir es más probable. Lo que puede haber ocurrido es que el poeta eligió identificar esta runa como espina por su parecido involuntario, y crea al mismo tiempo un juego de palabras con la palabra *thurs* (gigante), que suena similar en inglés antiguo. Se juega así con las asociaciones tradicionales de la runa. Al fin y al cabo, tanto un gigante como una espina son perturbadores o dolorosos: los gigantes eran una espina constante para los dioses en la mitología nórdica, e incluso hay un gigante en *Skáldskaparmál* llamado Thorn (espina, en inglés moderno).

Por su parte, en la magia celta, la espina está relacionada con la mala suerte, el maleficio y la magia negra. En el relato medieval galés *Mabinogion, Kilhwch y Olwen*, el rey de los gigantes que se enfrenta al héroe Gwainn se llama en realidad Yspadden Penkawr, que significa "espino gigante". Las invasiones vikingas a Inglaterra y los colonos irlandeses en Escandinavia hicieron que este tipo de ideas viajaran con facilidad a través de los mares, por lo que la interpolación del poema rúnico anglosajón puede no ser totalmente arbitraria.

Asimismo, en la *Saga völsunga*, Odín utiliza una espina del sueño para sumir a la valquiria Bryndhild (Brunilda) en una especie de coma mágico inducido. Este episodio es el mito original de la

Bella Durmiente, en el que una doncella yace en un sueño encantado, rodeada de espinas, hasta que un héroe acude a rescatarla, lo que muestra otro posible vínculo con el tema de que *thurisaz* es perjudicial para las mujeres. En poesía, las espinas son emblemas de problemas en la vida amorosa ("Las rosas tienen espinas, las fuentes de plata, barro", como dijo Shakespeare), y el poeta del poema rúnico anglosajón de los siglos IX o X también puede haber estado pensando en la corona de espinas. En términos adivinatorios, todas estas asociaciones posteriores subrayan el augurio original del símbolo de una dolorosa desgracia que se produce en parte como resultado de nuestra propia iniquidad o de nuestro aferramiento a lo que causa dolor. Esto conlleva el reto de alejarse del agente de la mala suerte, sea cual sea.

Aliento: *ansuz* (Odín)

Nombres: Gmc *ansuz* (dios); Gótico *ansuz/aza;*
IA *oss* (boca); PRN *oss* (desembocadura del río);
PRI *oss* (dios, en específico Odín)

Sonido: *a* (como en *a*rte)

Correspondencia: Júpiter

POEMA RÚNICO ANGLOSAJÓN

La boca es la fuente de la palabra,
que trae sabiduría y consejo a los sabios,
esperanza, inspiración y una bendición para todos.

POEMA RÚNICO NORUEGO

La desembocadura del río abre la mayoría de los viajes;
pero la espada debe estar en su vaina.

POEMA RÚNICO ISLANDÉS

Odín es el antiguo creador,
y el rey de Asgard
y señor del Valhalla.

VISUALIZACIÓN

El dios Odín está frente a ti, con su ojo de la sabiduría ardiendo. Dos cuervos se posan sobre sus hombros y dos lobos se sientan a sus pies. En su cuerno para beber hay talladas unas runas.

SIGNIFICADO

Ansuz se refiere a Odín, el dios supremo que encarna, entre otras cosas, el aliento, los sentidos y la palabra sagrada. Como guardián de las tradiciones esotéricas y la profecía, Odín representa "la palabra" cuando fluye desde la puerta de la boca hacia el mundo exterior. Es así que esta runa rige no solo la palabra, sino también el conjuro, el canto, la oración y el aliento.

En un aspecto mundano, *ansuz* se relaciona con la forma en que nos expresamos, en especial con nuestro mensaje central en la vida. Puede que tengas mucho que decir, pero respira hondo y serénate antes de hablar. Odín tiene paralelos con el romano Mercurio, dios de la comunicación, por lo que *ansuz* puede significar asuntos relacionados con la correspondencia, el habla, las cartas, los comunicados e incluso los asuntos legales. Intenta asegurarte de que todos los canales de comunicación posibles están despejados y de que la información fluya como debe. Estar alerta y bien informado es crucial.

En el mito nórdico, Odín preside muchos misterios. Como insufló vida al primer ser humano, es el dios creador que regala el aliento como fuente misma de la existencia. La conexión de Odín con el hidromiel de la inspiración y el pozo de la tradición rúnica también lo revela como guardián de la palabra hablada y el secreto susurrado. Su presencia en esta lectura sugiere que hay fuentes de sabiduría e inspiración a tu alrededor, solo si estás atento a sus consejos. Observa y lee con atención, porque un mentor puede aparecer de forma inesperada.

Odín tiene más de una cara y es el arquetipo del cambiaformas. En la mitología nórdica se le conoce por muchos nombres, y también tiene muchos paralelismos fuera de ella. Es el Merlín del romance artúrico, el maestro mago Gwyddyon de la tradición galesa, Gandalf en *El señor de los anillos*: omnipresente, sublime y terrible a la vez. En términos mágicos, Odín es el maestro de la hechicería y los conjuros y el archidios de la divinidad. La aparición de esta runa en una lectura puede indicar que estás listo para profundizar en estos misterios con el fin de iluminarte y fortalecerte, o puede representar a otra persona en tu vida que encarna estas cualidades.

Invertida, esta runa puede significar falta de comunicación, desinformación o incluso engaño, así que presta atención a los detalles y escucha tanto como hablas. En la comunicación personal puede haber discusiones farragosas; en los negocios, negociaciones. Las palabras son importantes ahora y deben elegirse con cuidado. Los ejercicios de respiración pueden ayudar a despejar la mente y refrescar el cuerpo y el espíritu. Los sonidos sagrados y los cantos son poderosas herramientas de alteración de la consciencia y pueden utilizarse como ayuda para la meditación o la visualización creativa.

Palabras clave: el dios Odín, la boca, aliento, problemas relativos al habla y a la escritura, la palabra hablada, comunicación, la tradición oral sagrada. *Invertida:* desinformación, mentiras, falsedad y engaño; palabras seductoras desprovistas de verdad o sentimiento.

MITOS Y LEYENDAS

Odín es el jefe sin igual de los dioses de la mitología y la religión nórdicas. En los albores de la creación, la vaca Audumla lamió a Búri del hielo primigenio, y su hijo Borr se unió a Bestla para dar a luz a Odín y a sus dos hermanos, Hoenir y Lodur (también conocidos como Vili y Vé). Fueron ellos tres quienes mataron al gigante helado Ymir y con partes de su cuerpo crearon los lagos, el mar, la tierra y el cielo. Odín y sus hermanos también dieron forma a los primeros seres humanos a partir de dos árboles, Ask y Embla (fresno y quizás olmo). Fue Odín quien les insufló vida, de ahí mi traducción de este nombre rúnico como "aliento". Odín creó el día y la noche, y con sus hermanos, el sol y la luna en sus órbitas. Odín es, por tanto, el "antiguo creador".

Como gobernante del cielo y principal dios de la guerra, tiene paralelismos con el Indra indio, el Zeus griego, el Júpiter romano (véase la correspondencia del poema rúnico islandés más arriba) y el Jehová hebreo: dioses de la tormenta y el trueno, poderosos gobernantes, jefes guerreros. El padre de todo es, después de todo, el rey de Asgard, la morada de los æsir y, en consecuencia, el gobernante de todos los mundos. No obstante, conviene recordar que en la mitología nórdica el gobierno de la creación fue disputado entre los æsir (dioses del cielo) y los vanir (dioses de la tierra), y que los æsir acabaron imponiéndose mediante una tregua y Odín se convirtió en su jefe y rey. Este relato legendario en el cual los antiguos dioses de la fertilidad y la magia ceden el paso a sus rivales es paralelo al cambio general en las mitologías indoeuropeas de una religión centrada en la fertilidad a la adoración de los dioses del cielo. Pero la supremacía anterior de los vanir se conserva en el relato de cómo, después de que Freya, la reina de Vanaheim, se fuera como rehén a vivir entre los æsir, se convirtió en su gran sacerdotisa y les enseñó (también a Odín) habilidades mágicas. De hecho, algunos devotos de los misterios nórdicos se identifican hoy más con Freya que con Odín, y la escuela de magia que fundó y enseñó a Odín (*seidr*) ha experimentado un considerable renacimiento en los últimos tiempos.

Odín el mago

Odín es un personaje complejo. Llamado el omnisciente, el altísimo y dios-cuervo, es un embaucador al que hay que tener tanto miedo como respeto. Se sabe que se pasea por Midgard con nombres falsos, como Grímnir (el encapuchado), como Gandalf, con su sombrero de fieltro bajo sobre un ojo y su túnica envolviéndole. El terrible es, al fin y al cabo, el dios de los ahorcados y los muertos, pues es a su salón, el Valhalla, adonde las valquirias conducen a los valientes guerreros tras su muerte. Sin embargo, el salón de Odín, con sus escudos como paja y sus lanzas como vigas, no es un mal lugar; allí se puede encontrar fiesta, lucha y alegría eternas.

Odín nos interesa en su papel de dios del conocimiento divino, hechicería y profecía. Para los lectores de runas es el dios de las artes mágicas que obtiene el hidromiel de la poesía y gana la sabiduría de las Runas. Desde el trono chamánico de Hlidskjálf en su salón personal, Valaskjálf, puede ver los nueve mundos, y dos cuervos, Huginn (pensamiento) y Munnin (memoria), se posan sobre sus hombros, y le susurran secretos al oído. Estas aves aluden tanto al don de la videncia (el vuelo del alma hacia regiones de conocimiento e inspiración) como al arte sagrado de la memorización, tan importante para la conservación de la sabiduría en una cultura oral.

Odín procede de una tradición chamánica indígena muy antigua, pero como maestro de las Runas y la magia, también es paralelo a deidades como el Thot egipcio, el Hermes griego o el Ogmios celta, dioses de la sabiduría y palabra, comunicación, escritura, símbolos y alfabetos sagrados. Como tal, Odín es el maestro de las "runas de la palabra" elogiadas en *Sigdrífomál* (La canción de Sigdrífa):

> *Palabra de las runas aprende bien   si no quieres nadie pague*
> *Aflicción por la aflicción que diste;*
> *Ruédalas tú,   tíralas tú*
> *Todo sobre ti*
> *En donde la gente se agolpa*
> *Hasta la llegada de la fatalidad.*

La copa de la inspiración

La conquista de la sabiduría aparece en varios mitos en torno a Odín. En el *Hávamál* y otras fuentes éddicas, conocemos la historia de su búsqueda del hidromiel de la poesía, en la que el dios engaña a Gunnlod, la hija de un gigante, para que le deje beber "una copa de costoso hidromiel", que le trae iluminación instantánea. Este hidromiel se elaboraba con la sangre del dios vanir Kvasir mezclada con miel. Mientras vivía, Kvasir era considerado el más sabio y comprensivo de los dioses, como explica Kevin Crossley-Holland a partir de la *Edda prosaica*:

Estaba tan empapado de los asuntos y misterios de los nueve mundos desde que el fuego y el hielo se encontraron por primera vez en Ginnungagap que ningún dios ni hombre ni gigante ni enano se arrepintió jamás de hacerle una pregunta o pedirle su opinión. Y dondequiera que Kvasir iba, las noticias de su llegada le precedían... Sentado en sus ropas mal ajustadas, las mayoría de las veces con los ojos cerrados, escuchaba los recitales de problemas y penas con una especie de rostro grave e inexpresivo. Nunca se entrometía ni insistía; más bien sugería[10].

De estas descripciones se desprende que Kvasir es un vidente, un dios de la revelación y la adivinación. Odín, al beber el hidromiel mezclado con la sangre de Kvasir, adquiere los poderes proféticos y oraculares encarnados en Kvasir. Este tema de beber un elixir mágico de una copa está relacionado con los relatos celtas del caldero de la inspiración, que influyeron las posteriores leyendas del Santo Grial.

El pozo en la tradición rúnica

Pero la búsqueda más grande de Odín se lleva a cabo para obtener las Runas: su viaje iniciático hacia y desde el pozo de Mímir, en las raíces de Yggdrasil, el fresno cósmico. Como se describe en la introducción de este libro, Odín sacrifica un ojo a Mímir, el guardián del pozo, se hiere con una lanza y se cuelga de las ramas del gran árbol mientras busca a tientas en las aguas del pozo. Este motivo de la triple muerte (ahorcamiento, inmolación y ahogamiento) también tiene paralelismos en el ámbito celta, sobre todo con las figuras del mago-druida-poeta Merlín y Taliesin*. El tema más amplio es el ascenso y descenso del chamán arquetípico del árbol del mundo y la obtención de la sabiduría del otro mundo. Tras nueve días y nueve noches (nueve, por supuesto, es el número de mundos en el mito nórdico), Odín agarra las Runas y las eleva con un grito. Luego, en una especie de trance, recita los *galdr* (conjuros, hechizos) que ha

---

*La triple muerte, por supuesto, tiene sus variantes menores. En el cuento de "Lailokin y Kentigern" (Lailokin es un disfraz de Merlín), Lailokin muere por golpes de palos y piedras, atravesado por un pincho de madera y ahogado, ¡todo a la vez! Jean Markale, *Merlin: Priest of Nature*, traducido por Belle N. Burke (Rochester, Vermont: Inner Traditions, 1995), 65. Véase también la nota final 14 del capítulo 3, 199.

aprendido. La iniciación de Odín constituye así el modelo simbólico de la conquista de la sabiduría y la tradición rúnica.

En otro mito bastante relacionado, el sabio Mímir es decapitado por los vanir, una terrible pérdida para los æsir. Pero Odín toma la cabeza de Mímir, la embadurna con hierbas y le canta encantamientos, de modo que la cabeza empieza a cantar. La sabiduría de Mímir se convierte así en la del padre de todo: "... muchas verdades desconocidas para cualquier otro ser"[11]. Estos relatos interrelacionados dan una buena idea del valor que se daba a la palabra hablada, poética y oracular en la sociedad oral de los antiguos pueblos nórdicos y germánicos.

La boca (del río)

En Inglaterra esta runa se cristianizó a *oss*, que significa "boca". Aunque el cambio disimula las asociaciones paganas, sigue previniendo algunos de los elementos esenciales asociados a Odín en el paganismo. El autor del poema rúnico anglosajón elogia la boca como "fuente de la palabra", que "trae sabiduría y consejo" a los sabios y beneficia a todos. Aunque no menciona a Odín, esto deja pistas obvias sobre el significado original del símbolo: es difícil imaginar que la boca tuviera una función tan positiva fuera del contexto de las tradiciones orales sagradas. Las culturas nórdica y anglosajona conocían bien las cualidades menos deseables de la lengua. Como se nos dice en *Hávamál*, "la lengua es la perdición de la cabeza"[12].

El encuentro de la desembocadura del río con el mar, mencionado en el poema rúnico noruego, puede ser un juego de palabras de la imagen de la palabra hablada que abandona el cuerpo en forma líquida. Al fin y al cabo, Odín está claramente vinculado a un elixir de inspiración y, en un relato, incluso lleva el hidromiel robado a una giganta, Gunnlod, de vuelta a Asgard en su boca, y lo escupe al fin en un torrente para que el líquido pueda ser bebido por los demás dioses. Así, podemos ver fácilmente cómo las identidades en apariencia inconexas de Odín, la boca y la desembocadura del río ocultan conexiones inesperadas.

Ritmo: *raido* (cabalgar)

Nombres: Gmc *raitho* (cabalgar); Gótico *raida/reda*; IA *rat*;
PRN *raeith* (cabalgar); PRI *reith* (cabalgar)

Sonido: *r* (como en <u>r</u>ienda)

Correspondencia: viaje

POEMA RÚNICO ANGLOSAJÓN

*Cabalgar es fácil para los héroes
dentro de un salón; es mucho más difícil a horcajadas
de un caballo fuerte recorriendo los senderos
de las grandes millas.*

POEMA RÚNICO NORUEGO

*Se dice que cabalgar es lo peor para los caballos;
Reginn forjó la mejor espada.*

POEMA RÚNICO ISLANDÉS

*Cabalgar es una dulce sentada,
y un rápido viaje
y el trabajo del caballo.*

VISUALIZACIÓN

Un veloz caballo negro con jinete encapuchado golpea los senderos kilométricos del bosque, y hace saltar chispas cuando sus cascos chocan las losas.

SIGNIFICADO ⊙

Raido es un presagio de movimiento e impulso. En sentido literal, se refiere al acto de montar (a caballo, cabalgar), lo que nos da asociaciones prácticas de viaje y aventura, acompañadas de placer y cierta dosis de esfuerzo. También puede significar un viaje, por tierra o por mar, y lo que puede ocurrir en el camino.

La runa encarna el ritmo y el movimiento, el origen de todo movimiento. Significa el poder que nos mantiene avanzando, asentados firmemente en la silla de montar. Por eso, en un nivel más profundo, la runa simboliza el viaje de la vida misma, los caminos tomados y los rumbos seguidos. Muévete hacia el exterior, toma la iniciativa y hazte cargo de las situaciones. Extiéndete al mundo de la acción, aunque esto te lleve fuera de tu esfera de confort.

La tradición nórdica hace mucho hincapié en aventurarse y explorar el mundo. Viajar era una virtud para los duros vikingos y, como decía Odín: "Un hombre debe ir a muchos lugares, viajar por el mundo"[13]. Tanto para hombres como para mujeres, al asumir riesgos y emprender nuevos caminos ampliamos el campo de posibilidades que tenemos ante nosotros.

Esta runa también nos anima a hacer balance de nuestro progreso en el viaje de la vida, incluida la forma en que progresamos. Tomemos el caballo y el jinete como modelo de acción: el caballo es el "vehículo" que utilizamos para llevar las ideas y los planes a buen puerto; es nuestra montura, lo que nos lleva y nos eleva. ¿Estás bien sentado en la silla, pero sin ejercer demasiada presión? ¿Has establecido un ritmo de trabajo con tu corcel?

Raido puede relacionarse con el ritmo y la danza, con un movimiento fluido y grácil en lugar de un avance lento. Puede corresponder a la danza interior de la experiencia extática, ya que el simbolismo ligado al acto de cabalgar en la mitología nórdica incluye la búsqueda mágica. El caballo de Odín le lleva hasta las raíces del árbol del mundo, Yggdrasil, en el viaje del chamán clásico al otro mundo. El movimiento físico puede llevarnos a lugares nuevos, pero el movimiento interior conduce a territorios igualmente novedosos. Por lo tanto, también es una runa de los estados de trance y de la búsqueda de la visión.

Invertida, *raido* sugiere que pudieras estar teniendo un viaje rocoso y que te resulta difícil mantenerte bien sentado en la montura. Tal vez tengas la sensación de no llegar a ninguna parte. Intenta adaptarte al ritmo de los acontecimientos y no te quedes atascados en el miedo y otras respuestas negativas a lo que está ocurriendo. Agarrar las riendas con demasiada fuerza y ejercer un control excesivo también puede romper tu ritmo. Intenta moverte en simpatía con el flujo de energías y así lograr superar los numerosos obstáculos de la vida.

Palabras clave: viajar por tierra, ir a lugares, ritmo, movimiento, impulso, viaje chamánico, búsqueda de la visión. Invertida: falta de ritmo e impulso, un viaje fallido o infructuoso, extraviarse.

MITOS Y LEYENDAS

En el plano más literal, *raido* está vinculada al papel del caballo en la vida cotidiana del mundo septentrional. El caballo era el principal medio de transporte terrestre en la Europa agraria, el vehículo que permitía recorrer grandes distancias. Esta bella bestia se convirtió en uno de los animales domésticos más apreciados. El culto al caballo era una característica del mundo antiguo: los celtas veneraban a la diosa Epona, los romanos a Equis y la mitología nórdica está repleta de caballos sagrados que desempeñan papeles importantes en el funcionamiento del cosmos.

Dos caballos eran, por ejemplo, los responsables de dibujar el sol y la luna en sus órbitas: el caballo del día, Skinfaxi (Crin brillante), y el caballo de la noche, Hrímfaxi (Crin de escarcha). El compuesto *ehwar* (que significa caballo: véase la runa *ehwaz*) parece haber sido considerado una palabra mágica, ya que aparece comúnmente en amuletos protectores[14]. Por cierto, los caballos también se empleaban en rituales adivinatorios para determinar, entre otras cosas, el camino correcto a seguir.

Los senderos de la gran milla

Mientras que la runa *ehwaz* se refiere al caballo en sí, *raido* significa específicamente "el acto de cabalgar". Cabalgar implica temas de viaje, movimiento y, de manera crucial para las culturas nórdica y germánica tradicionales, la importancia de emprender la marcha en lugar de permanecer en un lugar demasiado seguro y cómodo. Los poemas rúnicos noruego e islandés subrayan este aspecto, al centrarse en el acto de cabalgar y la sensación de movimiento que transmite.

De hecho, en el poema rúnico anglosajón, el contraste entre montar a caballo "en el interior de un salón" y mientras se "recorren los senderos de grandes millas" subraya un tema común de humor irónico en el pensamiento nórdico: los pensamientos, las palabras y los alardes son fáciles y a menudo baratos, mientras que las hazañas de aventura, valor y coraje en el mundo exterior se ganan con esfuerzo. Sentimientos similares se encuentran diseminados por todas las leyendas y sagas. Como dice Odín en *Hávamál*: "Se necesita un ingenio agudo para viajar por el mundo; en casa no son tan duros contigo"[15].

El caballo del héroe

El Regin que "forjó la mejor espada" al que se refiere el poema rúnico noruego es una figura importante en los cantos heroicos, el padre adoptivo e instructor del héroe Sigurd. En la Saga *völsunga* y en *Reginsmál* (El canto de Reginn), enseña al muchacho la tradición rúnica, le arma con una espada y le incita a reclamar un caballo al rey, Barba Gris (un disfraz apenas velado de Odín).

El padre adoptivo de Sigurd [se llamaba] Regin, hijo de Hreidmar, y le enseñó todo tipo de artes, el juego del ajedrez, la tradición de las runas y a hablar muchas lenguas, tal y como se acostumbraba con los hijos de los reyes en aquellos días... [Una vez] Regin vino a hablar con Sigurd, y le dijo:

"Cosa maravillosa, en verdad, que debas ser mozo de caballos de los reyes, y andar por ahí corriendo como un bribón".

"No," dijo Sigurd, "no es así, pues en todas las cosas tengo mi voluntad, y lo que deseo se me concede con buena voluntad".

"Pues, entonces," dijo Regin, "pide un caballo".

"Sí," replicó Sigurd, "y eso tendré, cuando lo necesite".

Sigurd acude entonces al rey y se le concede su petición:

Así que al día siguiente fue Sigurd al bosque, y se encontró en el camino con un anciano, de larga barba, que no conocía, quien le preguntó adónde se dirigía.

Dijo Sigurd, "Estoy decidido a elegir un caballo para mí; venga y aconséjeme al respecto".

"Pues bien," dijo él, "vamos a conducirlos al río de nombre Busil-tarn".

Así lo hicieron, y condujeron los caballos a las profundidades del río, y nadaron de vuelta a tierra, excepto un caballo; y ese caballo Sigurd lo eligió para sí; gris era de color, y joven de años, grande de tamaño, y hermoso de ver; ningún hombre había montado aún su espalda.

Entonces habló el barba gris, "De la familia de Sleipnir viene este caballo, y debe ser alimentado con cuidado, porque será el mejor de los caballos"; y con esto se desvaneció[16].

Esta subtrama mítica demuestra el vínculo de esta runa con la obtención de un vehículo que nos permita salir a la vida. El caballo es el animal totémico aliado que puede ayudarnos en este proceso. Podríamos añadir que Tolkien utilizó este tema al estilo nórdico en su descripción de la relación entre Gandalf y su corcel, Sombragrís.

Cabalgando entre los mundos

En el aspecto esotérico, existen profundas asociaciones chamánicas ligadas al concepto de *raido* que nos conducen al dominio del mundo espiritual tradicional nórdico y germánico. El runologista chamánico Kenneth Meadows dice lo siguiente sobre el *raido*: "El poder del REID [pronunciado *rad*] puede sentirse en el ritmo medido y el golpe monótono del tambor del chamán, que 'mueve' la consciencia en su viaje visionario a través del espacio 'interior'. Esta es la razón por la que REID se asocia con el caballo, ya que a menudo se hacía referencia al tambor como 'el caballo del chamán', que le transportaba a la consciencia de otras realidades"[17].

Por último, en su búsqueda de las Runas, Odín desciende por el árbol del mundo, Yggdrasil, hasta sus raíces. Yggdrasil significa literalmente "caballo de Odín" (*Ygg* es "terrible" y *drasil* es "caballo"). De ahí surge el tema de Odín "cabalgando" el fresno del mundo, una imagen ampliamente reconocida como el viaje chamánico al otro mundo: en ella, "el dios de los ahorcados" cabalga sobre el fresno, o "árbol de la horca", y atraviesa así la puerta de entrada al reino de los muertos. El conocimiento ancestral del inframundo (incluyendo las Runas) se convierte de esta manera en el de Odín y, en estas acciones, se convierte en un prototipo simbólico y guía para el iniciado rúnico, que también busca el conocimiento de los reinos inferiores.

Llama: *kenaz* (antorcha)

Nombres: Gmc *kenaz* (antorcha de pino) o *kaunaz* (úlcera);
Gótico *kusma/chosma* (iluminación);
IA *cen* (antorcha); PRN y PRI *kaun* (úlcera)

Sonido: *k* (como en *candela*)

Correspondencia: úlcera

POEMA RÚNICO ANGLOSAJÓN

A la antorcha la conocemos por su llama,
que trae iluminación y luz
allí donde se congregan las almas nobles.

POEMA RÚNICO NORUEGO

La úlcera es la maldición de los niños;
el dolor nos torna pálidos.

POEMA RÚNICO ISLANDÉS

La úlcera es la perdición de los niños,
y una plaga grave
y la casa de la carne putrefacta.

VISUALIZACIÓN

Una antorcha de pino flamea en la oscuridad. Ilumina un recinto boscoso sagrado más allá.

SIGNIFICADO

Kenaz, que significa "antorcha de pino", se refiere al instrumento utilizado para iluminar una sala o un lugar al aire libre. Es, por tanto, un símbolo de luz e iluminación. En el plano personal, representa el calor, la amistad y el amor. La sabiduría del corazón es crucial para la felicidad, y la plenitud emocional es el augurio de este símbolo en posición vertical.

Desde el punto de vista romántico, *kenaz* puede augurar estar enamorado, ser la antorcha de alguien. Su llama parpadeante encarna la danza de los sentimientos en toda su delicadeza y el calor crudo de la expresión erótica. Al significar intensidad más que asociación, también puede referirse a algo más que la implicación con otra persona. *Kenaz* puede representar su creatividad o una ardiente dedicación a una causa ajena.

Espiritualmente, la antorcha representa la iluminación, el brillo del espíritu que reside en el interior; la luz interna que debes cuidar mientras caminas por los páramos, a menudo oscuros, del mundo. Llevando esa antorcha, tienes el poder de mantener a raya cualquier mal que pueda asaltarte. Tampoco estás solo, porque *kenaz* simboliza la unidad, la reunión de personas en un espíritu de armonía. Piensa en un círculo de amigos reunidos alrededor de una hoguera.

Debido a su antigua relación con los rituales de iniciación, la antorcha está proverbialmente vinculada al aprendizaje. Todavía hablamos de la antorcha del aprendizaje, la luz del conocimiento y la sabiduría que se transmite de una generación a otra. Tal vez se te ofrezca a ti un regalo de este tipo. En resumen, *kenaz* tiene un significado muy positivo, es, en verdad, una "luz brillante".

Invertida, sin embargo, *kenaz* revela el lado destructivo y mordaz del fuego. El fuego es brillante, pero puede quemar: en el amor, en la amistad, en la guerra. A veces, *kenaz* invertido alude a problemas de salud, a la inflamación que arde, la fiebre o la úlcera de los poemas rúnicos escandinavos. Un cambio en la dieta y el estilo de vida puede ser conveniente si te sientes agobiado por el mundo. Busca otra fuente de llama; nutrir la nueva luz donde la encuentres traerá de nuevo la iluminación a tu vida.

Palabras clave: lo que se enciende, la llama misma, el elemento fuego, calor, calidez, amor erótico, iluminación, aprendizaje, conocimiento, reunión, unión. *Invertida*: bloqueo de la luz vital, el aspecto ardiente y mordaz de la llama, inflamación, fiebre, úlcera.

MITOS Y LEYENDAS

La mitología nórdica nos brinda el contexto cósmico del fuego, uno de los dos elementos primordiales de la creación. "Hielo ardiente, llama abrasadora: así empezó la vida", comienza el relato éddico: "En el sur hay un reino llamado Muspelheim. Hierve y brilla. Nadie puede soportarlo excepto los que nacen en él. Surt el Negro está allí; se sienta en el extremo más alejado de esa tierra, y blande una espada flamígera; ya está esperando el final, cuando se alce y devaste a los dioses y cubra de fuego el mundo entero"[18].

Aunque el hirviente Muspelheim puede considerarse uno de los nueve mundos de la mitología nórdica y, por tanto, un lugar real, representa tanto una fuerza o principio como un lugar físico. Se creía que Midgard (la Tierra Media, el reino humano) debía su carácter templado y sustentador de la vida a un delicado equilibrio entre las fuerzas primigenias del fuego y el hielo. Así, el fuego, aunque intrínsecamente peligroso, es, en su aspecto positivo, sustentador y promotor de la vida.

La antorcha encendida

La antorcha representa una especie de triunfo de la humanidad, ya que encarna una medida de control y regulación sobre la fuerza anárquica del fuego, que queda temporalmente atada al servicio de la humanidad. El dominio inicial del fuego por parte de la humanidad, como muestran los mitos de todo el mundo, fue un hito en la evolución, una conquista simbólica del poder de los reinos de los dioses. Con el fuego, de repente se abren muchas posibilidades: se puede cocinar a voluntad, recuperar espacio de la oscuridad para fines prácticos y creativos, generar calor, mantener a los animales salvajes a distancia. Antes de que el fuego pudiera encenderse a demanda, siempre se mantenía encendido y se conservaba con gran cuidado y bajo un ritual considerable. La conservación de la llama debió de adquirir desde muy pronto un carácter sagrado y un profundo simbolismo religioso. La antigua Roma mantenía sus hogueras vestales, y como escribe Joseph Campbell: "Las llamas perpetuas y las luces votivas son conocidas en la práctica en todos los cultos religiosos desarrollados"[19]. La runa *kenaz* resuena con estas asociaciones, ya que como afirma el poema rúnico anglosajón: "A la antorcha la conocemos por su llama...".

Los rostros del fuego

Sin embargo, el fuego tiene más de un rostro en el pensamiento nórdico. Puede ser a la vez radiante y maléfico, dependiendo de dónde te sientes. En *Alvíssmál*, Thor pregunta al "sabio" enano Alvíss: "¿Cómo se llama el fuego cuyas llamas ven los hombres / en cada uno de los mundos?". Alvíss responde:

> Los hombres le llaman Fuego   Llama los *æsir*,
> para los sabios vanir   es Calor
> los gigantes le dicen El Voraz,   los enanos le llaman Devorador
> Precipitado le llaman   en Hel[20].

La "llama" y el "calor" de los *æsir* y vanir implican fuego civilizado y puesto al servicio, mientras que los enanos, gigantes y muertos de Hel ven la otra cara, devoradora, del fuego. Los términos voraz y devorador también se han traducido como "mordedor hambriento" y "quemador", lo que se corresponde con *kaun*, o "úlcera", a la que se refieren los poemas rúnicos escandinavos como un tipo de inflamación.

Esta asociación negativa y mortífera también fluye naturalmente del fenómeno del barco funerario vikingo, con su pira ardiente, tan bien descrito por Ibn Fa'dlan, el viajero y diplomático árabe secuestrado por asaltantes vikingos, en su obra *Risalah de Ibn Fa'dlan*: "La gente se acercó con palos de leña. Cada uno de ellos llevaba consigo un trozo de leña al que había prendido fuego en el extremo y que ahora arrojaba sobre la leña que había debajo del barco. El fuego se extendió a la leña y luego al barco. Entonces empezó a soplar un viento fuerte y espantoso, y el fuego se intensificó y se encendió"[21].

Sostener una antorcha...

Una vez más, en lo que respecta a los vivos, los beneficios del fuego superan a los riesgos. Odín observa en *Hávamál*:

> Para los seres humanos   lo mejor es el fuego,
>   la vista del sol,
>   y que se les conceda   buena salud
>   y vivir una vida intachable[22].

En otra parte de *Hávamál* afirma: "Más caliente que las llamas de la amistad del fuego"[23]. Y aparte de las funciones literales de calor, cocina, luz y protección, *kenaz* tiene asociaciones correspondientes en la adivinación de calor emocional, amor y también experiencia erótica, que es, después de todo, sostener una antorcha para alguien.

El significado esotérico de *kenaz* casi aceptado por todos en la adivinación contemporánea es "la luz de la iluminación". La luz, por supuesto, ha funcionado durante mucho tiempo como símbolo de la energía divina y la visión espiritual. Estas asociaciones se conservan en las palabras del inglés moderno *candle* (vela, candela) e *incandescence* (incandescencia), cuya hipotética raíz común indoeuropea (*kand*) significa algo "blanco, brillante, resplandeciente"[24], un símbolo obvio para la consciencia divina.

Lo mismo ocurre con *kenaz*, que, en conjunto, encarna un poder benévolo e iluminador que nos muestra el camino y nos guía.

La antorcha del aprendizaje

Algunos runólogos han argumentado que la antorcha puede haber figurado como símbolo de reconocimiento entre los iniciados. Así, la imagen, razonablemente concreta, de las "almas nobles" (IA *aethlingas*, *athlings* o "príncipes") reunidas en el poema rúnico anglosajón se convierte en una referencia codificada a la existencia de sociedades iniciáticas en la época pagana y en la llamada era cristiana. En términos modernos, esta imagen se extiende para abarcar la noción de cualquier tipo de comunidad espiritual, una reunión de almas brillantes en la luz del apoyo mutuo.

La "luz interior" está vinculada a la noción de "antorcha del saber" de la tradición proverbial. Esta asociación del aprendizaje con la antorcha puede ser muy antigua, ya que parece probable que las imágenes sagradas de los laberínticos complejos rupestres neolíticos se revelaran a los iniciados tribales de los cultos prehistóricos a la luz de las antorchas; prácticas similares se repiten en las religiones mistéricas clásicas. Aunque no hay pruebas de un paralelismo directo, pues se trata de un mito nórdico, Odín sí vincula el fuego a la agilidad mental en *Hávamál*:

> *Las llamas de un leño   saltan a otro,*
> *el fuego alimenta al fuego;*
> *el ingenio de un hombre   se muestra en sus palabras,*
> *la estupidez es silenciosa*[25].

Intercambio: *gebo* (regalo)

Nombres: Gmc *gebo* (regalo); Gótico *giba/giwa*; IA *gebo/gefu* (regalo); raíz común de la palabra en inglés moderno "gift". (*Nota: gebo* no existe en el futhark joven y por lo tanto no está presente en los poemas rúnicos noruego ni islandés).

Sonido: *g* (como en *regalo*)

POEMA RÚNICO ANGLOSAJÓN

Un regalo regresa a adornar al que lo da
con grandeza y honor; ayuda
y alienta a aquellos que nada tienen.

VISUALIZACIÓN

Dos brazos llenos de regalos se cruzan en un gesto de compromiso.

SIGNIFICADO

Gebo significa regalo, dones o el acto de intercambio, ya sea de tus bienes, tiempo, energía o amor. Aconseja dar con generosidad y sin demasiadas expectativas, porque si al dar consideramos que el receptor está obligado a ello, ¿de qué nos hemos desprendido en realidad?

Esto no significa que *gebo* aconseje tomarse a uno mismo por sentado. Como ilustra la maravillosa poesía de la sabiduría, en la amistad el intercambio debe ser siempre igualitario. Las runas no fomentan el martirio; la mano que toma debe corresponderse con la que otorga. El tamaño o el valor no es lo más importante, sino el ímpetu que hay detrás. Aprende también a recibir, pues los regalos pueden ser grandes maestros. A veces, *gebo* también se refiere a una relación sexual y romántica que, en su forma madura, implica un flujo continuo de dar y recibir entre los miembros de la pareja. Incluso se puede ver en la forma de la runa una unión de dos símbolos, unidos por la cadera, por así decirlo, en una especie de modelo de compartir e intercambiar. Del mismo modo, el amor y la amistad son tipos de intercambio continuo en el que cada persona cultiva sus propios dones para poder compartirlos más plenamente con el otro.

A veces, *gebo* también se relaciona con una relación sexual y romántica que, en una forma madura, implica un flujo continuo de dar y recibir entre la pareja. Incluso se puede ver en la forma de la runa una unión de dos bastones, unidos por la cadera, por así decirlo, en una especie de modelo de compartir e intercambiar. De manera similar, el amor y la amistad son tipos de intercambio continuo en el que cada persona cultiva sus propios dones para poder compartir más plenamente con el otro.

En términos espirituales más amplios, *gebo* expresa el vínculo entre las partes y el todo que caracteriza el don divino de la vida misma. Recuerda la red de interconexión y sacrificio que une la creación en su tejido inmaterial e inconmensurable. En la Antigüedad, esta visión llevó a la necesidad de sacrificar a los dioses, de una forma u otra, en reconocimiento de sus dones a la humanidad. Tal vez estés llamado a realizar una ofrenda votiva de este tipo.

Gebo no es una runa invertible, pero mal colocada en una lectura puede significar un bloqueo en el área de dar y recibir en tu vida. ¿Quién tiene la culpa, tú o la otra parte? Visualiza el principio del intercambio, en lo material o lo emocional, como una corriente constante de energía que fluye hacia ti y desde ti sin cesar. Atiende el flujo sin escatimar esfuerzos.

Palabras clave: dar o recibir un regalo, intercambio, recibir los regalos de Odín, la necesidad de hacer una ofrenda, sacrificar. (*Nota: gebo* no es invertible).

mITOS Y LEYENDAS

Esta runa refleja la importante costumbre de hacer regalos que tenían las antiguas culturas germánica y nórdica. En la adivinación primitiva, *gebo* sin duda auguraba la recepción de un regalo o la necesidad de hacer regalos a los demás. La entrega de regalos, una costumbre fundamental en el mundo pagano nórdico, cimentaba los lazos de amistad y comunidad y estaba arraigada en la importancia primordial que se otorgaba a la tribu o al grupo al que se pertenecía. Como tal, la generosidad era una de las virtudes más nobles, reflejo del estatus del dador y esencial para ser estimado a los ojos de los demás.

La entrega de regalos también tenía, sin duda, un significado cultural. En las tierras donde los mundos de los dioses se interpenetran en el mundo intermedio de hombres y mujeres, la noción del intercambio de regalos se extendía más allá de la entrega entre personas para abarcar los sacrificios a los reinos divinos (y los regalos recibidos de ellos). Aparte de los sacrificios de animales y a veces de personas, las ofrendas votivas y la dedicación del propio servicio eran las principales formas de obsequio a los dioses. Al igual que en el mundo celta, una de las principales fuentes de artefactos del antiguo mundo germánico y nórdico procede de las ofrendas votivas depositadas en santuarios, tumbas, ríos, ciénagas y lagos.

Los dioses y diosas æsir y vanir se destacan en la religión nórdica por sus regalos a la humanidad. Aunque los dioses podían ser caprichosos, en última instancia todas las bendiciones fluían de sus reinos. Odín y sus "hermanos" (en realidad, aspectos del padre de todo) dan a la humanidad "aliento, sangre y sentidos", y es Odín quien hace el sacrificio supremo para obtener la sabiduría de las Runas, que luego ofrece como regalo a quienes deciden recurrir a ellas. Thor defiende Midgard contra los gigantes; el dios Heimdall ofrece el don de la fertilidad. Deidades vanir como Frey, Freya y Njörd otorgan la bendición de la riqueza en forma de frutos de la tierra y el mar. El árbol del mundo Yggdrasil alimenta en última instancia a todos los seres. Así pues, una lectura más amplia de *gebo* incorpora el principio de dar y sacrificar como un ciclo eterno que une el tejido de los nueve mundos.

Regalo por regalo

El gran y fundamental significado de hacer regalos se celebra en muchas fuentes, literarias e históricas. En *Hávamál*, cuyos "versos de sabiduría" reflejan sin duda tradiciones orales mucho más antiguas, Odín aconseja al oyente:

> *Nunca he conocido   a hombre tan generoso*
> *que no pudiera dársele un regalo...*

> *Haz regalos a tus amigos—   se alegran tanto como tú*
> *de llevar ropas y armas nuevas;*
> *dar con frecuencia   hace a las amistades duraderas,*
> *si el intercambio es equitativo.*

> *Un hombre debe tener fe   en sus amigos siempre,*
> *devolviendo regalo por regalo;*
> *La risa deberá ser   la recompensa de la risa,*
> *la mentira, la de la mentira*[26].

El último verso pone de manifiesto que en el acto de dar subyace el principio de lo semejante por lo semejante: así como un regalo exigía un regalo, un insulto exigía una recompensa. Cuestionar la hospitalidad de un anfitrión era uno de los peores desaires que podían ofrecerse, equivalente a un desafío de batalla.

En *Vafþrúðnismál* (La canción de Vathrúdnir), Odín insinúa que el gigante Vathrúdnir es "un anfitrión de corazón frío". El gigante responde preguntando al dios si prefiere probar suerte "con los dos pies en el suelo"; es decir, en una prueba de fuerza[27].

El cáliz levantado

La segunda mitad del poema rúnico anglosajón para esta runa afirma que *gebo* "ayuda y alienta" (literalmente "auxilia y asiste") a los que no tienen nada. En las culturas germánica, nórdica y anglosajona, un jefe o persona de rango podía demostrar su estatus al hacer regalos a los pobres o vagabundos. El estudioso de las runas Ralph Elliott comenta que *gebo* puede estar relacionada con "los regalos que un jefe hace a sus fieles y leales seguidores"[28]. De hecho, había una cierta responsabilidad social (alimentada por el propio interés en el estatus de jefe) en hacer esto. Estas nociones paganas se superpusieron más tarde al deber cristiano de dar limosna, pero en ambos casos brinda un modelo de generosidad de los que tienen a los que no tienen en la sociedad, funciones que hoy desempeñan los impuestos redistributivos, las agencias de bienestar y las organizaciones benéficas.

La tradición de la sabiduría afirma que siempre debemos retribuir el servicio que se nos ofrece, pero el regalo no tiene por qué ser demasiado grande. Como dice Odín en *Hávamál:*

> *No es necesario dar   grandes regalos siempre,*
> *suele bastar con pequeñas cosas;*
> *media hogaza de pan   y un cáliz levantado*
> *me han encontrado amigos*[29].

Se trata de una maravillosa afirmación de amistad e intercambio, y adquiere un significado añadido para muchos paganos contemporáneos, para quienes un cáliz y un pan ritual se comparten dentro del círculo ceremonial. Como augurio general, *gebo* sugiere que los regalos que des y recibas, en todos los ámbitos, serán suficientes para la ocasión.

Dicha: *wunjo* (alegría)

Nombres: Gmc *uunio* (alegría); Gótico *winja/winne*; IA *huun*. (*Nota: wunjo* no existe en el futhark joven y por lo tanto no está presente en los poemas rúnicos noruego ni islandés).

Sonido: *w* (como en *win*)

POEMA RÚNICO ANGLOSAJÓN

> *La alegría viene a ti quien no conocen la tristeza,*
> *bendecido con ganancias y abundancia,*
> *contento en una comunidad fuerte.*

VISUALIZACIÓN

Un pueblo en lo alto de una colina rodeado de campos ricos en cereales queda enmarcado por el sol naciente del verano.

SIGNIFICADO

Wunjo representa la alegría, el estado sin paliativos de placer y dicha. Es a la vez el momento simple e inesperado de la felicidad y la condición más duradera de la plenitud. La alegría parece necesitar poca explicación, salvo que en la cultura nórdica estaba específicamente vinculada al sentido de comunidad. Como dice el refrán, un placer compartido es doble placer.

En este momento, tus proyectos y empresas crecen y prosperan. La felicidad fluye de los compromisos favorables, tanto personales como profesionales. Aunque la alegría no se puede precisar, las condiciones son aptas para profundizar y ampliar tu relación con las cosas de la vida que te traen alegría. Es un signo de bendiciones y abundancia.

Wunjo es también una "runa de los deseos" utilizada en magia para manifestar deseos en conjunción con otras runas, de acuerdo a lo que se busque, y también se utiliza para invocar la felicidad en general. La hechicería y otras formas de magia blanca pueden ser ayudas maravillosas para promover tus asuntos, siempre que se aborden con el espíritu adecuado. Puedes hacer una inscripción de *wunjo* en un objeto relacionado con algún deseo que quieras cumplir, aunque ayuda vincularlo a otra runa que cubra el área específica en cuestión, para crear una runa de unión.

Invertida, *wunjo* sugiere un bloqueo en el flujo de la alegría en tu vida. ¿Qué actitudes, opiniones, ideas preconcebidas o programación negativa pudieran estar interfiriendo en tu capacidad para experimentar la alegría? Acércate a los demás, recuerda que una actitud positiva atrae la buena fortuna. Es imperativo no dejarse doblegar por la negatividad. Por último, evita una situación sin alegría o una ocupación que te brinde seguridad superficial. Sin felicidad, cualquier otro beneficio es hueco e inútil. En palabras de Joseph Campbell, ¡sigue tu dicha!

Palabras clave: estado de alegría sin paliativos, felicidad, dicha, plenitud, en especial a lo referido a un grupo o comunidad; un momento feliz y alegre. *Invertida*: infelicidad, miseria, experiencia arruinada, soledad.

MITOS Y LEYENDAS

Parece obvio que esta runa funcionaba como un buen augurio en los primeros rituales de adivinación, al igual que hoy en día. "Ganancia y abundancia" son augurios muy favorables: "ganancia" implica aumento y se relaciona especialmente con la imagen de las cosas que crecen; y el término "abundancia" está relacionado con la paz y la prosperidad. El hecho de ser "bendecido" con estas cosas sugiere el favor de los dioses.

La alegría contrasta directamente con la tristeza en el poema rúnico anglosajón, lo que, aparte de lo evidente, refleja el hecho de que un estado de ánimo boyante y despreocupado era considerado una virtud por las culturas anglosajona y nórdica. También es una advertencia contra la negatividad, ya que una actitud optimista anima a no dejarse vencer por la autocompasión o la parálisis psicológica.

La única salvedad para el concepto de alegría es que el derivado original vikingo, germánico y posteriormente anglosajón de *wunjo*, *wyn*, con raíz común con el inglés moderno *win* (ganar) y *venerable* (venerable), tiene algunas asociaciones bastante específicas. *Wunjo* se traduce a veces como "alegría del clan", lo que refleja la noción de que la alegría no se tiene en soledad, sino, por así decirlo, en el seno de los iguales, o en una "fuerte comunidad", en palabras del poema rúnico.

Runas de los deseos

Cuando la primera línea del poema rúnico afirma que "la alegría viene a quienes no conocen la tristeza", implica que a través de la positividad atraemos la buena fortuna hacia nosotros, una antigua afirmación del valor del pensamiento positivo. Además, sugiere el papel de *wunjo* como runa de amuleto, que sobrevivió hasta el inglés antiguo, ya que las raíces lingüísticas del IA *wyn* lo vinculan a términos que significan "desear", "anhelar" y, sobre todo, "obtener"[30].

Al igual que las "runas de la victoria" podían utilizarse como ayuda en la guerra, las runas benéficas podían emplearse para promover el éxito y la felicidad. Como la doncella valquiria instruye a Sigurd en *Sigdrífomál* respecto a las "runas de la alegría":

> *Quien las conserve   intactas, inalteradas,*
> *tendrá buena suerte*
> *y se alegrará de su tradición*
> *hasta el día final*[31].

Alegría y sabiduría

Al igual que con la locura y la cordura, existe una delgada línea y quizás un conflicto potencial entre la sabiduría y la alegría. ¿Cómo equilibrar la celebración con la seriedad? En este caso, Odín tiene la última palabra al respecto, pues como dice en *Hávamál* (Los dichos del Altísimo):

> *Moderadamente sabio   debe ser un hombre—*
> *no desees demasiada sabiduría;*
> *el corazón de un hombre   rara vez es feliz*
> *si es verdaderamente sabio.*

> *Moderadamente sabio   debe ser un hombre—*
> *no desees demasiada sabiduría;*
> *si no puedes ver lejos   hacia el futuro,*
> *puedes vivir libre de preocupaciones*[32].

AETT DE HAGAL

Perturbación: *hagalaz* (granizo)

Nombres: Gmc *hagalaz* (granizo, aguanieve);
Gótico *hagl/haal*; IA *hagal*; PRN y PRI *hagall* (granizo);
raíz común del inglés moderno "hail"

Sonido: *g* (como en *gélido*)

Correspondencia: granizo

POEMA RÚNICO ANGLOSAJÓN

El granizo, el más blanco de los granos, desciende del cielo,
es agitado por el viento y se convierte en agua.

POEMA RÚNICO NORUEGO

El granizo es el más frío de los granos;
El padre de todos dio forma al mundo en la antigüedad.

POEMA RÚNICO ISLANDÉS

El granizo es un grano frío
y una lluvia de aguanieve,
y la perdición de las serpientes.

VISUALIZACIÓN

Cae granizo, asolando un paisaje de granjas y campos; en el cielo se forma un rostro de bruja.

SIGNIFICADO

Hagalaz, que significa "granizo", es una runa de perturbación y retraso. Sugiere un momento que pudiera resultar frustrante, cuando tus planes se ven afectados por dificultades imprevistas. Si imaginamos nuestro progreso en la vida como el paso a través de un paisaje, este es el punto en el que habría que detenerse y refugiarse hasta que las condiciones mejoren. Solo un necio dejaría de prestar atención a la advertencia de los elementos.

El granizo se erige como una fuerza vieja y hostil en el pensamiento y la experiencia nórdicos. En la vida cotidiana de campesinos, pequeños agricultores y guerreros por igual, el frío grano blanco que caía del cielo era una pesadilla en invierno y una amenaza siempre presente en todas las estaciones. El granizo tiene el poder de arruinar las cosechas, hacer intransitable un paisaje familiar y obstaculizar los viajes por mar. Desde el punto de vista arquetípico, es una manifestación del aspecto oscuro y brujo de la madre tierra, que simboliza las fuerzas peligrosas o dañinas de la naturaleza y la desgracia repentina e inmerecida que traen consigo.

Estas condiciones desfavorables podrían tomar forma en cualquier ámbito de su vida, personal, interpersonal o profesional, pero *hagalaz* se relaciona sobre todo con dificultades en proyectos actuales. Es posible que tengas que replantearte algún plan o que ya estés envuelto en frustraciones.

Sin embargo, no todo es malo: aunque *hagalaz* se considera un presagio de cambios repentinos, trastornos o retrasos (al igual que el granizo puede hacer que comerciantes o viajeros pospongan o incluso abandonen sus planes), tiene un desenlace más boyante de lo que parece posible. En la última línea del poema rúnico anglosajón leemos que el granizo al final "se convierte en agua", lo que es cierto, por supuesto, pero las implicaciones van más allá.

El granizo se convierte en agua con la salida del sol que da vida, y el agua es en sí misma un aspecto fluido y fertilizante de la fuerza vital. Del mismo modo, los bloqueos emocionales suelen resolverse con lágrimas, que se disuelven como la lluvia a la luz de un nuevo día. De hecho, podemos observar aquí que la runa final del ætt de Hagal es *sowulo*, el sol. Así pues, por muy difícil que sea, *hagalaz* ofrece una lección sobre la naturaleza cíclica de la fortuna y la desgracia: cómo un acontecimiento nefasto puede convertirse más tarde en una fuente de suerte o incluso, a la luz de la comprensión, de crecimiento.

Palabras clave: granizo, un elemento hostil; perturbación, cambio, retraso, o incluso cancelación de planes, aunque la dificultad pudiera ser temporal. (*Nota: hagalaz* no es invertible).

MITOS Y LEYENDAS

Al vivir en un paisaje tan duro e intransigente, los nórdicos conocían muy bien los extremos de los elementos. En el relato éddico de la creación, procedente de Islandia, hay dos poderes primigenios "en el principio": Muspelheim, tierra de fuego, estaba al sur; Niflheim, tierra de hielo, al norte, y entre ellos estaba Ginnungagap, "un vacío enorme... ningún lugar verde", en palabras del gran poema mitológico *Völuspá*[33]. El creador que "dio forma al mundo en la antigüedad" a partir de este vacío es nombrado en el poema rúnico noruego despaganizado como Cristo, lo cual es absurdo porque ni siquiera en la mitología cristiana Cristo crea el mundo. Pudiera tratarse de una glosa transparente de Odín, pues fue él quien venció al gigante de escarcha Ymir, y con las partes de su cuerpo se dispuso a construir un mundo más habitable.

Pero antes de la aparición de la vida, este vacío, Ginnungagap, estaba surcado por once terribles ríos cuyo "veneno de levadura" creaba escoria, hielo y granizo. Como explica Kevin Crossley-Holland a partir de la *Edda prosaica*: "Ese veneno... escupía llovizna, un interminable [granizo] que, en cuanto se asentaba, se convertía en escarcha. Así continuó hasta que toda la parte septentrional de Ginnungagap se cubrió de capas de hielo y escarcha, un lugar desolado acechado por ráfagas y huracanes de viento"[34].

De esta rima surgió Midgard, la Tierra Media. De esta forma, el granizo, como el hielo, está vinculado a la creación del mundo y se consideraba un tipo de materia originaria sagrada, o sustancia cósmica, un componente básico de la creación. Los poemas rúnicos reflejan su belleza prístina, pero en términos prácticos y humanos la runa *hagalaz* nos hace conscientes de las fuerzas extremas del vacío elemental que preceden a la vida humana.

Urd y las nornas

Esta runa y las dos siguientes, *naudiz* (necesidad) e *isa* (hielo), forman una tríada de runas amenazadoras que encarnan fuerzas indiferentes, peligrosas u hostiles a la humanidad. Como reflejan los poemas rúnicos, cada una de ellas se asocia con los elementos fríos y duros del invierno. Así el granizo se mantiene en buena compañía gracias a la escarcha y el hielo. En la adivinación contemporánea, estos bastones se asocian a menudo con las tres nornas, las tres diosas del destino conocidas como Urd (destino), Verdandi (necesidad) y Skuld (ser). Su papel sombrío como heraldas nórdicas del destino se refleja en estas runas.

En el caso de *hagalaz*, el grano blanco que cae de los cielos, al igual la voluntad de las diosas soberanas del destino, es un elemento caprichoso que puede golpear en cualquier momento. Debemos aceptar sus presagios o correr el riesgo de tener que enfrentarnos a condiciones peores. *Hagalaz* puede identificarse con Urd, la norna del propio destino, ya que se trata de una estaca de dificultades fatídicas. Urd, la más antigua de las nornas, recuerda el arquetipo de la arpía, la bruja, la hechicera oscura. Como señala Freya Aswynn, la palabra *hagalaz* está vinculada al alto alemán *hatchel* (bruja) y al anglosajón *haegtessa* (también bruja). Esto conecta el símbolo con el reino de Hel y su soberana, la diosa Hela, la encarnación del "poder femenino oscuro... la brujería negativa [y] la magia femenina destructiva"[35]. Sin embargo, esto no significa que el granizo, Urd o el arquetipo de la arpía sean malvados; sin los desafíos que ponen en nuestro camino, nunca hubiera crecimiento. Además, como los poderes del invierno aflojan sus garras con la llegada de la primavera, los desafíos de la estación oscura acaban resolviéndose en un resultado fructífero.

Runas del clima

A primera vista, las cuatro primeras runas del ætt de Hagal parecen estar relacionadas con el clima: la conexión de *hagalaz* e *isa* (hielo) es inequívoca, mientras que el poema rúnico noruego relaciona el siguiente símbolo, *naudiz*, con la escarcha. La cuarta runa de esta fila, *jera*, representa un año o ciclo anual, pero más concretamente el tiempo de la cosecha, el verano o el final del verano. Si se piensa en la naturaleza más bien sombría del año agrícola en el norte de Europa, con sus largos y desoladores inviernos y sus veranos demasiado breves, las proporciones coinciden bastante bien con las de este conjunto de cuatro runas. Ralph Elliott, estudioso de las runas, consideraba que la predicción del tiempo era una función de las runas en la adivinación, y varios runólogos esotéricos siguieron su ejemplo. Parece lógico que en una sociedad sometida a fuerzas elementales tan intensas como la nórdica, las runas tuvieran un uso práctico y prioritario para la supervivencia.

Mi propia experiencia me ha demostrado que las runas resuenan con las condiciones meteorológicas: una vez estaba leyendo runas en una franja de pasto de un mercado rodeado por un encantador cuadrilátero de fachadas góticas. El día había estado soleado hasta poco antes, pero entonces empezaron a formarse nubes grises y decidí que era hora de recoger. Cuando me iba, decidí por impulso sacar una runa de su bolsita de cuero, algo que rara vez hago, y me disgustó un poco ver aparecer *hagalaz* en mi mano, así que empecé a preguntarme qué tipo de irritación o retraso podía esperar. Repasando una lista de posibilidades en mi mente, de repente me distrajo una especie de estruendo en la distancia. Al mirar a mi alrededor, no pude ver ninguna causa inmediata para este débil pero creciente tumulto. En ese momento entré en un patio y pude ver lo que parecía ser una cortina gris que se dibujaba sobre el cielo. De repente, el tumulto se convirtió en alboroto cuando la violenta tormenta de granizo (como pude ver enseguida) golpeó los tejados de la hilera de casas de enfrente, para luego abalanzarse sobre mí. Tuve que correr para refugiarme cuando enormes piedras de granizo empezaron a golpear el pavimento. Me di cuenta, al tiempo que recibía un golpe en la cabeza, de que ahí estaba la respuesta a mi pregunta sobre el significado de la runa *hagalaz* que había sacado minutos antes. Siempre recuerdo este incidente como una lección para no ser demasiado abstracto o esotérico a la hora de interpretar las runas, porque a veces puede sorprendernos lo literales que llegan a ser.

Opresión: *naudiz* (necesidad)

Nombres: Gmc *nauthiz* (necesidad); Gótico *nauths/noics*; IA *nod/nyd*; PRN *nauthr* (necesidad); IRP *nauth* (necesidad); raíz común del inglés moderno "need" (necesidad)

Sonido: *n* (como en *necesidad*)

Correspondencia: servicio

POEMA RÚNICO ANGLOSAJÓN

La necesidad oprime el corazón, pero puede ayudar
y curar, si se le presta atención a tiempo.

POEMA RÚNICO NORUEGO

La necesidad deja pocas opciones;
los desnudos se congelan en la escarcha.

POEMA RÚNICO ISLANDÉS

La necesidad es el dolor de la sirvienta,
y una condición difícil de sufrir,
y un trabajo penoso.

VISUALIZACIÓN

Una sirvienta se afana en la tarea de lavar la ropa en un arroyo frío.

SIGⅡIFIC∀⊖

Naudiz advierte de penurias y limitaciones. Situado entre los símbolos opresivos de *hagalaz* (granizo) e *isa* (hielo), combina dos aspectos desagradables: el sufrimiento y la incapacidad de actuar. Te encuentras en una situación difícil, restrictiva y con poco espacio para moverte. Incluso con trabajo y esfuerzo, las condiciones parecen difíciles de mejorar. Es posible que la lucha sirva para estrechar los lazos, así que actúa con cautela.

Naudiz representa lo que a veces se describe como un "desafío kármico". El paralelo nórdico es *wyrd*, la fuerza que dicta el camino de nuestro destino individual. El lado sombrío de *wyrd* aparece cuando los acontecimientos difíciles se agrupan en una red enmarañada, a veces creada por nosotros mismos, en la que estamos atrapados. Esto es bastante incómodo, pero puede incitarnos a cuestionar suposiciones fáciles y a enfrentarnos por fin a problemas que intentamos ignorar.

Las condiciones actuales pueden, por supuesto, parecer fuera de nuestro control, pero en términos psicológicos, *naudiz* está vinculada a la forma en que nuestras propias neurosis generan experiencias negativas. Así pues, los acontecimientos "externos" pueden surgir en parte de tu propia programación interna restrictiva. Los sistemas de creencias, a menudo inconscientes, basados en las decepciones de la vida, los prejuicios heredados de los padres y la sociedad, y nuestros propios miedos y limitaciones, pueden condicionarnos a esperar (y en consecuencia atraer) crisis tras crisis.

En las relaciones, *naudiz* significa compulsión u obsesión. Dolor puede resultar. En el trabajo o en los negocios todo es una lucha cuesta arriba. Es posible que estés bajo un estrés severo, hasta el punto de que afrontarlo se vuelva difícil. Tal vez sea hora de ceder ante lo inevitable, porque *naudiz* también significa "necesidad", y tomar un nuevo rumbo en la vida.

En cuanto a la salud, es una advertencia; presta atención a cualquier señal que te dé el cuerpo. *Naudiz* se describe como opresión en el corazón (literalmente, "estrecho en el pecho") en el poema rúnico anglosajón. Esto pudiera tener que ver con enfermedades cardíacas, hipertensión o alguna otra enfermedad acumulativa o relacionada con el estrés. Sin embargo, aquí el corazón no solo funciona como un órgano físico, sino también como un símbolo del ser interior. Su "constricción" sugiere que estás preocupado, agobiado o con el alma encogida.

Sin embargo, la ayuda pudiera estar a la mano. El poema rúnico anglosajón nos dice que, como un veneno que a veces puede usarse como antídoto, la necesidad puede "sanar" (IA *haele*, literalmente, "sanar", "completar") si se le presta atención a tiempo. Esto implica que el estado emocional de necesidad, provocado por las limitaciones de la vida, en última instancia puede superarse. Reconoce tus vínculos; medita sobre sus raíces; reconoce el patrón. No aprietes los nudos, simplemente desátalos con cuidado. Créete capaz de autotransformarte. Nada menos que eso será suficiente.

Palabras clave: penuria, opresión, constricción, necesidad, estar atado, incapacidad de actuar, desafío kármico, acontecimientos negativos, malestar, inoculación espiritual, sanación, desatar los nudos, aceptación, transformación de la percepción. (Nota: *naudiz* no es invertible).

MITOS Y LEYENDAS

Esta runa encarna un concepto abstracto más que un objeto, animal o deidad. La necesidad se vivía en las culturas nórdica y anglosajona como una condición severa y desafiante: en una de las primeras fuentes literarias sajonas se lee "*Ned bith wyrda hearost*" (La necesidad es la peor suerte o destino que uno puede obtener en la vida). *Nyd*, un término del inglés antiguo para *naudiz*, se menciona en otros lugares como *enge rune* (runa restrictiva) asociada con la experiencia de *nearusorg* (dolor opresivo)[36]. Esta runa, por tanto, encarna la idea de un destino en la vida que oprime al receptor dentro de la condición de penuria y necesidad.

Como ya se ha mencionado, el poema rúnico anglosajón describe *nyd* como una opresión del corazón, mientras que en el poema rúnico noruego leemos que la necesidad "deja pocas opciones". Juntas, estas palabras pintan la imagen de una persona en dificultades con pocas opciones, que trabaja bajo restricciones, y tiene que someterse a un destino hostil o a la fuerza soberana de la propia necesidad. "Los desnudos se congelan en la escarcha" es una observación bastante naturalista, que también implica que el corazón y la felicidad humana se congelan bajo las restricciones de *naudiz*. El duro poema rúnico islandés ofrece la figura de la sirvienta (básicamente una esclava sin voz ni voto en su destino) como símbolo de la necesidad. Como veremos más adelante, lo más probable es que se trate de una referencia a una escena de la célebre *Saga völsunga* en la que la hija de un rey se ve obligada a disfrazarse de esclava en medio de muchas penas. Sin embargo, la referencia en el poema rúnico anglosajón a *nyd* como una ayuda "si se le presta atención a tiempo" también transmite el sentido de esperanza y desafío encarnado en esta runa. Incluso la descripción de *naudiz* como "condición difícil" y "trabajo penoso" puede leerse de forma más positiva como la carga de transformar nuestra perspectiva hacia las circunstancias externas, cuando estas no pueden alterarse.

Debido a la naturaleza abstracta y conceptual de esta runa, hay una serie de temas mitológicos y legendarios que podemos relacionar con ella, más que con un único episodio, y que se exploran a continuación con cierto detalle.

Grilletes y hondas

Podemos empezar contrastando varios tipos de ataduras en el mito nórdico: las que conciernen al padre de todo, Odín; las que tienen que ver con el maligno lobo Fenris; y las relacionadas con el astuto embaucador Loki. En el *Runatal*, Odín desciende por el fresno del mundo, Yggdrasil, y llega al pozo de Mímir, donde debe someterse a una especie de ritual de triple muerte: ahorcamiento, herida y ahogamiento. Se habla mucho del sacrificio de un ojo por parte de Odín, de su automutilación con una lanza y de su torturado adentramiento en las profundidades, pero poco de su atadura a una rama de Yggdrasil. Odín, al parecer, ata una de sus piernas a una rama, con lo que nos presenta una imagen arquetípica de un hombre atado en un drama de autosacrificio. Así, aunque esta atadura es una suerte opresiva, tiene una función positiva como parte del camino de iniciación del Altísimo y puede haber formado una pieza de un complejo ritual al que se sometían los iniciados rúnicos.

Lo anterior puede contrastarse con dos episodios menos ennoblecedores. El primero es la atadura del lobo Fenris por los dioses: en la *Edda prosaica* se cuenta cómo deben emplear el engaño para atar a Fenris, cuya sangre no puede derramarse en el reino sagrado de Asgard. Los dioses deciden engañarlo de la siguiente manera: Fenris ya ha roto dos poderosas cadenas llamadas Laeding y Dromi. La situación se vuelve complicada, y los dioses ponen a los enanos de Svartálfaheim a su servicio, y emplean toda su habilidad y magia para crear un lazo llamado Gleipnir, hecho de ingredientes tan raros como la pisada de gatos, la barba de una mujer, las raíces de una montaña, los tendones de un oso, el aliento de un pez y la saliva de un pájaro. Este engaño acaba teniendo éxito (aunque a costa del dios Tyr; véase el símbolo *Tiwaz*) y el lobo maligno es mantenido a raya hasta el Ragnarök. Odín, rey de los dioses, se somete a una atadura voluntaria, mientras que el horripilante lobo Fenris debe ser atado mediante engaños.

Por último, Loki ilustra una forma más obscena del tema de las ataduras cuando ata un extremo de una honda a un macho cabrío y el otro a sus testículos para divertir a la giganta Skadi. Dada la naturaleza abiertamente sexual de Loki, ¡esta cabriola bien pudiera ser un acto de fetichismo primordial!

El duelo de la sirvienta

El "duelo de la sirvienta" al que se refiere el poema rúnico islandés es bastante comprensible, dado que la suerte de los siervos y esclavos de la época vikinga, a la que se remonta el poema, no era nada envidiable. Las mujeres, en particular, atrapadas en las violentas incursiones por las que eran famosos los vikingos, podían esperar una dura servidumbre física, en más de un sentido. Sin embargo, el término *sirvienta* también podía referirse a las damas que rodeaban y servían a una reina u otro personaje importante. Aun así, sus propias necesidades estarían sublimadas por completo a las de su amo.

Sin embargo, puede haber aquí una alusión más específica a la *Saga völsunga*, como ocurre a menudo en los poemas rúnicos escandinavos. Allí conocemos a la princesa Hjordas, hija del rey Eylimi, cuya mano pretenden tanto el rey Lyngi como Sigmund de los volsungos. En la época vikinga, los triángulos amorosos eran peligrosos para todos. Al final, Sigmund gana el pleito, pero Lyngi, ofendido y dolido por su rechazo, reúne un ejército que mata tanto al nuevo marido de Hjordas, Sigmund, como a su padre, Eylimi. Atada a este terrible destino, se lamenta sobre el cuerpo de su padre mientras este pronuncia sus últimas palabras, "voy a ver a nuestros parientes que me precedieron", al amanecer. Entonces, al ver que una flota de *drakkars* se acercaba a tierra y temer otra invasión, se dirige a su esclava y le dice: "Cambiemos de ropa, llámate por mi nombre y di que eres la hija del rey"[37]. En otras palabras, intercambian sus ropas y sus identidades. Este engaño la ayuda a encontrar seguridad (y, en última instancia, matrimonio) a manos del rey Alf, pero su dolor se convirtió en proverbial para este tipo de desgracias y bien podría ser el "duelo de la sirvienta" al que se hace referencia en el poema anterior.

Verdandi y las nornas

Por último, al igual que *hagalaz* e *isa*, *naudiz* apunta a la fuerza a menudo restrictiva del destino. En la mitología nórdica, las diosas del destino son las nornas, similares a las parcas griegas (las hermanas que tejen, miden y cortan los hilos de la vida). Un paralelismo posterior surge con las tres brujas de *Macbeth*, las "hermanas fatídicas" de Shakespeare. La mayor de las nornas, Urd (destino, la fuerza del *wyrd*), preside el pasado, lo que "tenía que ser"; la segunda, Verdandi (necesidad), gobierna lo que "va a ser"; y la tercera, Skuld (ser), dicta el futuro, lo que "tiene que ser".

En mi opinión, *naudiz* corresponde a Verdandi, pues es la reina de la necesidad y gobierna nuestra venida al mundo y el desarrollo de nuestro *wyrd* (o camino del destino) único, incluidas sus necesidades y limitaciones. Esto puede traducirse como los complejos psicológicos particulares (necesidades, compulsiones, neurosis) de los que los individuos luchan por liberarse. Podríamos llamarlos desafíos "nórnicos", al entender el término nórnico como algo parecido a "kármico".

Un tema bastante común en las leyendas y sagas, que también se encuentra en la mitología celta, es la "condena" (o tabú mágico) bajo la que vive el héroe, un conjunto de limitaciones, prohibiciones y obligaciones propias de ese individuo. Tales tabúes, como no poder comer un determinado animal o rehuir una batalla, establecían ciertos límites a las acciones de cada uno que, si se respetaban, le preservaban del peligro y la destrucción. Sin embargo, si se rompían, significaban el desastre. Esto nos enseña que en algunos casos la restricción puede ser una condición limitante de la que legítimamente queremos liberarnos. Al mismo tiempo, hay ciertas restricciones que debemos respetar, ya que están presentes para preservar nuestro bienestar.

Peligro: *isa* (hielo)

Nombres: Gmc *isa* (hielo); Gótico *eis/iiz*; IA *iss*; PRN *is* (hielo); IRP *iss* (hielo); raíz común del inglés moderno "ice"(hielo)

Sonido: *i* (como en *hielo*)

Correspondencia: hielo

POEMA RÚNICO ANGLOSAJÓN

El hielo es frío y resbaladizo;
como una joya y reluciente,
hermoso de contemplar, el campo helado.

POEMA RÚNICO NORUEGO

Al hielo le llamamos el puente ancho;
hay que guiar a los ciegos para que crucen.

POEMA RÚNICO ISLANDÉS

El hielo es la corteza del río
y el techo de las olas,
y un peligro mortal.

VISUALIZACIÓN

Una doncella de hielo consagrada en un paisaje gélido mira con ojos pálidos y fríos; detrás de ella, Bifröst, el puente arcoíris, se arquea hacia el cielo.

SIGNIFICADO ⊙

Isa significa "hielo", el más hostil de todos los elementos en el pensamiento nórdico. Es un símbolo de la inmovilidad, la frigidez emocional y, en general, de las condiciones "gélidas". Te encuentras en territorio de riesgo, sientes el frío, congelado en tus pistas, o tal vez patinas salvajemente fuera de control. Hay peligro en la situación, así que presta atención a los consejos de la runa *isa*.

En el helado norte, el hielo era una aflicción estacional que se entrometía con dolorosa regularidad para robar a la comunidad tierra fértil, calor y comodidad. Como coincidía con la oscuridad del largo invierno septentrional, era una fuerza terrible a la que había que enfrentarse, y siempre amenazaba con agarrar desprevenidos a los incautos. Pensemos en la mitología nórdica, donde los belicosos gigantes de hielo habitan en la gélida Niflheim, tierra de hielo y nieve perpetuos.

En la adivinación contemporánea, *isa* implica que una persona está encerrada en una especie de estancamiento. Desde el punto de vista emocional, la persona está congelada, ya sea víctima o verdugo de una frialdad inquebrantable. En lo sexual, se auguran frustraciones e incluso frigidez. En lo económico, la pobreza puede ser el hielo que te robe la satisfacción.

En el plano espiritual, te encuentras en un callejón sin salida, atrapado en una crisis del alma. Intenta permanecer abierto al cambio y al movimiento. Ten cuidado con las perspectivas dogmáticas que te apartan del calor de la verdad viva. Psicológicamente, es posible que padezcas un complejo al parecer intratable, una fijación encarceladora de la que parece casi imposible librarse.

Otros ejemplos del implacable control de *isa* son el amor no correspondido, la separación, el encarcelamiento, la drogadicción e incluso la psicosis; de hecho, cualquier estado hostil rígido e inflexible. Sea cual sea la situación, estás preso en ella. El hielo tiene una belleza insidiosa, incluso atrapante y, del mismo modo, puedes mostrarte ciego ante el peligro, fascinado por aquello que te inmoviliza y te roba la vida. Debes tener cuidado con las falsas apariencias que seducen tus sentidos.

Sin embargo, en el ciclo estacional, incluso el hielo acaba derritiéndose con la llegada de la primavera, por lo que *isa* puede indicar que, tras un largo ciclo de estatismo y estancamiento, acabará llegando un deshielo, y con él una nueva vida. Para lograrlo, es esencial alejarse de cualquier aprisionamiento. El calor de la luz y el amor son necesarios para romper el hielo. Así, las mismas condiciones que te atormentan pueden acabar convirtiéndose en el puente hacia la renovación.

Palabras clave: estancamiento, contracción, peligro, frigidez, frialdad, bloqueo, atrapamiento, belleza seductora, condiciones de descongelación, nueva vida, renovación. (*Nota*: *isa* no es invertible).

MITOS Y LEYENDAS

En el relato éddico de la creación, hay tres reinos primordiales: Muspelheim, tierra de fuego, en el sur; Ginnungagap, el vacío o mitad, y Niflheim, literalmente "mundo de hielo", en el norte. Aunque el gélido Niflheim tiene un aura premonitoria en los mitos nórdicos, la vida surgió de los extremos del hielo y el calor. El hielo de Niflheim formaba una especie de limo que resultaba fértil cuando se encontraba con el calor del sur:

> Así como el norte estaba helado, el sur estaba ardiente y resplandeciente, pero la mitad de Ginnungagap era templada como el aire de una tarde de verano. Allí, el cálido aliento del sur se encontró con la cal de Niflheim; la tocó y jugó sobre ella, y el hielo comenzó a descongelarse y a gotear. La vida se aceleró en esas gotas y tomaron la forma de un gigante. Su nombre era Ymir[38].

El nacimiento de los *rime-thurs* (gigantes de hielo) representa la entrada de la primera y cruda consciencia procedente de los primigenios reinos-ur. La dominación del mundo por los gigantes de hielo representa una era arcaica de poderes hostiles, aunque prístinos. A continuación surgió del hielo derretido la vaca primigenia, Audumla, que liberó la forma de Búri, el abuelo de Odín, al lamer un bloque de hielo. Se alcanza así una fértil tensión entre los dos polos de la creación (hielo y fuego).

A partir de estos hechos, también se ha construido una imagen de la creencia nórdica en "el hielo como materia originaria cósmica"[39], la sustancia originaria de toda la vida, lo que no sorprende en un relato de la creación que procede de Islandia. Este motivo también podría reflejar algún lejano recuerdo racial del regreso de los pastores a los fértiles campos que florecieron tras el final de la última glaciación, hace unos diez mil años. Asimismo, la aparición estacional de vegetación a partir del hielo todos los veranos debe haber subyacido a la percepción del hielo como un elemento duro del que, sin embargo, podía surgir nueva vida cuando el sol hacía que la tierra volviera a ser fructífera. Además, el hielo derretido (agua) es el elemento primordial del que surgió la vida. Los científicos creen ahora que esto ocurrió cerca de un respiradero volcánico, donde los chorros de agua caliente procedentes del reino de Muspelheim pueden haber fomentado los microorganismos primitivos.

Skadi, giganta de escarcha

Skadi es una giganta de escarcha que atraviesa los páramos helados con zapatos de nieve y encarna su hostilidad primigenia. En la *Edda prosaica*, se cuenta cómo Skadi se casó con el dios del mar y de la fertilidad Njórd, tras elegirlo por error en lugar de a Balder en una rueda de dioses en la que solo se veían sus pies. Aunque se mantiene firme en su decisión, Skadi acaba despreciando el reino fértil y fructífero de Njórd, al igual que él no puede soportar sus moradas azotadas por el viento. Esta difícil relación, paralela a la unión frustrada entre el dios Frey y una giganta, Gerthr, representa el conflicto entre los fértiles poderes de la tierra y el mar y los mortíferos dominios del hielo. Frey debe esperar nueve meses (que representan el interminable invierno nórdico) antes de poder consumar su amor por la gélida Gerthr, mientras que Skadi acaba por disolver su alianza con Njórd y regresa a sus propios dominios helados. Al parecer, los aspectos luminosos y oscuros del año siguen siendo opuestos implacables.

El nombre de Skadi significa literalmente "destrucción", lo que nos recuerda el poema rúnico islandés cuando señala que el hielo es un "peligro mortal", traducido también como la "destrucción de los hombres condenados"[40]. Aunque en otro tiempo fue objeto de culto, el suyo era, según todos los indicios, un culto gélido. Ella advierte: "...de mis santuarios y campos te llegarán consejos fríos"[41].

Aunque estas líneas pudieran ser propaganda cristiana contra la adoración a una figura tan pagana, el tema de la doncella de hielo contra los poderes de la luz está muy extendido en el norte, como se refleja en el *Kalevala* finlandés, en el que la señora Louhi del norte ártico lucha contra el dios mago Vainamoinen. Dada la naturaleza del territorio, parece lógico que una divinidad femenina de la tierra se represente en estos términos. Skadi podría, de paso, haber prestado su nombre a E*scandi*navia.

Skuld y las nornas

Isa es la más difícil de las tres primeras runas del ætt de Hagal (*hagalaz*, *naudiz* e *isa*). Algunos comentaristas han relacionado estos símbolos con las diosas elementales del destino conocidas como las nornas, que son similares a las parcas griegas y, según algunos estudiosos, están inspiradas en ellas. Así como Urd, la arpía, representa el pasado y Verdandi, la madre, el presente, Skuld encarna lo que está por venir. Skuld, que correspondería a *isa*, era considerada una norna singular y hostil. Es la doncella o la virgen. Al presidir el futuro, los pronunciamientos de Skuld sobre lo que "tiene que ser" son tan rígidos e inmutables como el hielo. Debemos recordar que los nórdicos solían tener una visión bastante resignada del futuro, y lo consideraban más definitivo de lo que estamos dispuestos a aceptar hoy en día. El carácter rígido y encarcelador de *isa* se corresponde con estas nociones.

En términos junguianos, podría decirse que Skuld encarna el lado sombrío del arquetipo de la virgen. Representa la separación, la falta de compromiso, por así decirlo, con los asuntos de los seres humanos, y esta misma pureza la hace ferozmente peligrosa. Esta es la cualidad a la que aludimos cuando hablamos de "selva virgen": el aspecto indómito y prístino de lo salvaje que debe respetarse como tal. También existe una frialdad en la virginidad que se pone de relieve cuando pensamos en cosas sexuales y eróticas en términos de calor y fuego. La conexión entre el frío extremo y la falta de plenitud sexual se materializa, por supuesto, en la palabra *frigidez*. Por esta razón, *isa* no es un buen augurio para la amistad, el amor u otros tipos de relación, al menos hasta que la ola de frío haya pasado.

El puente ancho

El poema rúnico anglosajón subraya el aspecto seductor del hielo, su aspecto brillante y la belleza de un campo cubierto de escarcha. Pero hay algo siniestro en la acción del hielo, que de forma silenciosa pero irresistible cubre toda la vida que hay bajo este. Del mismo modo, debemos cuidarnos de la atracción fatal de las cosas que, por muy cautivadoras que sean, conspiran para atraparnos.

Sin embargo, el poema rúnico noruego también alaba a *isa*: Como "puente ancho", el hielo cumplía la importante función de solidificar las extensiones de agua, y permitía así cruzarlas, una tarea nada fácil en el helado norte. Esto conecta a *isa* con el puente Bifröst de la mitología nórdica, la madre de todos los puentes, también conocido como el puente arcoíris, un camino místico que conecta Midgard y Asgard y está custodiado por el dios Heimdal. Cuando se piensa en ello, un arcoíris no es más que una forma vaporizada de agua, como sin duda pudieron observar los nórdicos paganos cuando el sol brillaba sobre sus prístinas cascadas, y en última instancia, está hecho de la misma materia que el hielo. Bifröst permite a los dioses viajar a la Tierra Media para caminar y hablar con hombres y mujeres, y puede permitirnos a nosotros vislumbrar el dominio de los dioses. Del mismo modo, las experiencias duras pueden conducir a rupturas increíbles, a percepciones que de otro modo serían imposibles. En la tradición chamánica se practicaban muchos actos de ascetismo para alcanzar un estado de consciencia trascendente, como sentarse o tumbarse en la nieve y el hielo en estado de trance; el chamán pasa así al otro mundo. La lección es que los extremos elementales, por incómodos que sean, se utilizan en muchas culturas para conmocionar al iniciado hasta niveles superiores de percepción, con el fin de despertar nuestros sentidos. Ese es el tipo de enseñanza que encarna *isa*.

Tiempo de cosecha: *jera* (año)

Nombres: Gmc *jera* (año); Gótico *jer/gaar*; IA *ger*;
PRN *ar* (cosecha); IRP *ar* (verano);
raíz común del inglés moderno "year"

Sonido: *y* (como en *hierro*)

Correspondencia: año

POEMA RÚNICO ANGLOSAJÓN

El tiempo de la cosecha trae alegría
cuando la diosa Tierra
nos regala sus brillantes frutos.

POEMA RÚNICO NORUEGO

El tiempo de cosecha trae recompensa;
¡Yo digo que Frode es generoso!

POEMA RÚNICO ISLANDÉS

El tiempo de cosecha trae ganancias,
y un verano alto
y un campo maduro.

VISUALIZACIÓN

Una mujer que lleva la esfera de la tierra en su vientre se inclina para recoger las flores y los frutos de un campo.

SIGNIFICADO

Jera es una runa de ganancia basada en el esfuerzo. Significa "año" y se refiere no tanto al ciclo anual completo sino más a la época de la cosecha: la época de crecimiento en la que la tierra se vuelve fértil y los campos maduran. Es un signo de condiciones fructíferas, la época de la cosecha en la que tus esfuerzos dan fruto. *Jera* indica que serás bendecido con abundancia, en especial en los asuntos que involucraron mucho trabajo de tierra, siembra y cultivo, para alcanzar la madurez.

Jera viene justo después de los tres símbolos duros e invernales de *hagalaz*, *naudiz* e *isa*, por lo que transmite la sensación de alivio que acompaña a la llegada de la primavera y el verano después de días fríos y duros. Es el retorno de la vida, el florecimiento de la naturaleza y la abundancia de la cosecha. *Jera* significaba originalmente "estación fértil" o "tiempo de cosecha", y podemos traducirla en términos modernos como un tiempo fructífero, coronado por la prosperidad y el éxito. Este es un momento favorable para cosechar el potencial de los compromisos que han madurado hasta alcanzar la plenitud.

Los poemas rúnicos ofrecen las imágenes de la tierra junto con los frutos de su cosecha, fluyendo de un campo maduro. Como enseña la runa *fehu*, la tierra es la fuente de toda abundancia. Aquí el "campo maduro" representa el campo de la vida en el que has elegido poner tu energía y que te promete recompensa. Tu sudor y tu esfuerzo no han sido en vano; los frutos están madurando.

El dios Frey, alabado bajo el título de Frode en el poema rúnico noruego, es un dios de la tierra al que los nórdicos invocaban por su generosidad. Él y su hermana Freya son el señor y la señora de la religión nórdica que otorgan favor y abundancia a lo que se hace. Tanto el crecimiento como la ganancia se auguran en el área de tu vida en la que se encuentre esta runa en una lectura.

En este punto, la naturaleza alcanza un estado de plenitud, y el sol dispensa su calor y su energía vivificante. ¡Celebra la recompensa de la estación y disfruta de la fiesta! El "alto verano" al que se refiere el poema rúnico islandés resume la calidad de esta época: las cosas están en su apogeo y hay que aprovechar todo lo que se ofrece. Esta runa es una de las nueve que no tienen significado a la inversa; sin embargo, en los raros casos en que parece relacionarse con un ciclo negativo de acontecimientos, puede sugerir que estás cosechando lo que has sembrado, como dice el viejo adagio. Las acciones pueden volver a nosotros mucho después de que se plantara la semilla inicial, para bien o para mal. Actúa antes de que tu jardín se llene de malas hierbas.

Palabras clave: época de cosecha, época de crecimiento, riqueza y madurez, época fértil, verano alto, ciclo completo, solsticio de verano, festividad. (*Nota: jera* no es invertible).

mITOS Y LEYEnDAS

En las sociedades tradicionales, la tierra siempre se ha considerado viva y sagrada. Los nórdicos no fueron una excepción, como queda patente en la *Edda prosaica*. Los eruditos han cuestionado cada vez más la importancia del relato de Snorri Sturluson sobre sus predecesores paganos, pero no podemos creer que se engañara al escribir en el prólogo que "sabían que la tierra era redonda" y "consideraban la tierra como un ser vivo con vida propia. Sabían que no se podía concebir su antigüedad en años. Y por naturaleza poderosa, daba a luz a todas las cosas y era dueña de todo lo que moría"[42].

Entre las pruebas que aporta Snorri en este sentido se encuentran el hecho de que el agua brota tanto en las cumbres de las montañas como en los valles bajos; la sangre corre por igual en los seres humanos que en las aves y las bestias; la tierra hace brotar todos los años hierbas y flores, seguidas de un gran marchitamiento, al igual que las plumas y el pelo brotan y se marchitan en las aves y las bestias; y la hierba puede crecer incluso en suelos removidos. Aunque algunas de estas observaciones puedan parecer pintorescas hoy en día, podemos ver esta percepción de una vida compartida, que abarca toda la superficie planetaria, como precursora de nociones más modernas de unidad ecológica, como la teoría de la "tierra viva" de la hipótesis de Gaia.

Muchos paganos contemporáneos influenciados por los misterios nórdicos, pero que no trabajan estrictamente dentro de ellos, celebran la rueda wiccana óctuple del año. Los ritmos estacionales eran fundamentales en el mundo nórdico, pero lo que se conoce del primitivo calendario festivo germánico nos revela en realidad un ciclo anual séxtuple compuesto por "mareas" de sesenta días, o meses dobles. Estos se subdividían en tres grandes festivales. En Islandia solo había dos estaciones: invierno y verano: el poema rúnico islandés menciona el verano y la fertilidad de los campos, y ese es el tiempo al que se refiere el símbolo *jera*. El verano, y en especial el solsticio, era una época de celebración en todo el mundo antiguo, un momento crucial en el que la rueda estacional alcanzaba el vértice de su progreso, tiempo de alegría y jolgorio desinhibido. Como le dice el gigante sabio a Odín en *Vafþrúðnismál* (La canción de Vathrúdnir), "El padre del verano es el placer"[43].

El señor y la señora

Los celtas veneraban la tierra como fuente de fertilidad y bendiciones bajo la forma de las diosas Dana y Brigit; los griegos, Deméter y Perséfone; mientras que los nórdicos veneraban al dios Frey y a su hermana Freya como símbolos de la fecundidad de la naturaleza. Frey y Freya, cuyos nombres son en realidad títulos que significan "señor" y "señora", son el rey y la reina de los vanir, los dioses de la fertilidad, aunque en una capa más antigua del mito nórdico ese papel lo desempeñaban el dios del mar Njörd y la diosa de la tierra Nerthus. A menudo se cree que Nerthus representa a la tierra, aunque su vínculo con santuarios insulares tan lejanos como el Báltico también sugiere una asociación acuática. Njörd, por el contrario, encarna la generosidad del océano, y se le invocaba para una buena pesca en el mar.

Cuando el poema rúnico noruego celebra la buena cosecha con las palabras "Yo digo que Frode es generoso", estas líneas evocan evidentemente al rey danés Frode, que vivió en tiempos de Cristo. Incluso un académico lo ha interpretado como símbolo de la "liberalidad del salvador cristiano"*. Pero el propio Frode es considerado en la leyenda como hijo de Frey, y su nombre es a su vez un título de Frey, que significa "exuberante"[44], por lo que su mención aquí puede ser un doble sentido. Frey está íntimamente ligado a la tierra. Se le suele representar con un enorme falo y se le asocia con sus animales totémicos, el caballo y el cerdo. En los antiguos rituales de fertilidad, el dios era transportado por sus seguidores en un carro en el que repartía bendiciones y prosperidad. Es, en consecuencia, la encarnación del crecimiento exuberante que brota de la tierra.

Freya, aunque habita en Asgard (la morada de los æsir), es en realidad una de los vanir (dioses de la fertilidad, la tierra y la magia) y en sus diversos aspectos es reina de ambos. Tanto ella como Frey, que comparten muchas similitudes, son el centro de muchas festividades de la cosecha[45]. En el mito nórdico, Freya sobrevive a muchos de los dioses que morirán en el Ragnarök y su supervivencia refleja en parte las capacidades regenerativas de la tierra, pues leemos en las profecías de *Völuspá* que tras la destrucción "los campos estériles volverán a dar"[46]. En los misterios nórdicos, es una de las caras de la gran diosa.

Brisingamen y la *seithr*

Freya suele ser representada como una hermosa Afrodita nórdica. Para ganar su famoso collar de oro, Brisingamen, desciende, como Perséfone o Eurídice en el mito griego, y se acuesta con cuatro enanos en *Svartálfaheim* (tierra de los elfos oscuros). Brisingamen puede simbolizar el sol de la cosecha y la maduración de los granos, el brillo dorado del "campo maduro". La promiscuidad de Freya en su aspecto de diosa del sexo orgiástico refleja la recompensa y los dones indiscriminados de la tierra, y en el poema rúnico anglosajón oímos cómo la tierra provee a todos (literalmente "ricos y pobres por igual"), una medida de su grandeza y bondad. El culto a Freya estaba muy extendido y arraigado: en una ocasión, un insulto lanzado contra ella por un cristiano fervoroso ("diosa perra" fueron las palabras) inició una feroz batalla en Islandia[47], un giro irónico porque en la mitología

---

*Prudence Jones y Nigel Pennick, *A History of Pagan Europe* (Londres: Routledge, 1995), 144. Es Margaret Clunies Ross quien identifica al Frode del poema rúnico noruego con el rey danés Frode. Ya que Frode gobernó en la época de Cristo, ella concluye lo siguiente: "Cuando el 'yo' del poema rúnico noruego dice: *la cosecha es una bendición para los hombres; / creo que Frode era liberal [...]*" [él] puede que conociera la 'verdadera' liberalidad del Dios cristiano, que hizo nacer a su hijo Jesús en la época de la *Pax Augusta*, que coincidió con la paz y prosperidad de Frode en Escandinavia. En el pasado precristiano, Frode podría haber obtenido el mérito exclusivo de estos logros, pero para los cristianos y para el 'yo' del poema... es Dios quien ha propiciado tan buena fortuna". Margaret Clunies Ross, "The Anglo-Saxon and Norse *Rune Poems*: A Comparative Study". *Anglo Saxon England* 19 (1990): 23–39, 33–34.

nórdica la primera guerra del mundo fue espoleada en parte por una burla que le hizo un gigante grosero.

Freya es, de hecho, una poderosa chamana; posee un abrigo de plumas de halcón y rige una escuela de magia conocida como *seidr*, que implica la videncia en trance. Esto alude al estrecho vínculo entre las energías de la tierra y la magia en la tradición antigua. La geomancia (adivinación primitiva) es en sí misma una forma de magia de la tierra, los chamanes descienden a la tierra en trance, el vudú utiliza el aciano (que crece en la tierra) para sus *vèvès* mágicos (símbolos rituales), etc. La *seidr* se practica de nuevo en la actualidad sobre todo por las mujeres adeptas a los misterios nórdicos.

Al parecer menos glamurosa que Freya, pero representante similar de la tierra, es Frigg, la esposa de Odín. De hecho, Freya y Frigg pudieron haber sido en un momento figuras idénticas: su gemelidad se revela por el hecho de que Frigg también lleva un collar de oro bordado por enanos y tiene que compartir a Odín con su *alter ego* más célebre. Frigg está relacionada con otras diosas de la mitología nórdica y otras mitologías europeas: la lista incluye a Berta, Brechta, Ostara (que da nombre a la Pascua), Hlodin y Nerthus. Aunque investigaciones recientes han cuestionado la universalidad de la figura de la madre tierra en la Antigüedad, tiene una profunda importancia para los paganos contemporáneos. Los duoteístas (aquellos que creen en un dios y una diosa como partícipes iguales en la creación) no tienen por qué imaginar que había una única gran diosa que era adorada por todo el mundo antes del surgimiento de los dioses del cielo. La historia y la prehistoria no son tan sencillas, pero en términos psicológicos (por no hablar de políticos), la diferencia entre una religión en la que hay una diosa o dioses y otra en la que solo hay un Dios es enorme, tanto para los practicantes masculinos como para los femeninos. Al reconocer a la diosa en todas las diosas como la contraparte natural del dios en todos los dioses, los paganos buscan evitar los desequilibrios patológicos que se manifiestan en muchas doctrinas religiosas. Por su parte, la madre tierra arquetípica enseña el camino del respeto hacia la creación material, el cuerpo de la tierra en cuyo vientre fuimos forjados y a cuyo suelo inevitablemente regresamos.

Transition: *eihwaz* (tejo)

Nombres: Gmc *eihuaz* (tejo); Gótico *aihs/waer*; IA *ih* (tejo); raíz común del inglés moderno "yew" (tejo); PRN y PRI *yr* (tejo)

Sonido: *i, e,* o *y* (como en *río, tejo,* and *hierro,* respectivamente)

Correspondencia: arco (como en arco y flecha)

POEMA RÚNICO ANGLOSAJÓN

El tejo tiene una corteza áspera por fuera,
pero guarda la llama en su interior;
profundamente arraigado, adorna la tierra.

POEMA RÚNICO NORUEGO

El tejo es la madera más verde del invierno;
chisporrotea cuando arde.

POEMA RÚNICO ISLANDÉS

El tejo es un arco tenso,
y hierro quebradizo
y la flecha de Fárbauti.

VISUALIZACIÓN

Un tejo retorcido se yergue con sus hojas verdes y un hueco en su nudoso tronco.

SIGNIFICADO

Eihwaz es una runa de transición. Representa el tejo, árbol de la vida y de la muerte, y su presencia aquí indica la proximidad de una transición importante, incluso que tu vida puede verse afectada por la muerte. Pero no te alarmes; la muerte puede ser simbólica, un "morir hacia la vida" que marca un cambio hacia un estado más profundo del ser, ya que *eihwaz* es también un árbol del ciclo ininterrumpido de muerte y renovación.

El tejo se asocia desde hace mucho tiempo con la muerte y la inmortalidad, como demuestra su presencia en los cementerios de los pueblos. A medida que envejecen, los tejos se ahuecan en el centro, lo que les confiere un aspecto oscuro y misterioso. Este hueco es una puerta simbólica, un umbral: estás atravesando una puerta de este tipo. Como la tumba, es un final; como el vientre, es un principio.

Del mismo modo, nuestra existencia es una serie de puertas, un proceso continuo de nacimiento, aventamiento y renacimiento. El símbolo de *eihwaz* es el hilo de la continuidad. Aunque el tejo tiene un rol oscuro como entrada al inframundo, también es un símbolo de regeneración constante.

Aunque la ruptura de las condiciones habituales de tu vida es un proceso aterrador, este encuentro con las energías oscuras del inframundo puede conducir en última instancia a una visión deslumbrante de la unidad de la vida y la muerte. Incluso la pérdida puede ocultar ganancias insospechadas entre sus negras vestiduras. Las afirmaciones puedan sonar huecas en el presente, pero nada puede impedir el eventual retorno de la luz. Deja que te atraiga cuando te llame.

Palabras clave: transición, asuntos de vida y muerte, muerte (literal o simbólica), puerta, umbral, tumba, vientre, inmortalidad, eternidad, regeneración. (*Nota: eihwaz* no es invertible).

mITOS Y LEYEnDAS

El culto a los árboles estaba muy extendido en la Europa antigua, como demuestran innumerables fuentes del mundo nórdico, germánico y celta. Las fuentes romanas también nos dicen que "los pueblos germánicos de Europa central adoraban a sus dioses en los claros de los bosques"[48]. En las islas británicas y Europa occidental, los druidas rendían culto en *nemetonia*, o arboledas sagradas, y las letras mágicas de la escritura ogam están asociadas a diversos árboles y plantas; en la cábala medieval, el glifo del árbol de la vida funciona como un mapa místico del cosmos. En la tradición nórdica está, por supuesto, el fresno del mundo, Yggdrasil, que se sitúa en el centro del universo. Yggdrasil es el eje de los nueve mundos, el Irminsul o "pilar central del mundo" que sostiene el cielo.

Aunque conocemos a Yggdrasil como un fresno, se ha sugerido que en realidad pudo haber sido un tejo, o que el tejo y el fresno son equivalentes. En ese sentido, los aspectos significativos del tejo y el fresno no son muy difíciles de casar: el tejo es un árbol de hoja perenne que soporta el verano y el invierno sin apenas alteraciones y que ha representado durante mucho tiempo el concepto de inmortalidad, mientras que Yggdrasil, un fresno en los últimos mitos nórdicos, es el árbol del mundo que "era y es y siempre será". Significa eternidad, vida eterna.

El tejo

El tejo tiene un aura muy marcada en las primeras creencias europeas. En el mundo nórdico y celta se asociaba con los cultos a los muertos, incluido Odín como señor de la caza salvaje. Los tejos solían plantarse en los lugares de enterramiento, y aún quedan muchos cementerios en Europa continental y en las islas británicas con tejos en su centro. En muchos casos, el tejo data de siglos antes que el cementerio. De hecho, las iglesias cristianas se construyeron a menudo en lugares que ya ocupaban tejos sagrados. El papel del tejo en los cultos funerarios giraba sin duda en torno al hecho de que es de hoja perenne, "la madera más verde del invierno" y, por tanto, un símbolo apropiado para la inmortalidad. El tejo "guarda la llama en su interior", según el poema rúnico anglosajón, lo que sugiere que arde bien como leña, y que, dado que el fuego puede simbolizar la destrucción y la regeneración dentro de los ciclos de la naturaleza, simboliza la inmortalidad del espíritu. El misterioso hueco que se crea en el áspero tronco del árbol al madurar también tiene connotaciones tanto de tumba como de vientre (por lo tanto, de muerte y renacimiento). Además, los sacrificios humanos rituales en el norte a menudo implicaban colgar o inmolar a la víctima en un tejo.

Pero lo más convincente de todo es que la referencia islandesa al tejo como la "flecha de Fárbauti" no solo nos recuerda que las flechas estaban hechas de tejo, sino que también evoca el nombre del gigante Fárbauti (que significa "golpeador cruel"), identificado en la *Edda prosaica* como el padre de Loki. Ahora bien, la madre de Loki era Laufey (que significa "isla de los árboles"), que dio a luz a Loki tras ser alcanzada por una de las flechas de fuego de Fárbauti. Así, el fuego que destruye la savia, que es la sangre de los árboles, también despeja el camino para un nuevo crecimiento. Este motivo arbóreo concuerda con la función ambivalente del embaucador Loki, presagio de vida y muerte para dioses y hombres.

El fresno

El sacrificio en la horca relacionado con el tejo también recuerda la iniciación chamánica a la que se somete Odín en las ramas del Yggdrasil cuando se asoma al pozo de Mímir en busca de la sabiduría de las Runas. Esta muerte simbólica subraya el hecho de que la muerte, simbólica o no, es siempre una iniciación. Yggdrasil es el eje de los nueve mundos, el *axis mundi* o columna central que los une a todos. Es un símbolo primordial de la propia fuerza vital, el aspecto regenerativo de la naturaleza que trasciende el tiempo en sus ciclos intemporales. El motivo del árbol cósmico es bien reconocido en la mitología comparada como un concepto fundamental vinculado a la noción de eje universal y polo espiritual que tiende puentes entre los diversos niveles materiales e inmateriales de la realidad. Como vimos en la introducción de este libro, en la antigua tradición chamánica que antaño se extendía por gran parte de Eurasia, el árbol del mundo es el vehículo en el que el chamán cabalga hacia el otro mundo.

La noción arcaica de un árbol que sostiene la tierra con sus raíces, el mundo intermedio con su tronco y el cielo con sus ramas tiene hoy en día una nueva relevancia, ya que la humanidad está redescubriendo el papel central de apoyo del árbol en la ecología de la tierra. Nuestra supervivencia depende más que nunca del mundo verde. Venerar el bosque es fomentar la vida, destruirlo es llevarnos la ruina a todos. En el poema *Vafþrúðnismál*, se cuenta cómo una pareja humana sobrevive al apocalipsis de Ragnarök, protegida dentro del tronco de Yggdrasil. Tras la destrucción del fin de los tiempos, fundan una raza humana renovada y transformada.

Las manzanas de la inmortalidad

Las manzanas milagrosas custodiadas por la diosa Iðunn constituyen otro puente en el mito nórdico entre los árboles y la inmortalidad. Mientras los dioses y diosas consuman esta fruta, permanecerán eternamente jóvenes. Cuando Loki, con sus turbios manejos, permite que un gigante robe la cesta de Iðunn, los dioses empiezan a envejecer sin remedio y sus poderes les fallan. Si Odín no hubiera actuado con rapidez para presionar a Loki para que revirtiera su maldad, los æsir podrían haber perecido.

Las creencias nórdicas sobre la vida después de la muerte eran variadas. A través de la historia, diferentes cultos (como los dedicados a Odín y los æsir frente a los que veneraban a Frey y los vanir) sin duda tenían creencias divergentes y, por supuesto, estas sufrieron cambios con el paso del tiempo. Los relatos que poseemos también pueden reflejar la influencia cristiana, aunque hoy en día los devotos de los misterios nórdicos los consideran totalmente paganos. Las tumbas de la era vikinga no corroboran el dicho de "no te lo puedes llevar", ya que los que tenían estatus se llevaban consigo suntuosos ajuares funerarios, como espadas, joyas y ropas finas. De este modo, se convertían en aptos para los salones de los dioses. Tanto Odín como Frigg tienen sus salones de la inmortalidad en los que los seres humanos pueden ser admitidos. El salón de Odín, Valhalla, es para los valientes, mientras que el de Frigg, Fensalir, reúne a los amantes fieles. Además, Freya tiene su propio salón, llamado Fólkvangr, donde solían encontrarse aquellos que ella elegía para morir en batalla. Los náufragos están destinados a vivir para siempre en el recinto del dios del mar Njörd, llamado Nóatún y situado en el fondo del océano. Los criminales y otros indignos van al mundo de Hel, envuelto en la niebla. Algunos muertos, sin embargo, parecen frecuentar los túmulos funerarios. En las sagas parece existir cierta creencia en la reencarnación, paralela a la creencia celta en la transmigración de las almas. Y, por último, está el paradisíaco salón dorado de Gimlé, donde, según *Völuspá* y la *Edda prosaica*, "los justos" morarán por toda la eternidad.

Juego sagrado: *pertho* (juego)

Nombres: Gmc *perth*; Gótico: *pairthra/pertra*; IA *pred*; *peorth*; se disputa el significado exacto. (Nota: *pertho* no existe en el futhark joven y por lo tanto no está presente en los poemas rúnicos noruego ni islandés).

Sonido: *p* (como en *pieza*)

POEMA RÚNICO ANGLOSAJÓN

Jugar significa diversión y risas
entre los de espíritu alegre que se sientan
juntos en la sala del hidromiel.

VISUALIZACIÓN

Las runas se derraman de una bolsa de cuero sobre una mesa de madera de fresno, mientras en el fondo los juerguistas bailan y cantan en una sala de hidromiel.

SIGNIFICADO

Pertho es una de las muchas runas misteriosas cuya identidad original es difícil de descifrar. Tal vez esto sea apropiado para un símbolo que, según la mayoría de los comentaristas, se refiere a algún tipo de juego, en concreto a un tablero, una pieza de juego o un dispositivo para echar la suerte. Se trata, sin duda, de una runa de juego, diversión, placer, risa y felicidad. Se refiere a actividades agradables en buena compañía.

Los juegos, tanto de mesa como de adivinación, eran una de las actividades favoritas de las tribus nórdicas y germánicas. La sala del hidromiel ofrecía un refugio de entretenimiento con narraciones, banquetes y juergas a intervalos regulares. Todos deberíamos disfrutar del lado alegre y gratificante de la vida. A veces se piensa que la espiritualidad y el juego son incompatibles, pero el paganismo nórdico sostiene una perspectiva muy diferente, e incluso la propia iluminación se describe como el "hidromiel de la inspiración". No permitas que la ansiedad o la culpa arruinen tu disfrute de estos regalos de los dioses.

En el mundo antiguo, los juegos de mesa se relacionaban en específico con la adivinación, y en el contexto nórdico podemos establecer un paralelismo con las propias runas. Las runas son tanto un método lúdico de autodescubrimiento como un juego de conocimiento. Esto nos lleva a la noción de juego sagrado, la idea de que toda la creación se forma a partir del juego de la consciencia divina y que nos acercamos más al espíritu de lo divino a través del juego del espíritu.

En esto consistían las antiguas costumbres paganas de la fiesta, la feria y el carnaval. Los momentos asignados específicamente a la celebración de lo terrenal y lo sagrado en el Paganismo contemporáneo son los solsticios, los festivales solares y los aquelarres (festivales lunares), junto con muchos días importantes intermedios. Por lo tanto, esta runa también puede indicar tu participación en rituales, festividades o vida festiva.

Invertida, *pertho* sugiere que hay algún bloqueo en relación con el principio del placer en tu vida, lo que no ayuda a que fluyan las energías creativas. Quizás estés siendo demasiado serio y necesites relajarte y ver los aspectos humorísticos del juego de la vida. Permítete pasar un buen rato, aunque no en detrimento de otras áreas. Sin embargo, no es un buen momento para arriesgar, ¡ten cuidado de no apostar demasiado!

Palabras clave: juego, jugar, diversión, risa, felicidad, entretenimiento, narración, banquetes, autogratificación, intereses culturales, celebración, adivinación, juego sagrado, la búsqueda del autoconocimiento. *Invertida*: falta de alegría; tristeza, melancolía, necesidad de animarse y divertirse.

MITOS Y LEYENDAS

En los primeros días de la creación, se nos dice en *Völuspá*, después de que los æsir hubiesen construido sus altares, templos y altos salones de madera e instalado forjas en la llanura de Idavoll, se detuvieron para relajarse y disfrutar del juego en los prados maduros:

> *Sentados en prados, sonriendo sobre tableros de juego,*
> *nunca tuvieron necesidad de oro*[49].

Lo anterior representa una edad de oro de la inocencia de la tierra. Aunque está destinada a durar poco, Idavoll nos ofrece el ideal de un mundo en el que el juego prima sobre el trabajo y la lucha. Es interesante saber, además, que tras el Ragnarök, la batalla apocalíptica final del mito nórdico, los dioses supervivientes se reagruparán en Idavoll para considerar lo sucedido a la luz de "las antiguas runas ofrecidas a Odín" y, en última instancia, reanudar sus juegos. Como leemos en *Völuspá*:

> *Después encontrarán un maravilloso tesoro,*
> *tableros de juegos dorados, sobre el pasto donde los*
> *dejaron hace tanto tiempo*[50].

Todo el ciclo cosmogénico de creación, destrucción y renovación contenido en las actividades de juego de un grupo de dioses me recuerda a la gran epopeya india del *Mahabharata*, en la que los cinco hijos del rey Pandu apuestan tontamente su libertad y a su esposa compartida, Draupadi, a las fuerzas del caos en una partida de dados; acto que provocó un drama cósmico similar de destrucción y regeneración. Los vínculos indoeuropeos de la mitología nórdica sugieren que puede tratarse de un eco de un antiguo ciclo mítico subyacente.

El hidromiel de la inspiración

Otra forma importante de entretenimiento era la narración de historias en la sala del hidromiel. De hecho, la consciencia espiritual iluminada y elevada de los poetas era conocida como el "hidromiel de la inspiración". La poesía contenía temas profundos relacionados con la vida religiosa y ritual de la cultura, pero los narradores eran también artistas populares que daban vida a viejas historias para su público.

Michael Howard relaciona *pertho* con el *wita* (hombre sabio) que visitaba las salas, entretenía e iluminaba a su público. Señala:

> Es bien sabido que lo sagrado puede apreciarse o experimentarse a través del canto y la danza... El papel del bardo en la sociedad celta es legendario, y es evidente que en el norte de Europa había chamanes errantes que asumían un papel similar. Estos bardos nórdicos no solo eran narradores que relataban las grandes sagas a sus audiencias hechizadas, sino también maestros de los misterios, incluido el arte rúnico. Para los antiguos germanos, el poder de la poesía ritual era muy influyente en las prácticas mágicas y espirituales. Los cantos sagrados eran también un aspecto importante del culto chamánico y el término abarcaba desde las oraciones personales hasta las invocaciones sacerdotales[51].

Los poetas no solo eran artistas, sino también adeptos a las artes mágicas. El hecho de que Odín fuera su patrón hace probable que practicaran y conservaran la tradición rúnica. El uso moderno de las Runas como sistema de adivinación se basa en un concepto íntimamente relacionado: el eruliano, o maestro rúnico, utiliza las runas no tanto para predecir o "echar la suerte" en el sentido popular, sino más bien para participar en un juego sagrado con los signos, para observar las energías significadas por las Runas a medida que "entran en juego" en una lectura. Él o ella perfecciona el arte de leer los patrones que forman de forma imaginativa, y crea nuevas líneas argumentales a partir de materiales antiguos.

Juegos de los dioses

Aunque, a primera vista, el juego en una sala del hidromiel y el ritual de adivinación parecen polos opuestos, el antiguo parentesco entre los tableros de juego y los sistemas de adivinación se ha documentado bastante, sobre todo en la obra de Nigel Pennick *Games of the Gods: The Origin of Board Games in Magic and Divination*. Sabemos por el relato del historiador romano Tácito que los nórdicos estaban obsesionados tanto con el juego como con "echar suertes" (es decir, la adivinación). Pennick demuestra que muchos juegos comunes, incluidos ejemplos tan conocidos como el ajedrez, el mahjong, y serpientes y escaleras, tienen sus raíces en antiguas técnicas de adivinación.

El juego indio leela, de dos mil años de antigüedad, de donde se originaría serpientes y escaleras, representaba el cosmos hindú en sus ocho planos y setenta y dos casillas, y la tirada de dados reflejaba el karma de cada uno en acción. Existen innumerables paralelismos europeos equivalentes: el juego irlandés fidchell, por ejemplo, consistía en un tablero de oro con piezas de plata similar a un tablero de ajedrez, y tenía un número impar de casillas, de modo que se creaba una casilla central sobre la que se sentaba el rey, rodeado de sus fuerzas, asaltadas desde los cuatro lados del tablero. No era solo un juego, el fidchell también se consideraba una lección de estrategia y una adivinación del resultado de una batalla[52].

Por lo tanto, bajo la imagen sencilla y rústica de los guerreros que beben y juegan del poema rúnico anglosajón subyace una red de asociaciones potenciales. Las juergas comunales en las salas de hidromiel eran ocasiones festivas vinculadas a la "rueda del año" estacional y a la actividad de los dioses, por lo que la risa y el festín también tenían dimensiones rituales. Aunque es suficiente leer esta runa como un simple símbolo de diversión, risas y fiesta con amigos en un entorno familiar y cómodo, *pertho* también ofrece un comentario sobre la noción de juego sagrado, el principio de que el juego desempeña una función vital dentro de la experiencia terrenal y que lo divino puede revelarse en un espíritu lúdico. Esta idea es fundamental en el paganismo y subyace, como se menciona en la sección "Significado", en festividades como la fiesta, la feria y el carnaval.

Protección: *algiz* (juncia de alce)

Nombres: Gmc *alhiz* o *algiz* (alce); Gótico *algs/ezec*; IA *elux*; OERP *eolhxsecg* (juncia de alce). (*Nota: algiz* no existe en el futhark joven y por lo tanto no está presente en los poemas rúnicos noruego ni islandés).

Sonido: *z* (como en *zeta*)

POEMA RÚNICO ANGLOSAJÓN

La juncia de alce crece en el pantano,
encerándose en el agua, hiriendo sombríamente;
quema la sangre de aquellos
quienes le pondrían las manos encima.

VISUALIZACIÓN

El reflejo de un alce que se inclina para beber está enmarcado en un estanque salpicado de juncia verde.

SIGNIFICADO

Algiz, literalmente "juncia de alce", se considera un símbolo de protección mágica. Un concepto similar se encuentra en el mundo celta, donde el serbal es un símbolo de protección contra influencias no deseadas, tanto físicas como metafísicas. Cuando aparece en posición vertical en una lectura, esta runa te asegura que estás protegido de cualquier posible peligro. Hay muchas encrucijadas en el viaje de la vida en las que se presenta el peligro, pero *algiz* indica que estás bien preparado para enfrentar la tormenta. Poderes invisibles velan por ti. Los enemigos malignos, las catástrofes naturales, las enfermedades, la violencia aleatoria y otras influencias negativas son ejemplos de las posibles amenazas contra las que protege esta runa.

Aunque *algiz* sugiere que estás protegido de cualquier daño, no aconseja complacencia. La mera presencia de esta runa en una lectura no debería hacerte sentir paranoico, pero es una advertencia de algo contra lo que debes estar en guardia. Estar prevenido es estar armado. Examina con cuidado cualquier grieta en la armadura de tu vida que pudiera permitir la entrada del peligro, y así podrás avanzar con confianza.

En el frente sobrenatural, muchas prácticas mágicas, pasadas y presentes, están diseñadas para rodear al practicante y evitarle daños. El símbolo de *algiz* se puede utilizar de tres formas principales: como objeto de afirmación meditativa, como símbolo mágico en la hechicería y como un excelente amuleto cuando se talla en una piedra rúnica y se cuelga del cuello. Armado con un símbolo tan potente, no debes temer ningún daño.

Invertida, esta runa es algo menos halagüeña. Tus defensas están bajas en algún aspecto de la vida y eres vulnerable al peligro o al ataque. Fíjate bien en cualquier posible fuente de amenaza e intenta eliminar cualquier implicación, patrón o hábito que te exponga a sufrir daños. Hay peligros y trampas en la vida para los que debes prepararte; que no te agarren desprevenido.

Palabras clave: protección, defensa, seguridad contra el daño, estar protegido (escudado), protección mágica, uso de talismanes y hierbas protectoras. Invertida: falta de protección, indefensión, vulnerabilidad, peligro, riesgos y trampas.

MITOS Y LEYENDAS

El significado exacto de la palabra *algiz* (en anglosajón *eolhxsecg*) es un verdadero enigma. Parece referirse a una planta (juncia) y/o a un animal (alce). Se cree que la palabra del inglés antiguo *eolhx* deriva de la raíz germánica común *alhiz*, que significa "alce". Por otra parte, la palabra *secg* es el antepasado del inglés moderno "sedge" (juncia), aunque la identidad exacta de la planta de humedal descrita en el poema rúnico es dudosa.

El estudioso de las runas Ralph Elliott cree que significa "algún tipo de juncia o junco, posiblemente incluso el latín *helix*, alguna 'planta retorcida' o 'sauce'"[53]. Una solución es que quizá *algiz* era una planta que a los alces les gustaba ramonear y por eso la juncia pasó a conocerse como juncia de alce. Pero otra reconstrucción de las raíces lingüísticas de *eolhxsecg* sugiere que *eolh* puede descender no de *alhiz* sino de *algix*, una raíz germánica que significa "protección, defensa". *Algix* es, en cualquier caso, muy cercano al nombre germánico de esta runa, *algiz*, y en la adivinación contemporánea estos significados de juncia, alce y protección suelen ir unidos. Así, a pesar de que el poema de la runa describe a *algiz* como una planta nociva, también es una "hierba" mágica, en el sentido más amplio de la palabra, que "quema la sangre" (en otras palabras, arruina o maldice) "de aquellos que pongan sus manos sobre ella" (es decir, cualquiera que interfiera con el lector de runas). Esta asociación con el alce se ve reforzada por la forma del símbolo, que se asemeja a una cornamenta. Las astas y los cuernos son, por supuesto, poderosos símbolos de defensa y protección en el mundo natural.

La magia con plantas

El uso de la magia con plantas, que hoy en día disfruta de un cierto renacimiento, era común en la Antigüedad, y se refleja en el posterior estereotipo medieval de la bruja que recolecta hierbas para usos buenos o malos. Desde entonces, la ciencia ha "descubierto" que muchas plantas medicinales y mágicas empleadas en la brujería tienen propiedades curativas o inoculantes. La base de la magia con plantas es la suposición de que, si una planta produce efectos físicos, también podría funcionar en el ámbito mágico. Esto se basaba también en la creencia de que las plantas son poderosas entidades mágicas, espíritus o numina.

El uso de runas en hechizos mágicos relacionados con el mundo vegetal es un tema común en la literatura nórdica. En *Hávamál*, Odín se jacta de las diversas astucias que ha aprendido gracias a las runas. La sexta bendición que obtuvo es la siguiente:

> *Si alguien quisiera herirme*
> *escribiendo runas en la raíz de un árbol,*
> *el hombre que deseó que yo me afligiera*
> *encontrará el infortunio, no yo*[54].

En *Sigdrífomál* (La Ley de Sigdrífa), la valquiria Sigdrífa instruye al héroe Sigurd en tradición rúnica y le enseña el uso mágico de los símbolos.

> *Con este signo tu cuerno nunca podrá dañarte;*
> *moja un puerro en tu bebida;*
> *así sabré que nunca encontrarás*
> *la muerte mezclada en tu hidromiel*[55].

En ambos casos, se utiliza una planta o materia vegetal en conjunción con una runa: en el primer caso, para maldecir, en el segundo, para alejar la desgracia. La creencia en la magia negra estaba muy arraigada en el mundo nórdico, y muchos sentían la necesidad de inocularse en rituales, por así decirlo, contra amenazas como el maleficio, la maldición, el ojo maléfico y los temidos *draugr* (cadáveres que, como los zombis haitianos, podían ser reanimados por magos malvados para hacer daño a los vivos).

Algiz se sigue leyendo como símbolo de protección en la adivinación contemporánea y se utiliza como tal en la tradición de los trabajos mágicos activos mediante "amuletos rúnicos" o "runas para ataduras". Un amuleto rúnico implica una sola runa inscrita en algún objeto, como un amuleto, mientras que una runa de unión implica varias runas unidas en una forma para crear un hechizo mágico poderoso y vinculante.

El alce

La similitud de los cuernos del alce con el aspecto de este símbolo refuerza el posible vínculo entre ambos. El alce o ciervo era una bestia muy importante para los antiguos pueblos germánicos y nórdicos: como objeto de caza, no solo tenía el valor de su carne y su piel, sino que también era venerado como un animal sagrado. El alce también parece ser el animal tótem de magos y chamanes, como demuestran las diversas figuras de dioses con cuernos encontradas en la antigua Europa, conocidas colectivamente como Cernunnos. De hecho, uno de los títulos de Odín es Elgr, que significa alce, y su equivalente germánico, Woden, era el líder cornamentado de la caza salvaje. La cacería salvaje es un tema antiguo cuyo elemento central es una cabalgata de otro mundo a través de los cielos nocturnos liderada por un dios con cuernos. Para proteger a los ocupantes de las casas por las que pasaban el señor de la caza salvaje y sus sabuesos de otro mundo, se utilizaban diversos tipos de "guardianes" protectores (signos mágicos utilizados para alejar la desgracia). Michael Howard comenta:

> Esta forma rúnica se ha comparado con el antiguo gesto alemán para ahuyentar a los malos espíritus, en el que la persona amenazada levantaba tres aletas con la palma de la mano hacia la fuente del supuesto mal. Este gesto de protección también puede estar relacionado con el signo de los cuernos utilizado en la Edad Media como defensa contra el mal de ojo. Para hacer este signo, se levanta el pulgar y el meñique y se doblan los demás dedos hacia la palma. Se trataba de un signo secreto utilizado con fines de reconocimiento por los seguidores del culto medieval a las brujas, que solían ser adoradores del dios pagano de los cuernos[56].

Aunque los clérigos demonizaron a dioses con cuernos como Herne, Cernunnos, Pan y Woden, no hay nada maligno en ellos en los misterios nórdicos ni en el Paganismo contemporáneo. Algunos pueden ser embaucadores o dioses de los muertos, pero son vistos como representaciones de la divinidad masculina en sus aspectos terrenal y ctónico (del inframundo). Los llamamientos a la protección de los dioses con cuernos, entre los que destaca Odín, armonizan a la perfección con el espíritu de *algiz*.

La fuente: *sowulo* (sol)

Nombres: Gmc *souulo/segilan* (sol); Gótico *sauil/sugil;*
IA *sigi;* PRN y PRI *sol* (sol)

Sonido: *s* (como en *sol*)

Correspondencia: sol

POEMA RÚNICO ANGLOSAJÓN

El sol guía a los marinos
que cruzan el baño de los peces
hasta que el hipocampo los lleva a tierra.

POEMA RÚNICO NORUEGO

El sol es la luz del mundo;
yo me inclino ante su santidad.

POEMA RÚNICO ISLANDÉS

El sol es el escudo del cielo,
y un resplandor luminoso,
y la némesis del hielo.

VISUALIZACIÓN

Un drakkar, con oleadas llenas de viento, navega hacia el orbe
dorado del sol naciente.

SIGNIFICADO

Sowulo representa al sol y es una runa muy positiva. Además de ser el mayor cuerpo celeste del cielo y el centro de nuestro sistema planetario, el sol ha sido venerado en muchas culturas como encarnación de la energía cósmica divina. En términos modernos, podríamos describirlo como la fuente o el yo superior, la chispa de la consciencia divina de la que irradia la luz interior.

La luz del sol es la fuerza que hace que todo crezca y prospere en la tierra, por lo que el sol es un símbolo apropiado del poder espiritual y la iluminación. También representa la fuerza fructífera e incubadora que conduce al crecimiento y la expansión personales. Cuando se está en contacto con la fuente, todos los asuntos se iluminan.

La meditación sobre el sol como símbolo de la fuente es una poderosa ayuda para entrar en contacto con la luz y los poderes vivificantes del cosmos. *Sowulo* es también un símbolo de guía, de caminar en la luz. Se trata de un presagio muy favorable y positivo; es una imagen de plenitud para atesorar en los momentos más oscuros de la búsqueda. El sol "guía a los marinos", en palabras del poema rúnico anglosajón, y esto se refiere al papel de la fuente (o yo superior) en nuestras vidas como estrella y faro.

Al cerrar el ætt de Hagal y situarse en el extremo opuesto del ciclo abierto por los símbolos invernales de *hagalaz*, *naudiz* e *isa*, la runa *sowulo* es considerada quizá la más beneficiosa del futhark antiguo. Es el "rompehielos", la fuerza que rompe los poderes rígidos y estáticos del invierno, tanto del invierno físico como de los inviernos del alma.

Es, por último, un símbolo de la iluminación duradera que en la magia rúnica se considera que tiene la fuerza para desterrar el mal. Al fin y al cabo, este poder se atribuía ampliamente al sol en la mitología nórdica, donde los gigantes de escarcha hostiles y los elfos oscuros se convertían en piedra o perecían bajo sus rayos iluminadores. Del mismo modo, los demonios de la oscuridad y la duda que puedan haberte acosado se marchitan a la luz de un nuevo día.

Palabras clave: la fuente, energía cósmica divina, el yo superior, luz interna, poder espiritual, iluminación, guía, crecimiento y prosperidad, luminosidad, iluminación. (*Nota: sowulo* no es invertible).

MITOS Y LEYENDAS

El tema central de la religión nórdica prehistórica era, sin duda, el culto al sol. El gran orbe resplandeciente era y es la fuente de todo lo que vive y crece. Un motivo dominante en el arte rupestre primitivo es el disco solar con emblemas relacionados: carros, barcos y adoradores suplicantes. Los llamados hombres del disco aparecen en diversas posturas, una de las más comunes es con los brazos (uno o ambos) levantados por encima de la cabeza, mientras que otra imagen muestra hombres disco danzando. Estas figuras de tiempos arcaicos se conservan para nosotros en el acto de celebrar el disco solar sagrado. El cristianismo siempre estigmatizó el culto al sol entre los pueblos paganos como una forma de falsa idolatría, cuando en realidad en el paganismo el sol se veneraba como encarnación física del principio espiritual de luz y energía ilimitadas. Los nórdicos, que vivían en un paisaje gélido azotado por inviernos extremos, tenían motivos especiales para adorar al sol, y existen abundantes pruebas de un culto primitivo al sol y de una veneración perdurable por su poder vivificador. Los grandes festivales solares del año marcaban su progreso a través de la rueda de las cuatro estaciones, las "estaciones del sol", y brindan así un modelo para comprender la naturaleza cíclica de la vida terrenal.

Parece que se ha conservado algún eco lejano del culto al sol en el poema rúnico noruego, con el verso "Yo me inclino ante su santidad". Este verso es, además, uno de los dos únicos casos en los poemas rúnicos en los que aparece un "yo", lo que sugiere un profundo compromiso personal con la gran estrella que ilumina los cielos. En el poema rúnico islandés, *sowulo* es "un resplandor brillante" y "la némesis del hielo", lo que nos recuerda la oposición (y el equilibrio) existente en el pensamiento nórdico entre el fuego y el hielo. El sol, al derretir el hielo en primavera, libera a la tierra de las garras del invierno y da rienda suelta a los aspectos generativos de la fuerza vital encarnada en el suelo para que florezca.

El compañero de la luna

En el gran poema épico *Völuspá*, oímos que poco después de que Midgard (la Tierra Media, nuestro mundo) fuera creado:

> *El sol subió; el compañero de la luna*
> *alzó su diestra sobre el borde del cielo.*
> *El sol no sabía donde se pondrían sus salones,*
> *la luna no sabía cuál sería su poder*[57].

Son Odín y sus hermanos quienes luego fijan el sol y las demás "chispas resplandecientes" en los cielos. Esta historia se desarrolla aún más en la *Edda prosaica*, donde Snorri relata:

...un hombre llamado Mundilfari tiene dos hijos. Tan bellos y hermosos eran, que llamó a su hijo Luna y a su hija Sol, a quienes dio en matrimonio a un hombre llamado Glener, Sol. Pero los dioses se enfurecieron ante esta arrogancia, así que tomaron a este hermano y a su hermana y los instalaron en los cielos, y a Sol se le hizo conducir los caballos del carro del Sol, que los dioses habían hecho para iluminar los cielos con las chispas que volaban de Muspelheim[58].

El lector observará que en el anterior relato el sol es femenino, como lo era en el antiguo Egipto y en las primeras religiones sintoístas. Con el nombre de Álfrothul en el poema *Vafþrúðnismál*, en épocas posteriores los nórdicos le llamaban simplemente Sunna.

El papel fundamental del culto al sol en la Antigüedad, unido al género femenino del sol, nos recuerda que el paganismo nórdico consideraba a la diosa como un símbolo de la fuente divina junto a las divinidades masculinas como Odín y Thor, que triunfaron con el auge de los dioses celestes indoeuropeos, y quizás incluso antes. La iglesia cristiana posterior, también un culto basado en los dioses del cielo, era bastante hostil hacia el culto de los fenómenos naturales como encarnaciones de la divinidad. Vilipendiaban la tendencia a reconocer los aspectos femeninos en la naturaleza y en lo divino, que conducía inevitablemente al culto de las diosas.

El carro y el barco

Una de las imágenes más importantes asociadas al sol era el carro solar , el tema del sol que es arrastrado a través de los cielos por los caballos Arvak (madrugador) y Alsvid (muy veloz). Se cree que el carro representa el vehículo que atrae al sol durante el día. Como el sol está, por así decirlo, en su elemento durante el día, el carro se convierte en un símbolo primario relacionado con Sunna y refuerza la asociación del sol como la "rueda solar" que gira por el cielo. Las grandes celebraciones estacionales marcadas por los solsticios, equinoccios y otros puntos meridianos del sol se convierten en los radios de la rueda. Muchos practicantes de los misterios nórdicos adoptan el calendario solar conocido en el Paganismo contemporáneo como rueda del año (véase la parte 3, "Tirada de runas", para más detalles).

El sol también se muestra a menudo en representaciones tempranas donde lleva un barco, que representa su vehículo por la noche, como ilustra una escena de las famosas piedras de Gotland del siglo V. Estas piedras conservan muchas imágenes de barcos bajo discos giratorios, con remeros, timoneles y, más tarde, velas. En Noruega, la costumbre de quemar barcos en pleno verano perduró hasta la era cristiana. Incluso los versos del poema rúnico anglosajón recuerdan el vínculo entre el sol y el barco, al señalar que el sol es el salvador de los marinos, ya que los conduce a buen puerto. Del mismo modo, la fuente divina interior siempre nos guiará o nos llevará a puerto seguro en nuestro progreso por la vida. En el Paganismo contemporáneo, el sol se considera una manifestación de la fuerza creativa y procreadora suprema, una encarnación brillante de la energía y el poder sagrados.

La hija del sol

Existe, por último, un tema interesante y un tanto misterioso que surge en la *Edda prosaica*, en *Völuspá* y en *Vafþrúðnismál*, que tiene que ver con la hija del sol. Según la tradición profética, el sol sucumbiría un día al gran lobo Fenris, que le persigue por los cielos en los tiempos finales del Ragnarök. Como es fácil imaginar, este sombrío destino supuso la catástrofe definitiva para la mente nórdica, pues señalaba la muerte de la deidad más poderosa del mundo natural. Sin embargo, los versos finales de la mayor parte de la *Edda prosaica*, conocida como "Gylfaginning", nos dicen que no todo está perdido, pues "el Sol ha dado a luz una hija no menos hermosa que ella, y cabalga por los cielos siguiendo el curso de su madre"[59]. *Vōluspá* afirma:

> Al sol   le nació una hija
> Antes de morir   en las fauces de Fenris.
> El camino de su madre   esta doncella cabalgará
> Tras la caída   de los poderosos dioses.

Del mismo modo, en *Vafþrúðnismál*, Odín le dice al gigante del título del poema:

> Álfrothal, la viga elfa,   dará a luz una hermosa hija
> Antes de que Fenris la destroce.   Esta doncella caminará
> Por los caminos de su madre   después de que los dioses
> hayan sido destruidos[60].

Aquí podemos ver la permanente creencia nórdica de que incluso a la mayor de las catástrofes seguirán la regeneración y el comienzo de un nuevo ciclo. La luz podrá extinguirse, pero siempre volverá a manifestarse incluso en la oscuridad más absoluta. Ahí reside otra de las beneficiosas lecciones de *sowulo*.

ÆTT DE TÝR

El guerrero: *Tiwaz* (el dios Týr)

Nombres: Gmc *Teiuaz* o *Tiw*; Gótico *Teiws/Tyz*;
IA *Tiw* o *Tir*; PRN y PRI *Týr*

Sonido: *t* (como en *tuesta*)

Correspondencia: Marte

POEMA RÚNICO ANGLOSAJÓN

*Tiw es un signo que inspira
confianza a los nobles; infalible,
se mantiene fiel a través de las nubes nocturnas.*

POEMA RÚNICO NORUEGO

*Tyr es el æsir de una mano;
a menudo tiene que soplar el herrero.*

POEMA RÚNICO ISLANDÉS

*Tyr es el dios de una sola mano,
y el vástago del lobo
y gobernante del templo.*

VISUALIZACIÓN

El gran dios Tyr se apoya en su espada; detrás de él, un lobo famélico está atado a un tocón de árbol.

SIGNIFICADO

Tiwaz es el nombre de un antiguo dios de la guerra escandinavo y germánico, así que puede que tengas una lucha entre manos. Dibujar la runa *Tiwaz* significa, en general, una oposición a la que hay que enfrentarse sin rodeos y con valentía. Los temas que abarca este símbolo van desde lo personal hasta lo social, legal y político. La situación requiere fuerza de convicción, y puede que incluso la realización de una batalla santificada o una cruzada justa (en contraposición a dedicarse a la pura sangre, la violencia y el conflicto). En este momento es importante cumplir las promesas.

En la mitología nórdica, Tyr (*Tiwaz*) encarna los principios de justicia, valentía, honor y dedicación a una causa superior al yo individual. Al igual que el dios romano Marte, se relaciona con el aspecto guerrero de la psique humana. Aunque en esta era global la guerra y el conflicto solo pueden conducir al desastre, el arquetipo del guerrero sigue teniendo un papel que desempeñar. En el ámbito personal, podemos recurrir a la fuerza del "guerrero interior" para superar las dificultades y la oposición.

Ser un guerrero en este sentido más amplio está relacionado con la disciplina, el coraje, la tenacidad y la acción basada en principios. Vive tu propia verdad en lugar de someterte a la dominación exterior. Sin embargo, como guerrero, también debes utilizar tu fuerza en beneficio de los demás, defender a tus amigos, a tu familia y a tu comunidad, y defender a aquellos que son demasiado débiles para protegerse a sí mismos. En cuanto al planeta, también es imperativo que empecemos a volcar nuestra energía guerrera en la defensa de nuestro frágil mundo, en lugar de guerrear sin cesar con la naturaleza y entre nosotros.

En magia, *Tiwaz* se utiliza para invocar y fortalecernos en asuntos que requieren coraje y valentía. Ya que se identifica con el concepto de justicia inquebrantable y su defensa contra los ataques del exterior, *Tiwaz* se invoca a menudo en cuestiones legales. Como "muestra de fe", el dios al que esta runa es sagrada es el guardián de los juramentos y una estrella guía del comportamiento basado en principios que forma un modelo de acción en el mundo.

Invertida, *Tiwaz* significa batalla inútil o causa perdida. Tal vez te superen en número y en clase y necesites retirarte para preservar tu dignidad y tu integridad, para vivir para luchar otro día; recuerda que perder una escaramuza no significa perder la guerra. Otra posibilidad es que estés perpetuando un conflicto mucho después de su fecha de caducidad: busca una solución y una amnistía en las disputas enconadas. No abuses de la energía guerrera o te verás inmerso en un conflicto. Como dice el viejo refrán: "Vive por la espada, muere por la espada".

Palabras clave: una pelea, oposición, batalla santificada, cruzada justa, justicia, honor, valentía, dedicación, promesas, juramentos de lealtad, el arquetipo del guerrero, el guerrero espiritual. *Invertida*: conflicto inútil o causa perdida, la mala aplicación de la energía guerrera.

MITOS Y LEYENDAS

Tiwaz es el nombre del dios también conocido por los germanos como Tiw, y en inglés antiguo como Tiw o Tir. *Tiwaz* era originalmente el dios supremo de la antigua Europa germánica (una especie de equivalente noreuropeo del dios del cielo griego Zeus o del Jehová hebreo) cuyo reinado se remonta miles de años atrás, a la Europa de los cazadores-recolectores. En líneas generales era un dios de la guerra y, como divinidad del cielo y la tormenta, se asociaba con el terrible retumbar de los truenos y el centelleo de los relámpagos que tanto recuerdan a la batalla. Sin embargo, no era un simple espadachín, sino una deidad valiente y de principios que defendía la justicia, la ciencia de la espada y los juramentos.

La importancia original de Tiw se refleja en la denominación de un día de la semana en su honor: *Tiwesdaeg* (martes), pero la antigua posición del dios como deidad principal del panteón nórdico se vio sacudida por el ascenso de Odín y Thor. Odín, como caudillo y dios de la sabiduría y de los muertos, sustituyó a Tyr como jefe de los cielos, mientras que Thor asumió el papel de hombre fuerte y protector de los dioses.

Tyr, "el de una mano"

Se conservan algunos vestigios del estado original del antiguo tronador en la mitología nórdica; en ella vemos a Tyr que actúa como el más heroico y honorable de los dioses. En un célebre episodio de la *Edda prosaica*, los dioses intentan atar al malévolo lobo Fenris al tentarlo con una prueba de fuerza. Cuando se acercan a Fenris con un grillete mágico en forma de cinta hecha por los elfos oscuros, el lobo se vuelve receloso y exige que uno de los dioses le ponga un brazo en la boca como "muestra de fe". Solo Tyr es lo bastante valiente para cumplir la exigencia, y cuando Fenris se da cuenta de que ha sido engañado y atado, le arranca la mano de un mordisco. A partir de este incidente, Tyr pasó a ser conocido como "el más valiente de los dioses" y "el de una mano".

Este juego de palabras figura en ambos poemas rúnicos escandinavos: el poema rúnico noruego describe a Tyr como "el æsir de una mano", mientras que la línea "a menudo tiene que soplar el herrero" se refiere a los esfuerzos realizados tanto por los dioses como por los elfos oscuros para construir un grillete lo bastante fuerte como para atar a Fenris. Primero los dioses fabrican una cadena llamada Laeding, luego otra llamada Dromi y por último convencen a los elfos oscuros para que fabriquen la cinta mágica o lazo conocido como Gleipnir. Nombrar a Tyr como "los vástagos del lobo" en el poema rúnico islandés es una referencia irónica a la supervivencia del dios a su encuentro con Fenris, mientras que la frase "gobernante del templo" probablemente conserva algún rastro del papel original de Tyr como jefe de los dioses y foco de culto popular.

Invocando a Tyr

Existe un *galdr* (conjuro, hechizo) que se conserva en una famosa escena de Sigdrífomál que invoca a Tyr y, por tanto, a la runa *Tiwaz*. La valquiria Sigdrífa instruye al héroe Sigurd en el arte mágico de los encantamientos rúnicos; canta una serie de versos, y el primero de su lista es el siguiente hechizo:

> *Las runas de la guerra saben   si grande quieres ser*
> *Tállalas en la empuñadura de la espada endurecida,*
> *Algunas en el lomo de la marca,   otras en la brillante hoja*
> *dos veces el nombre de Tyr en ella.*

La "carga" o consagración de armas y otros objetos en la magia antigua implicaba tanto la recitación de *galdr* como el tallado de runas, como muestran las fuentes éddicas. ¿Qué símbolo podría ser más apropiado que *Tiwaz* para dar poder a una espada? Como se ha mencionado, esta runa se sigue utilizando hoy en día en hechizos relacionados con la ley y la justicia.

La constelación de Tyr

En el poema rúnico anglosajón, Tyr se describe como "un signo" (IA *sum*: muestra, signo) "que inspira confianza". Esto hace referencia a varios temas a la vez. Está relacionado con el ya mencionado uso mágico de *Tiwaz* en las runas de atadura para cargar una espada y, por tanto, reforzar la confianza en esta. La muestra de fe que Tyr ofrece a Fenris y el papel general del dios en los antiguos rituales de juramento también hacen de Tyr un signo de confianza. Pero es probable que Tyr estuviera representado en otro tiempo por una estrella o constelación, como da a entender la última línea del poema rúnico anglosajón: "Se mantiene fiel a través de las nubes nocturnas". Así pues, el "signo" del poema rúnico tiene un aspecto estelar.

Se han propuesto varias estrellas posibles: en primer lugar, la correspondencia del poema rúnico islandés para Tyr se da como Marte, y corresponden apropiadamente al planeta ardiente del dios de la guerra romano. Otra posibilidad es el "clavo del Norte", Polaris (la estrella polar), una ayuda para la navegación siempre visible sobre el horizonte en el hemisferio norte, que también fue la base de un inmenso culto popular. Por último, está la formación en forma de flecha compuesta por Aldebarán (de Tauro), las estrellas gemelas de Betelgeuse y Rigel (de Orión), y Sirio (del Can Mayor).

La agrupación de Aldebarán forma una flecha similar a la forma del símbolo de *Tiwaz*. Como comentan Marijane Osborn y Stella Longland: "Aldebarán es el ojo del toro en Tauro, el toro; el nombre danés antiguo para toro es *tir*. En persa antiguo el nombre de Sirio es Tir, que en esa lengua significa 'una flecha'. Tir, la flecha, da en el blanco ('el ojo del toro'). No es posible explicar esta coincidencia entre lenguas y culturas tan distantes (aunque ambas eran sociedades marinas que navegaban por las estrellas), pero refuerza en gran medida cualquier deseo de identificar Sirio con Tyr"[61].

Cualquiera de estas posibilidades sea correcta, la "señal" a la que se refiere el poema rúnico anglosajón implica el papel de la estrella o constelación de Tyr en los cielos, ya sea como estrella de alojamiento, guía de navegación o signo del Zodíaco. De aquí se desprende el tema de *Tiwaz* como faro espiritual infalible y guía en nuestra búsqueda.

Dar a luz: *berkana* (abedul)

Nombres: Gmc *berkana* (abedul); Gótico *bercna/bern*;
IA *berg* o *beorc*; PRN y PRI *bjarkan* (abedul)

Sonido: *b* (como en *abedul*)

Correspondencia: abeto

POEMA RÚNICO ANGLOSAJÓN

El abedul, aunque infructuoso
echa innumerables brotes;
ramas frondosas, en su alta copa,
alcanzan el cielo.

POEMA RÚNICO NORUEGO

El abedul tiene las ramas de hojas más verdes;
Loki trajo la suerte del engaño.

POEMA RÚNICO ISLANDÉS

El abedul es una frondosa rama
y un pequeño árbol
y un bosque juvenil.

VISUALIZACIÓN

Un ágil abedul blanco se extiende hacia el cielo, con la figura de una diosa visible en su tronco, con los brazos en alto.

SIGNIFICADO

Berkana es una runa de purificación, fertilidad y nacimiento, cualidades simbólicas asociadas al abedul en la tradición nórdica. Dibujar este símbolo no siempre augura el nacimiento de un hijo, aunque junto con la runa *Inguz* (ascendencia), en cuestiones relacionadas con el embarazo y la fertilidad, las probabilidades son mayores. Más a menudo se relaciona con el inicio de una nueva etapa, relación o proyecto.

En posición vertical, por supuesto, *berkana* puede ser un presagio poderoso y positivo para el parto. Es una "runa de nacimiento" que se utilizaba para aliviar los dolores del parto y era sagrada para las comadronas. Subyace a estas asociaciones la imagen de la diosa del abedul (conocida como Bercha o Berta), un aspecto de la madre tierra, es decir, la gran diosa en persona. Estás a salvo en sus manos.

Este es también un momento favorable para iniciar nuevos comienzos. Sé "fructífero" (es decir, creativo y productivo) en todos los asuntos, ve más allá de tus límites para abarcar nuevas posibilidades. Sin embargo, inicia este nuevo crecimiento con el mismo cuidado que ocuparías para cuidar de un árbol. Es importante que antes de cualquier nuevo comienzo importante hayas expulsado de verdad lo viejo: en los mundos nórdico y celta, las varitas de abedul se utilizaban como herramientas de purificación ritual; la flagelación con estas ramas tenía por objeto liberar el espíritu de lo viejo y prepararse así para lo nuevo.

Como dice el refrán, todo final es un nuevo comienzo: elimina la madera muerta para ver los nuevos brotes que crecen a tu alrededor, cuídalos y nútrelos hasta la plenitud y darán fruto. En lo espiritual, *berkana* augura el renacimiento tras la destrucción. Desde el punto de vista cultural y ecológico, se relaciona con la regeneración; participa en los procesos de renovación.

En la magia rúnica actual, *berkana* también se utiliza para bendecir cualquier nueva empresa. El símbolo *beorc* se puede tallar en el aire con la mano mientras se visualiza el éxito en el asunto en cuestión, o se puede tallar en un objeto físico relacionado con un proyecto específico. La intención es lo que cuenta.

Invertida, *berkana* indica dificultades para iniciar nuevos proyectos. Sugiere que tal vez no sea el momento adecuado para poner en marcha una iniciativa: o bien las condiciones son hostiles para lo que deseas hacer, o hay problemas inherentes a tus planes. Para las parejas preocupadas por la reproducción, puede haber retrasos o dificultades. Busca el asesoramiento adecuado.

Palabras clave: nacimiento, nuevos comienzos, nuevos proyectos, fertilidad, reproducción, embarazo, purificación, sacar lo viejo. *Invertida*: comienzos difíciles, planes abortados, preocupaciones con asuntos reproductivos.

MITOS Y LEYENDAS

Es probable que la descripción del árbol en el poema rúnico anglosajón se refiera en realidad al álamo cano, ya que este era común en Gran Bretaña y podría haberse confundido con el abedul. Pero los atributos de *berkana* en la adivinación contemporánea se refieren únicamente al abedul, cuyo simbolismo se remonta a la antigua tradición arbórea euroasiática. El estudioso de las runas Ralph Elliott escribe:

Berkana... literalmente "ramita de abedul", sin duda está relacionada con los cultos a la fertilidad, simbolizando el despertar de la naturaleza inspirado en la primavera y el nacimiento de una nueva vida en general. En muchas partes de Europa, el abedul ha desempeñado durante mucho tiempo un papel en las creencias y costumbres populares que se remontan más allá del cristianismo. Para promover la fecundidad en hombres y bestias, se colocaban plantones de abedul en casas y establos, y se golpeaba a los jóvenes con ramitas de abedul. En Inglaterra existía la antigua costumbre de Cheshire de colocar una ramita de abedul sobre la puerta de la novia en la festividad de los mayos. Estas tradiciones subrayan el simbolismo del abedul y ayudan a explicar su elección como nombre rúnico[62].

Por lo tanto, parece seguro que en la época pagana el abedul desempeñaba un papel clave en los ritos de fertilidad. Por una parte, podía considerarse femenino, como manifestación de la fertilidad de la gran madre y, por otro, como "poste fálico", o símbolo masculino. Esto se ve reforzado por el hecho de que el hongo matamoscas (*Amanita muscaria*) crece a menudo entre las raíces del abedul plateado, y este "hongo sagrado" era visto como representación de la unión de los órganos sexuales masculinos y femeninos.

Magia de la fertilidad

La colocación de una ramita de abedul sobre la puerta de la novia en la festividad de los mayos que menciona Elliott es un eco evidente de la magia del símbolo relacionada con los ritos estacionales. La idea de un árbol, una vara o un poste como símbolo de fertilidad es muy antigua y pervive en la Escandinavia rural con las celebraciones del palo de mayo, que a menudo giran en torno a un poste de madera de abedul.

El palo de mayo consagra, en su forma inocente, la unión del hombre y la mujer: el palo es el falo y el aro de flores en guirnalda es la vulva que abraza. Tales ritos estaban concebidos para armonizar con las fuerzas fertilizadoras de la naturaleza, tanto para traer la fecundidad al individuo participante como, por magia simpática, transferirla a los campos. Como dice Michael Howard: "...en algunas ceremonias paganas, el altar era el cuerpo desnudo de la sacerdotisa. En estos rituales, la sacerdotisa solía tumbarse en un lecho improvisado de ramas de abedul y flores silvestres"[63]. En la magia ritual, la unión sexual de sacerdote y sacerdotisa se celebra como el "gran rito", un acto simbólico que une todos los opuestos y libera un increíble torrente de energía vital.

Purificación ritual

La fertilidad es algo que asociamos más que todo con la reproducción, pero en el mundo antiguo tenía un significado mucho más amplio. En las culturas que celebraban a la naturaleza y sus ciclos, la fertilidad significaba fecundidad en varios planos. Pensemos en la palabra concebir: se refiere tanto a la concepción como a la gestación de una idea en la imaginación. La práctica descrita de golpear a los jóvenes con ramitas de abedul está relacionada con una antigua costumbre de flagelación ritual, en la que se utilizaban varitas de abedul con fines de purificación. La purificación ritual representa la limpieza o expulsión de lo viejo, y abre así un espacio para lo nuevo. La costumbre celta y anglosajona de purificarse con ramitas de abedul tenía paralelismos en el mundo clásico con la carnavalesca Saturnalia romana: en esta celebración desenfrenada, los jóvenes perseguían a la gente por las calles, y los golpeaban con látigos llamados *februa* en un acto de limpieza ritual.

El uso de látigos de abedul en los ritos paganos se refleja en la posterior costumbre de aplicar castigos corporales, empleada hasta hace muy poco, en la que los criminales eran azotados con ramas de abedul para librarlos de sus tendencias a hacer el mal.

Runas de ayuda

Después de la limpieza viene la renovación o el renacimiento. El nacimiento es, por supuesto, el símbolo más evidente de la aparición de lo nuevo. En *Sigdrífomál* aprendemos una interesante aplicación de una runa de nacimiento para ayudar a una mujer en las etapas finales del parto:

Runas de ayuda debes reunir,   si quieres ganar habilidad
Para alejar a la madre del hijo que llora.
las cortarás en el hueco de la mano, envueltas por el puño
Pide de la gente buena ayuda beneficiosa[64].

Pero *berkana* no solo significa nacimiento en sentido literal, sino también el tema más amplio de lo nuevo que brota de la tierra o del vientre de lo viejo. Bercha, la diosa del abedul, es una encarnación de esta energía generativa y, como tal, representa un aspecto de la diosa de la tierra, un aspecto fértil de la gran diosa de la Antigüedad.

Se ha observado que cuando el símbolo adopta una forma redondeada en lugar de angular, como en la antigua variante anglosajona de la escritura, se asemeja a un par de senos, un símbolo común de la gran madre en la Antigüedad.

Los hijos de Loki

Puede parecer extraño que Loki aparezca en el verso del poema rúnico noruego de este símbolo, alabado nada menos que por haber "traído la suerte del engaño". Después de todo, Loki es una figura embaucadora del mito nórdico cuyas payasadas, aunque humorísticas, al final resultan no ser cosa de risa. Es el enlace de Loki con una giganta de escarcha lo que crea a sus tres malvados hijos: Fenris el lobo, Jörmungander la serpiente y la bruja llamada Hel, que acabarán abrumando al mundo y casi destruyéndolo. Su acto más traicionero es matar al hermoso dios Balder, una divinidad de la luz muy querida entre los dioses que simboliza los poderes de la tradición rúnica, la medicina herbal y la presciencia. Este terrible acto señala el comienzo del Ragnarök, el apocalipsis en el que la mayoría de los dioses, incluidos Odín y Thor, están condenados a morir. Entonces, ¿qué tiene que ver Loki con el abedul de hojas verdes?

De hecho, el propio Loki nació de la destrucción del mundo verde. En la *Edda prosaica*, su madre se llama Laufey, que significa "isla de los árboles", y dio a luz a Loki tras ser alcanzada por una de las flechas de fuego lanzadas por el padre de este, el gigante Fárbauti. He aquí un comentario sobre el retorno de la vida a los bosques tras los incendios forestales y sobre el tema del renacimiento. Además, por muy destructivo que parezca Loki, debemos buscar su función más profunda en los mitos. Su humor socarrón y sus maneras provocativas subyacen a una característica clásica del embaucador: su función como dios de la sexualidad e incluso de la fertilidad. En todas las mitologías del mundo, la figura del embaucador se representa a menudo blandiendo un enorme falo, y esta exageración de los órganos sexuales se pone de manifiesto en la mitología nórdica en un cuento de la *Edda prosaica* en el que Loki ata un extremo de una honda a la barba de una cabra y el otro a sus testículos, y hace cabriolas para divertir a una giganta. De hecho, los numerosos hijos de Loki (tanto siniestros como hermosos) ilustran una de sus principales características: la reproducción prolífica.

En otro relato de la *Edda prosaica*, Loki se transforma en yegua, seduce a un potro y da a luz al corcel de ocho patas Sleipnir, el caballo de Odín. Este mito sugiere que Loki es bisexual o incluso hermafrodita por naturaleza, como el propio poste de abedul con sus asociaciones fálicas y vúlvicas. Por lo tanto, Loki pudiera representar la astuta e impredecible fuerza de la fertilidad. Y aunque resulta ser un maligno enemigo de los dioses, sin sus traicioneras acciones el férreo orden de los nueve mundos nunca se vería sacudido, los viejos dioses nunca podrían morir y otros nuevos nunca ocuparían su lugar. Loki pudiera parecer una partera maligna, pero al final anuncia un nuevo nacimiento.

Movimiento: *ehwaz* (caballo)

Nombres: Gmc *exuaz* (caballo); Gótico *egeis/eyz*; IA *eh*; Gótico *eyz*. (*Nota:* **eh** no existe en el futhark joven y por lo tanto no está presente en los poemas rúnicos noruego ni islandés).

Sonido: *e* (como en *equidad*)

POEMA RÚNICO ANGLOSAJÓN

El caballo trae alegría;
orgulloso sobre sus cascos,
alabado por los héroes, es
un consuelo para el inquieto.

VISUALIZACIÓN

Un caballo blanco galopa sobre la arena, su crin ondea como la espuma del mar al viento.

SIGNIFICADO

Ehwaz significa literalmente caballo. Simboliza movimiento, movilidad y, tal vez, un cambio de lugar. Tu "caballo" representa cualquier "vehículo" que te permita desplazarte de un lugar a otro. Así pues, tus habilidades, vocación, profesión o estrella guía te han proporcionado los medios para realizar un movimiento hacia donde necesitas estar. Disfruta de tu movilidad. Puede que haya llegado el momento de cambiar de lugar de residencia, de asentamiento o incluso de país.

Aunque la runa *ehwaz* puede traducirse como la necesidad de moverse, su naturaleza mercurial también puede corresponder a la pura inquietud del espíritu que provoca el viaje en primer lugar. Los caballos son criaturas magníficas, que no descansan y no se dejan domar con facilidad. Del mismo modo, puede que lleves los viajes en la sangre; por lo tanto, esta runa puede augurar un viajero o alguien cuya rutina implique viajes periódicos.

Otro aspecto de *ehwaz* es el del trabajo en tándem, simbolizado por la imagen del caballo y el jinete. Una interrelación dinámica de opuestos da como resultado un movimiento fluido y un avance hacia delante. Las asociaciones en lo personal y empresarial servirán, cuando sean exitosas, para acercar los objetivos de ambas partes. Fomenta este apoyo mutuo cuando proceda.

Por último, *ehwaz* puede relacionarse a veces con cuestiones de fronteras, de dónde y cómo se trazan. En zonas poco pobladas del mundo antiguo, el patrimonio de una persona se medía por la extensión de terreno que podía recorrer a caballo en un día. En los casos en los que estés centrado y asentado en ti mismo y en tu morada, este símbolo podría representar tener que establecer límites para proteger tu "territorio" personal o profesional de la explotación. Sé claro a la hora de fijar tus límites.

Invertida, *ehwaz* indica que puedes estar estancado en un lugar y sentir los efectos en tu espíritu. El estancamiento se produce cuando no seguimos el flujo creativo en nuestras vidas y nos movemos hacia nuevos terrenos cuando es apropiado. Los caballos no reaccionan bien a la brida y, del mismo modo, puede que te moleste que te obliguen a atarte a un lugar. Las relaciones de pareja pueden ser restrictivas o puede que los demás no respeten tus límites. ¡Haz valer tu libertad!

Palabras clave: movilidad, viajar, cambio de lugar, viajes puntuales o periódicos, asociaciones, trabajo en tándem, fronteras (límites). *Invertida:* estancamiento, la brida y el freno, estar atrapado, disputas sobre límites.

MITOS Y LEYENDAS

Los caballos son criaturas hermosas, admiradas desde hace mucho tiempo por su rapidez y su gracia inquieta. Su uso por el hombre supuso una revolución en el mundo antiguo, al ampliar la gama, el alcance y la naturaleza de la actividad humana. Se cree que los caballos fueron domesticados por primera vez alrededor del año 1800 a. e. c. en las estepas asiáticas y, por supuesto, la mayor consecuencia de esta hazaña fue que los seres humanos adquirieron una movilidad terrestre sin precedentes.

El caballo fue también uno de los animales de culto más importantes del paganismo nórdico, pues se asociaba con las órbitas del sol y la luna y funcionaba como tótem de los dioses de la tierra y la fertilidad conocidos como los vanir. Las Eddas se refieren a dos caballos que tiran del carro del sol, Arvak (madrugador) y Alsvid (muy veloz). Se habla de dos carros que representan la noche y el día, el primero tirado por Skinfaxi (Crin Brillante) y el segundo por Hrímfaxi (Crin de Escarcha). Pero el caballo más célebre de los mitos nórdicos es el corcel de ocho patas de Odín, Sleipnir, cuyos orígenes se describen a continuación.

Las representaciones de caballos, las formas de caballos y jinetes y las figuras como Sleipnir en particular son comunes en la iconografía de las antiguas piedras pictoriales. Por ejemplo, una de las piedras de Gotland del periodo de migración (siglos III a VI e. c.) representa con claridad un caballo de ocho patas cuyas cuatro centrales se entrelazan en un nudo de estilo celta. Se ha especulado que las ocho patas de Sleipnir representan la *sizigia* (unión divina) de un semental y una yegua en un solo animal. Algunos comentaristas relacionan este símbolo con la gemelidad sagrada. Para información relacionada, véase el símbolo *raido* que representa cabalgar.

El establo de Sleipnir

La *Edda prosaica* cuenta una historia deliciosa y un tanto salaz sobre cómo fue engendrado el corcel de Odín, Sleipnir. Asgard está construida, pero los dioses aún no han conseguido asegurar sus fronteras frente a las incursiones de los amotinados gigantes de hielo y roca. Un día, un constructor llega a sus puertas y hace un trato con los dioses a cambio de sus servicios: está dispuesto a construir un maravilloso muro alrededor de Asgard. Si se completa en un solo invierno, ganará como suya a la diosa Freya, así como el sol y la luna. Ante la insistencia de Loki, los dioses, en contra de su buen juicio, permiten al gigante disfrazado utilizar a su caballo, Svadilfari, como ayudante. Esto resulta ser su perdición, ya que juntos el gigante y su semental hacen un progreso alarmante, y parece como si hubiera que renunciar a Freya y el sol y la luna.

Indignados, los dioses ordenan a Loki que evite la crisis y los libre de las consecuencias de su juramento. Fiel a su naturaleza de embaucador, Loki se escapa y adopta la forma de una hermosa yegua y se pasea con la intención de seducir al corcel Svadilfari, distrayéndole de su tarea. Loki se adentra en el bosque perseguido por el semental, y el malhumorado constructor, al darse cuenta de que ha sido engañado, vuelve a su forma original, la de un gigante de roca que amenaza Asgard. Por suerte, Thor regresa en ese momento de una incursión en el este contra los troles y parte en dos la cabeza del gigante. Mientras tanto, Loki ha concebido un potro de Svadilfari. Una vez nacido, este potro se convierte en el corcel relámpago de Odín, Sleipnir.

Magia vanir

Como animal de culto, el caballo desempeñaba un papel importante en los ritos de sacrificio, las ceremonias sagradas de la realeza y la magia terrestre. Los caballos solían sacrificarse junto con jabalíes y otros animales con cuernos en honor de los dioses de la fertilidad. Esta asociación con los vanir, centrados en la tierra, continuó durante mucho tiempo: hasta la época cristiana, hubo relatos de carne de caballo cargada con magia que se comía como un tipo de sacramento y también de penes de caballo que se conservaban y veneraban, todo ello para horror de los clérigos. Los relatos fragmentarios de ceremonias de coronación sugieren, además, un ritual en el que el "rey" o jefe tribal se apareaba con una yegua blanca (que simbolizaba la tierra) como parte de su matrimonio sagrado con las deidades de la tierra, de las que los retozos de Loki pudieran ser una especie de parodia.

Un ejemplo de brujería maléfica descrito en la *Saga de Egil Skallagrímson*, que puede haber sido una práctica cultural muy extendida, subraya aún más la conexión entre el caballo y la tierra y los espíritus de la tierra: el rey Erik Hacha Sangrienta rompe una corte sagrada islandesa, con lo que se arroga el papel de usurpador y provoca la ira de Egil. Entonces, el héroe talla runas y coloca una cabeza de caballo en un poste "como hechizo para que caiga una maldición sobre el rey y su esposa". A continuación, entona un *galdr* (conjuro, hechizo) que invoca a Odín, Frey y Njörd y "exige que los espíritus de la tierra expulsen al rey de su reino"[65]. Está claro que la cabeza del animal se utiliza aquí como marcador de fronteras en una maldición ritual relacionada con la soberanía de la tierra. Esta conexión con los espíritus de la tierra y los marcadores de fronteras nos devuelve al significado primario del símbolo en la adivinación temporal, en la que suele augurar viajes, un cambio de lugar (ambos procesos de traspaso de fronteras) o a veces, el traspaso de las propias fronteras. No hace falta decir que los ritos antes descritos no se practican en los misterios nórdicos en la actualidad.

Humanidad: *mannaz* (hombre)

Nombres: Gmc *mannaz* (hombre); Gótico *mannaz/manna*;
IA *man*; PRN y PRI *mathr* (hombre)

Sonido: *m* (como en *mano*)

Correspondencia: hombre

POEMA RÚNICO ANGLOSAJÓN

*Nos alegramos mutuamente
pero un día debemos despedirnos,
pues los dioses asignarán
nuestros frágiles cuerpos a la tierra.*

POEMA RÚNICO NORUEGO

*El hombre es el encerado del polvo;
poderosa es la envergadura de la garra del halcón.*

POEMA RÚNICO ISLANDÉS

*El hombre es la alegría del hombre
y el aumento de polvo
y el adornador de barcos.*

VISUALIZACIÓN

Un hombre y una mujer frente a frente, que se toman uno al otro
de la cintura.

SIGNIFICADO

Mannaz se traduce como "hombre" o "humanidad". En la visión rúnica del mundo, la humanidad es parte integrante del diseño cósmico. Hemos sido dotados de talentos, habilidades y poderes para ayudarnos en el viaje de la vida, y esas facultades también están ahí para ayudarnos en la búsqueda de la felicidad y la alegría. A través del autodesarrollo podemos beneficiarnos a nosotros mismos y convertirnos en recipientes más aptos para recibir la inspiración de los reinos divinos.

Al igual que en la cultura nativo-americana, el pensamiento nórdico ve un camino del destino (*wyrd*) único para cada individuo dentro de la red más amplia (*ørlog*). Profundizar en ti mismo te lleva a descubrir el camino superior que existe para ti en esta vida. Es un buen momento para ampliar tus habilidades e involucrarte: tanto si tus dones residen en las manos, mente, cuerpo, imaginación, voz o espíritu, refínalos y trabájalos como un músico que practica un instrumento. Liberar tu potencial creativo también comenzará a invocar recompensas del mundo exterior en este momento.

Esta runa lleva el nombre de Mannaz, un dios ancestral que era conocido (de forma un tanto machista) como "el padre del pueblo teutón". *Mannaz* es un símbolo que también se relaciona a veces con el dios Heimdal, "padre de los hombres", y debe entenderse como el símbolo de toda la humanidad: de la suerte y posición de la humanidad dentro de los nueve mundos, de la condición humana y del potencial humano. En consecuencia, encarna el impulso ascendente de la evolución humana.

También significa la caridad de los seres humanos entre sí. En ocasiones, esta runa puede tener que ver con una relación amorosa, de pareja o de amistad. Valora a los que te rodean. Como runa de la humanidad, *mannaz* también presenta el desafío de extender el amor a otras personas y planos del ser. La existencia de la familia, los amigos y la comunidad es crucial para tu felicidad. Nuestra mortalidad compartida debería estimularnos a desarrollar la paciencia y compasión. En el nivel más elevado, esto implica la evolución de una consciencia en verdad planetaria.

Invertida, *mannaz* puede significar que tus talentos están latentes, dormidos. Aprovecha las oportunidades que se te presenten mientras puedas. Otra posibilidad es que sufras de falta de humanidad (interna o externa), misantropía u odio; concéntrate en las virtudes de los que te rodean y huye de lo negativo. En el peor de los casos, *mannaz* invertida puede referirse a la mortalidad, al triste rito de la despedida. Procesa tu dolor como solo tú puedes hacerlo, pero no ignores que la vida sigue su curso a tu alrededor.

Palabras clave: dones de la humanidad, talentos, capacidad y poder; potencial y empoderamiento humano; inspiración, creatividad, compasión, amor. *Invertida*: talentos latentes, misantropía, odio, despedidas.

MITOS Y LEYENDAS

En la mitología nórdica, el reino humano, Midgard (Tierra Media), es el centro de los nueve mundos. Innumerables relatos y sagas subrayan la belleza y el placer de Midgard. En el célebre relato de la creación que se encuentra en *Vōluspá* leemos cómo "la hermosa morada de los hombres" surgió del vacío primordial. Tras su creación, "los hijos de Borr" (Odín y sus hermanos) se dispusieron a crear los dos primeros seres humanos, a partir de una pareja de árboles llamados Ask y Embla. Esto sugiere un parentesco esencial entre los seres humanos y otros estratos de la creación, especialmente los habitantes del mundo verde.

A continuación, los dioses superiores dotan a la humanidad de sus características primarias:

> Aliento no tenían,   ni sangre ni sentidos,
> Ni lenguaje poseían   ni color vital:
> Odín les dio aliento,   Hœnir sentidos,
> Sangre y color vital   Lóðurr les dio[66].

Así, imbuidos de los ingredientes esenciales de la vida: aliento, sangre y sentidos comienza la historia humana, el relato de la ocupación de Midgard por la humanidad.

En *Rigsðula* (La canción de Rig), que puede reflejar antiguas creencias sobre la fertilidad y prácticas mágicas, encontramos más detalles sobre el desarrollo de la humanidad. Nos hablan de tres parejas humanas que reciben la visita del dios divino Heimdal, guardián del puente Bifröst, que une los dominios de los dioses y los hombres. Heimdal comparte su lecho y les concede la bendición de tener descendencia. Aunque el relato tiene una función socializadora un tanto siniestra (explica cómo surgieron las tres clases sociales bien estratificadas), también revela que, en el mito nórdico, como en muchas mitologías tribales, los seres humanos se consideraban descendientes de los dioses, resultado de un mestizaje entre los planos natural y sobrenatural de la existencia.

Parentesco

Las sociedades germánicas, nórdicas y anglosajonas valoraban los lazos de parentesco y los vínculos de comunidad casi por encima de todo lo demás. Como dice el poema rúnico islandés: "*Mathr er manns gaman*" (El hombre es la alegría del hombre). Los nórdicos creían que fuera de los lazos de la comunidad solo había miseria y derrota. Como advierte Odín en *Hávamál* (Dichos del Altísimo):

> *El pino se marchita   en un lugar abierto*
> *ni la corteza ni las agujas lo salvan.*
> *¿Cómo vivirá un hombre   odiado por todos*
> *por largo tiempo?*[67]

Este tema también se explora en las runas *fehu* y *gebo*, pero aquí podemos observar que los lazos sociales no eran un mero contrato emocional y social, sino legal. Como escribe la estudiosa de las runas Maureen Halsall: "Los lazos de parentesco germánicos eran inviolables, lo que convertía a toda la familia extensa en una especie de unidad psicológica. La traición a los parientes era un crimen impensable, para el que los códigos legales germánicos no preveían recompensa alguna"[68].

En la adivinación contemporánea, por supuesto, el valor de la comunidad se extiende más allá del mero clan o grupo popular para abarcar a toda la humanidad. La humanidad, en el sentido de nuestra capacidad de ser a la vez humanos y humanitarios, es la lección de este símbolo.

La suerte de la humanidad

El verso del poema rúnico anglosajón de este símbolo hace hincapié en la mortalidad humana, al detenerse en la tragedia de la partida y en los fríos recovecos de nuestra tumba común, la tierra. Los poemas escandinavos utilizan el polvo como símbolo de la materia de la que procede la humanidad y a la que regresa, y en el poema rúnico noruego "poderosa es la envergadura de la garra del halcón" sugiere que tal vez algún ave con aspecto de valkiria reclama la diminuta vida humana con sus garras. El verso islandés que describe al hombre como "el adornador de barcos" es ambiguo. ¿Se refiere a los orgullosos marinos al timón o a un cadáver en un barco funerario en llamas?

Sin embargo, esta es, en realidad, una runa de potencial humano, no de muerte. Aunque todos los seres vivos y los propios dioses superiores están condenados a morir en el Ragnarök, según *Völuspá* la tierra resurgirá un día, "los campos estériles volverán a dar", y dos seres humanos simbólicos, amantes arquetípicos llamados Líf y Lifthraser (probablemente derivado de la raíz *lif*, que significa "vida"), sobreviven a la purgación. En la *Edda prosaica* se dice que encuentran refugio en el tronco del árbol del mundo, Yggdrasil, durante la destrucción y luego resurgen para volver a poblar Midgard. Entonces comenzará una era de paz, con el brillante dios Balder, campeón de la medicina herbal y la tradición rúnica, sentado en el trono de Asgard. Así, una vez más, se demuestra que el destino de la humanidad está ligado al mundo verde del que surgimos: solo a través de la unión con el árbol del mundo podemos esperar sobrevivir, y fuera de su corteza solo hay ruina. Y en esta unión con la creación reside la esperanza, porque en la Tierra Media, como en todos los demás reinos sostenidos por Yggdrasil, a la muerte siempre le sigue el renacimiento.

El inconsciente: *laguz* (agua)

Nombres: Gmc *laguz* (agua); Gótico *lagus/laaz*; IA *lago*; PRN
y PRI *logr* (agua); raíz común del inglés moderno "lagoon"
(laguna)

Sonido: *l* (como en *l*ago)

Correspondencia: lago

POEMA RÚNICO ANGLOSAJÓN

El agua parece interminable para la gente de tierra
cuando zarpan en un barco agitado;
las enormes olas les abruman
y el hipocampo no hace caso de la brida.

POEMA RÚNICO NORUEGO

El agua cae libre de la montaña;
las baratijas de oro son muy apreciadas.

POEMA RÚNICO ISLANDÉS

El agua brota del manantial
y el gran géiser
y la tierra de los peces.

VISUALIZACIÓN

Las velas de un drakkar se elevan sobre un mar agitado bajo la
luna llena.

SIGNIFICADO◉

Laguz representa el agua (el mar, una cascada o un lago) y puede significar un viaje por agua. Los viajes por agua, sobre todo las infames misiones de asalto en drakkars, eran un rasgo clásico de la vida vikinga. Este significado puede seguir vigente y, si esta runa viene acompañada de *raido* o *ehwaz*, a menudo señala un viaje y quizá un viaje literalmente a ultramar.

Sin embargo, a un nivel más profundo, el agua está vinculada al reino lunar de la emoción, la sensibilidad, el sentimiento y el flujo. Estas fuerzas fluidas son las verdaderas "aguas de la vida", y el viaje más profundo que significa esta runa es hacia el interior, hacia las profundidades del ser. Así, *laguz* se asocia más a menudo con el proceso de descubrir los manantiales ocultos de nuestra vida interior.

En términos esotéricos, el verdadero viaje es el del autodescubrimiento que nos lleva al reino primordial, las "aguas agitadas" de las profundidades de la psique. Sus habitantes mitológicos, incluidos los monstruos y demonios de las profundidades acuáticas, se convierten en los impulsos, deseos, compulsiones y complejos que el lector de runas trata de identificar y comprender.

En cualquier caso, las aguas de la vida brotan de tu interior y te llevan con ellas en su curso. Ahora es el momento de atravesar con miedo los rápidos emocionales, las cascadas, los arroyos cálidos, los témpanos de hielo y las profundas mareas; mantén el rumbo. Puede que a veces te sientas fuera de control y a merced de la corriente; en esos momentos, es mejor no resistirse a la marea, ya que luchar contra una fuerza superior a la mente consciente solo conduce al agotamiento.

Invertida, *laguz* significa bloqueos o peligros en el viaje. En cuanto al viaje físico, es una época difícil, en la que nada parece fluir en la dirección correcta. El viaje interior también puede estar plagado de dificultades. Cuidado con las fuerzas titánicas del inconsciente. Algunas piedras es mejor dejarlas sin remover, al menos hasta el momento oportuno. Deja que las emociones se expresen con libertad, pero no te regodees. Cuando sientas que no tocas fondo, busca tierra firme lo antes posible.

Palabras clave: viaje por agua, viaje al extranjero, viaje interior, profundidades del ser, visión metafísica. *Invertida*: bloqueos, riesgos, fuerzas titánicas, el peligro del inconsciente.

MITOS Y LEYENDAS

En los estratos más antiguos de la mitología germánica, el agua figura a la vez como fuente de vida y como fuerza mortífera que nos conduce a las puertas del inframundo. Como elixir vital, el agua se manifiesta en manantiales, pozos y ríos sagrados. El culto a los pozos era común entre los nórdicos, al igual que entre los celtas, y constituye un bello homenaje a las aguas de la vida. A menudo se arrojaban objetos ornamentados, incluso piezas de oro, a un pantano, lago o pozo como ofrenda a las deidades. La idea es que devolvemos a los dioses una parte de los bienes que nos han sido concedidos gracias a su generosidad y, al hacerlo, participamos en el flujo mayor del mundo circundante. Como indica el poema rúnico islandés, el agua cae libre, como el don de la vida, pero la gente suele dar el máximo valor a baratijas materiales sin sentido.

A veces se afirma que no existe ninguna runa relacionada con la luna; sin embargo, *laguz* es el verdadero símbolo lunar. Al fin y al cabo, es la influencia secreta de la luna la que gobierna las mareas, del mismo modo que *laguz* encarna las fuerzas que rigen nuestra vida interior. Es así como este símbolo puede relacionarse con las cosas secretas u ocultas que gobiernan las mareas de nuestra experiencia emocional. El agua está viva en verdad, es una sustancia energética que se mueve en espiral y danza a través de muchos estados elementales y facetas del ecosistema. El agua encarna la sustancia misma de la fuerza vital y es uno de los misterios más profundos del Paganismo pasado y presente: lo vemos en la importancia de los símbolos de la diosa del manantial, el caldero y la copa de los que el dios Odín bebe y recibe iluminación e inspiración. Como veremos más adelante, el agua está asociada a muchos otros temas mitológicos.

El baño de los peces

El océano es un vórtice fértil y ambivalente de los poderes primarios del agua, una morada de demonios y monstruos. Su rey era el viejo dios del mar ægir, miembro de una generación de dioses aún más antigua que las deidades de la fertilidad vanir, que recibía sacrificios en forma de prisioneros para distraerlo de su fetiche por destrozar barcos. Su esposa, Ran, también se deleitaba arrebatando a los marineros de las cubiertas con su "red de ahogamiento" y arrastrándolos a sus cuevas de coral "donde el hidromiel fluía tan libremente como en el Valhalla"[69].

La ciudadela subterránea de los muertos en el fondo del mar se conserva en mitos nórdicos posteriores con la figura del dios del mar Njörd, que vive en una sala en el fondo del océano conocida como Nóatún (recinto de los barcos) a la que acuden los marinos tras su muerte. La primera esposa de Njörd fue Nerthus, una diosa venerada, entre otros lugares, en un santuario insular de Frisia, y por la que también se ahogaban víctimas de sacrificios. Un tema relacionado se puede ver en las Rusalki eslavas, ninfas acuáticas que habitaban ríos y lagos, y a las que les encantaba atraer a los viajeros a la muerte por ahogamiento. Por supuesto, los viajes por agua entrañaban peligros especiales, y existían muchos hechizos para calmar la furia del océano y garantizar un viaje seguro. Uno de los hechizos que Odín relata en *Runatal* es este:

> *Conozco una novena: si alguna vez necesito*
> *Salvar mi barco en una tormenta,*
> *Acallará el viento   y calmará las olas,*
> *tranquilizando el mar*[70].

Y en *Sigdrífomál* (El canto de Sigdrífa) aprendemos:

> *Runas del mar buenas en la necesidad   aprendidas salvando el barco;*
> *Para la buena salud   del caballo nadador,*
> *En la popa tállalas   tállalas en la pala del timón,*
> *Y quemen el remo afeitado*
> *Cuán grandes las colinas del mar   Cuán profundo el azul debajo*
> *Sal del mar   y ven a casa*[71].

Por último, el hijo de Njörd, Frey, poseía un célebre navío conocido como *Skíthbladnir* (Hoja de Madera), cuya historia de cómo fue fabricado para él por los mismos hijos del enano Ivaldi, que hicieron a Odín su lanza, Gugnir, se cuenta en el relato del siglo X *Grímnismál* (La puesta de Grimnir). Otras referencias sugieren que los famosos entierros de navíos vikingos eran un culto a los vanir. Así que en total encontramos en el antiguo mito nórdico el símbolo del barco funerario o procesional que conduce el alma al inframundo.

El inconsciente colectivo

La asociación del agua con los reinos inferiores de la cosmografía germánica y nórdica hace que este símbolo se identifique en la adivinación contemporánea con el inconsciente (en el sentido junguiano), el reino oceánico del inframundo universal o colectivo. La concepción del inconsciente de Jung, que identificó con el elemento esotérico del agua, se basaba en parte en antiguas tradiciones transculturales, incluida la del inframundo germánico, por lo que el maridaje de conceptos es bastante apropiado. El carácter anárquico de estos reinos, tal como lo percibe el viajero inexperto, puede leerse en los versos del poema rúnico anglosajón: "...las enormes olas les abruman y el hipocampo no hace caso de la brida". Las corrientes o vórtices de la personalidad están apuntalados por fuerzas transpersonales que escapan al control consciente. El propio Jung descubrió los peligros del inconsciente cuando se vio acosado por visiones que le provocaron un colapso mental, pero esa experiencia acabó dando paso a un renacimiento de sí mismo y a un sentido más profundo de plenitud.

En este caso, el aspecto de fertilidad del agua también es relevante, ya que el regreso seguro de las profundidades del autoanálisis (paralelo al mito arquetípico del descenso del héroe al mundo subterráneo y su regreso de él) logra el rejuvenecimiento de la vida. Al descender a las oscuras profundidades, podemos descubrir los manantiales secretos y vivificantes de asombro e inspiración que yacen en nuestro interior. Un excelente modelo nórdico para este tema es el regreso de Odín del pozo de Mímir con la sabiduría de las Runas.

Sexualidad: *Inguz* (el dios Ing)

Nombres: Gmc *inguz* (Ing); Gótico *iggws/enguz*; IA *inc*.
(*Nota:* Ing no existe en el futhark joven y por lo tanto no está
presente en los poemas rúnicos noruego ni islandés).

Sonido: *ng* (como en I*ng*)

POEMA RÚNICO ANGLOSAJÓN

Ing, visto por primera vez por los daneses del este,
se alejó más tarde en su carro
hacia el este sobre las olas;
así fue nombrado el gran dios.

VISUALIZACIÓN

El dios de la fertilidad Ing, en un vagón dorado, regresa hacia el
oeste a un paisaje primaveral.

SIGNIFICADO

Inguz es una runa de sexualidad, fertilidad, líneas familiares y
ascendencia. En un sentido inmediato, es como el orgón de Wilhelm
Reich (energía vital sexual) que estalla por las costuras. Se auguran
placer y gratificación. Sin embargo, en última instancia, esta runa
dirige nuestra atención hacia el gran río de la vida que fluye desde
el pasado ancestral a través del acto sexual hacia el presente y hacia
las generaciones futuras.

El paganismo nórdico nos anima a disfrutar de la sexualidad.
La vida terrenal y sus frutos están ahí para ser saboreados, y
esta runa te aconseja que disfrutes y expreses tu yo sexual con

confianza. Es saludable sentirse a gusto en nuestro cuerpo y ser conscientes de nuestra naturaleza erótica. Al mismo tiempo, *Inguz* promueve el crecimiento en los asuntos que nos ocupan. Es una runa fortalecedora y fertilizante.

No es que la aparición de *Inguz* signifique que se pueda abandonar todo en búsqueda del placer. Se trata de una runa muy dinámica y polifacética que aporta un sentido de continuidad y conexión dentro del tejido de la vida que se despliega. Nos incita a cavar hondo para buscar las raíces del problema actual: ¿Cuál es el contexto más amplio de lo que te ocurre, ya sea placer o dolor? ¿Cómo encaja en el panorama general? ¿Cuál es la fuente última de lo que estás experimentando?

Esta runa depende de los símbolos que la rodean en una lectura, en mayor medida que otras. Una de las razones es que *Inguz*, como el acto sexual, encierra en sí mismo un gran misterio. De los materiales del pasado surgen formas nuevas e innovadoras que no pueden predecirse a partir de la suma de sus partes. Como han señalado algunos comentaristas, la forma de *Inguz* se asemeja a la estructura del ADN en su espiral a través de las generaciones.

En épocas posteriores, Ing pasó a considerarse una especie de antepasado legendario, y tribus recibieron su nombre, como los *ing*wine (daneses) y los *ing*aevones (una tribu germánica de la costa báltica), e incluso, según algunos, la propia *Ing*laterra (por los anglos); de ahí el papel celebrado de Ing como dios ancestral. Por último, al igual que *berkana* puede relacionarse con la maternidad, *Inguz* puede relacionarse con misterios masculinos como la potencia, la fuerza, el apoyo, la protección y la paternidad.

Palabras clave: sexualidad, fertilidad, líneas familiares, ascendencia, orgón, energía sexual, río de vida, fuerza fertilizante, consciencia corporal, confianza erótica. (*Nota: Inguz* no es invertible).

MITOS Y LEYENDAS

El dios Ing era un antiguo dios de la fertilidad y héroe popular de la península escandinava. En el poema rúnico se le representa montado en un carro, y este tipo de figuras eran un motivo de fertilidad muy extendido en las tierras nórdicas. En particular, un carro con un dios de la fertilidad coronado, que reinaba y repartía bendiciones mientras viajaba por el campo es habitual en las crónicas de la vida nórdica. Estos mascarones de proa podían ser tanto dioses como diosas, según la época y el lugar, pero estaban especialmente relacionados con el culto a los vanir. Un ejemplo temprano de procesión ritual en Dinamarca, descrito por Tácito, se refiere al culto a la diosa Nerthus, uno de cuyos títulos es *Terra Mater*. A veces se decía que la propia Nerthus era la amante de Frey, y Frey aparecía a menudo en festividades similares, repleto del falo gigante con el que se le suele representar.

De hecho, Frey (un dios gnomo con un pene enorme) también aparece a veces, en la literatura nórdica, transportado en su carro para bendecir la tierra en primavera. En *Flateyjarbók* (La Saga de Ólaf) hay una historia cómica en la que la imagen del dios recorre las granjas de Suecia en un vehículo tirado por bueyes, acompañado por una hermosa sacerdotisa joven que interpreta el papel de su esposa[73]. Estos relatos son un claro eco de las antiguas costumbres paganas de fertilidad, en las que el amante humano se convierte en consorte de la diosa y, en consecuencia, en dios. Frey se llamaba a veces Ingi-Frey y se ha identificado con Ing. Estos ritos están directamente relacionados con este símbolo. Frey, además, comparte este aspecto de fertilidad con su hermana, la diosa del sexo Freya, por lo que *Inguz* puede considerarse también su runa.

Urdimbre y trama

En la sección *Skáldskaparmál* (Dicción poética) de la *Edda prosaica*, se describe a los dioses como "la raza de Ingi-Frey", lo que sugiere que la paternidad de los æsir pudo atribuirse en su día no a Odín, sino a Frey. Las genealogías medievales comenzaban con frecuencia colocando a los dioses de la fertilidad a la cabeza, con lo que reflejaban genealogías tribales mucho más antiguas. En consecuencia, este símbolo se asocia con la transmisión de la vida a través de las generaciones, con los lazos de parentesco y con las características hereditarias y los árboles genealógicos.

Los miembros de los vanir, en particular Frey y Freya, se relacionan con varias runas, entre ellas *fehu*, *jera* y *ehwaz*. Las imágenes de la vaca prioritaria, el año agrícola y el caballo de pezuñas ligeras aluden a su naturaleza gnómica y agraria. También aparecen, de forma más tangencial, en *laguz*, como el aspecto vivificador del agua, e impregnan los tres *ættir*. Una raza élfica es la mejor descripción de los vanir, y el nombre de su dominio, Ljossálfheim, es literalmente "la tierra de los elfos de la luz". Estas deidades de la tierra encarnan las energías procreadoras de la tierra, la hoja, la flor, el pez, el pájaro y el ser humano. Su reino es el plano del placer sensual, de las pasiones carnales, una enramada terrenal de dicha.

Sin embargo, los vanir no son simples gnomos de jardín. En *Vŏluspá* se cuenta cómo, en la primera guerra del mundo, entre los æsir y los vanir, los últimos prevalecen en virtud de su magia y conducen una tregua. En la *Edda prosaica*, Frey parece mantener relaciones íntimas con los æsir y a menudo se pasea por Asgard. No es un personaje menos amoroso que su hermana, un tema subrayado por el tema central de los poemas épicos *For Scírnis* (El viaje de Skirnir) y *Skirnismál* (El canto de Skirnir). En estos, el señor de los vanir se enamora de Gerd, una giganta e hija de Gymer y Orboda; y se torna tan apesadumbrado y de mal aspecto que su padre, Njórd, se da cuenta. Skirnir, sirviente de Frey, es enviado en una misión para cortejar a Gerd para el dios herido. Ella acepta unirse a Frey, pero él debe aceptar esperar nueve noches enteras. En su tormento, este período parece interminable. Frey musita estas palabras:

> *Larga es una noche, largas son dos noches;*
> *¿Cómo puedo aguantar tres?*
> *A menudo un mes   parecía menos*
> *Que esta media noche de amor.*

Hay aquí un lado sensual que subyace a la disposición terrenal de los vanir. En general, los dioses y diosas paganos, entre sus principales Heimdal, Njórd, Freya y Odín, se deleitan en el lado carnal de la experiencia. Lo que esto nos dice es que las deidades del paganismo nórdico no son dioses castrados o ascéticos. La sexualidad es su propia deidad, y su belleza, vitalidad y furiosa gloria simultáneas se manifiestan en todos los niveles de la creación. *Inguz* es, asimismo, una runa orgiástica, un símbolo de la erupción, expresión y canalización de la sexualidad.

La doble hélice

Varios comentaristas rúnicos contemporáneos señalan que la forma anglosajona de la runa se asemeja a la doble hélice de la cadena de ADN, el vehículo para la transmisión de los constituyentes genéticos de la vida desde tiempos inmemoriales hasta nuestros días y hacia el futuro, descrita por el físico cuántico Paul Davies como "dos espirales entrelazadas en un abrazo mutuo". Ciertamente es un signo complejo, potente y arquetípico que se emplea bien cuando se lleva como talismán de la fertilidad.

Sin embargo, está la cuestión de las líneas de sangre, que desempeñan un papel muy importante en el pensamiento nórdico, aunque hay que matizarlo con mucha sabiduría. Es cierto que los nórdicos creían en espíritus ancestrales, los *fetch* (término que también transmite el sentido de familiar o *doppelgänger*) y el *hamingja* (una especie de espíritu guardián personal y ser superior). En cierto sentido, las líneas de sangre son recipientes de herencia genética, familiar, tribal y espiritual. Sin embargo, en un mundo multicultural, debemos considerarnos miembros de un árbol genealógico humano más amplio. Incluso el "fetch" personal del gélido norte, por ejemplo, puede compararse con los devas indios, los shen ming chinos, los jinn persas, los genios árabes y los genios occidentales. Todos estos términos se refieren a entidades que acompañan y, en cierto sentido, son aspectos de la persona que los cultiva.

Inguz también puede relacionarse con la memoria celular, los poderosos patrones encerrados en nuestra constitución más íntima, que, cada vez se nos recuerda más, desempeñan un papel enorme y no reconocido en nuestras vidas. Ciertos ritos mágicos de los misterios nórdicos están diseñados para transformar el flujo de esta energía vital a través del cuerpo, y en la parte 3, "Tirada de runas", se puede leer sobre el desarrollo en el siglo XX de una escuela de yoga rúnico. Sin embargo, desde una perspectiva pagana contemporánea, no puede haber mayor transgresión que el odio por motivos raciales, por un lado, o, por otro, la manipulación "científica" de materiales genéticos (en plantas y animales) por parte de empresas biotecnológicas con ánimo de lucro. *Inguz* es, en efecto, un emblema de la necesidad de respetar toda la vida en su nivel más fundamental.

Luz de los dioses: *dagaz* (amanecer)

**Nombres: Gmc *dagaz* (day); Gótico *dags/daaz*; IA *tag*.
(*Nota*: *dagaz* no existe en el futhark joven y por lo tanto no
está presente en los poemas rúnicos noruego ni islandés).**

Sonido: *d* (como en *día*)

POEMA RÚNICO ANGLOSAJÓN

El día es el mensajero de los dioses;
la luz de los dioses concede el éxtasis,
buena esperanza y bendición para todos.

VISUALIZACIÓN

Amanece sobre una ladera oriental, y se iluminan campos, bosques
y fiordos.

SIGNIFICADO

Dagaz significa "día" y representa los rayos del sol y, por tanto,
nuestra conexión con el mundo de la luz. Mientras que *sowulo* (la
runa del propio sol) se refiere a la fuente, *dagaz* se considera en la
adivinación contemporánea una runa de bendiciones terrenales y
del amanecer de la iluminación espiritual. Estás "caminando en la
luz", y esto llena cada faceta de tu vida de calidez e iluminación.

La "luz de los dioses" es un concepto transcultural que se refiere
a la consciencia superior en la que puede irrumpir la consciencia
humana en determinados momentos. Estos destellos de visión, a
veces llamados experiencias cumbre, revelan la profunda unidad y
belleza de la existencia y son vislumbres de las órdenes superiores
del espíritu. El objetivo último es disfrutar de este estado extático en

cada momento de la existencia, aunque a la mayoría de nosotros se nos ha condicionado a creer que debemos conformarnos con menos.

Dagaz también puede significar "día" en el sentido de un ciclo de tiempo que abarca tanto el día como la noche. Se asocia sobre todo con la transición del crepúsculo y del amanecer y, por consiguiente, con el paso de un antiguo estado o condición a uno nuevo. Por lo tanto, es posible que te encuentres en un periodo de transición en el que una larga noche del alma se funde con la luz de un nuevo día.

En el paganismo nórdico, las cualidades solares de la belleza y la luz que caen a la tierra encuentran encarnación en Balder, un dios radiante que recuerda a figuras más familiares como Krishna y Cristo. Muerto en el Ragnarök, el retorno de Balder "pone fin al dolor", una nueva era. Esto puede leerse como una metáfora de la forma en que la luz parece eclipsarse a menudo, ya sea en lo personal, cultural o global. Este lado sombrío es, sin embargo, apenas una cara de un ciclo eterno de días y noches. Se acerca el amanecer; levántate y baila la danza de la renovación.

Palabras clave: día, los rayos del sol, mundo de luz, mensajes divinos, bendiciones, iluminación, la luz de los dioses, visión, experiencias cumbre, "un día", un ciclo de tiempo, momentos de transición, la danza de la renovación. (*Nota: dagaz* no es invertible).

MITOS Y LEYENDAS

El nombre anglosajón *daeg* recuerda al nórdico Dag, una figura mitológica que cada día viajaba por el cielo en un carro tirado por el caballo Skinfaxi, "cuya brillante crin iluminaba el mundo". El día, la luz y el sol tenían y tienen un significado especial en el Norte, como demuestra la runa *sowulo*; la severidad del invierno hace que los fértiles rayos del sol sean aún más adorados durante esos breves meses. La literatura de las Eddas está llena de alabanzas a las virtudes del día y al calor del sol en la espalda. En *Vafþrúðnismál*, el gigante Vathrúdnir interroga a Odín: "¿Cómo se llama el caballo que escala los cielos / arrastrando tras de sí el día?". Odín responde:

"Ese es el caballo Crin Brillante,
que trae el brillo del día;
se le considera el mejor de su especie
la luz nunca abandona su crin"[74].

Skinfaxi, o Crin Brillante, puede ser "el mejor de su especie" debido al esplendor de su crin, que obviamente representa los rayos del sol, pero eso no significa que la noche sea mala por naturaleza. Vathrúdnir pregunta entonces a Odín: "¿Qué caballo viene hacia el este / trepando por el cielo / para dar la dulce noche a los dioses?". Odín responde:

"Hrimfaxi, Crin de Escarcha, atrae la noche,
dando placer a los dioses;
gotas de espuma caen de su brida
ese es el rocío del amanecer"[75].

Aquí el día y la noche son vistos como pares complementarios que juntos forman la ronda total de cada día terrestre. Esta función cíclica y de medir el tiempo se desarrolla aún más cuando Odín, a su vez, pregunta a Vathrúdnir: "¿De dónde vino el día que mira a los hombres, / la noche y la luna menguante?". El gigante responde:

"El Resplandeciente es el padre del Día,
la Noche es la hija de un gigante.
Las lunas nueva y menguante fueron hechas por los dioses
para que los hombres pudieran medir el tiempo"[76].

En este diálogo vemos ilustrados los conceptos duales del día *como el mundo cuando es iluminado por los rayos del sol* y como *un ciclo de tiempo* que abarca el día y la noche y simboliza una ronda de acontecimientos. Este patrón puede observarse en la propia forma de la runa *dagaz*, que comienza como una línea completa a la izquierda que se reduce a un punto en el centro y vuelve a la plenitud en el lado derecho.

El retorno de Balder

La historia de Balder, un destacado dios solar de la mitología nórdica, aclara aún más este aspecto del símbolo *dagaz*. Balder es un dios de la luz, "radiante y apuesto" y considerado el más bello de todos los æsir y vanir. Tiene runas talladas en la lengua (lo que significa que es un maestro de las runas), es un dios de la medicina herbal y la magia blanca, y puede ver el futuro, salvo su propio destino. La presencia de Balder ilumina Asgard como los rayos del sol, pero con el tiempo sus sueños clarividentes, que siempre han sido radiantes, se convierten en pesadillas que auguran desastres.

Odín y los demás dioses saben que la muerte de Balder significará la catástrofe, como predijo la antigua profecía. Pero son incapaces de impedir que el embaucador Loki engañe al hermano de Balder, Hoder (que es, por el contrario, un dios ciego y sombrío de las tinieblas) para que mate al hermoso dios. Este terrible suceso da lugar al Ragnarök; sin embargo, tras la gran batalla Balder es liberado del inframundo, y como leemos en el gran poema profético *Völuspá*:

> *Los campos estériles   volverán a dar,*
> *El retorno de Balder   pone fin al dolor*[77].

Aquí vemos el clásico mito cíclico de un dios solar, un dios de la luz, asesinado y la oscuridad que reina durante un periodo de tiempo. Tras la muerte de Balder, cae la oscuridad y se produce el crepúsculo de los dioses. Luego llega el triunfo definitivo de las tinieblas: Fimbulwinter, tres inviernos en los que "el sol se vuelve negro", sin verano. Pero al final, la luz regresa en la forma de Balder, con todas las imágenes del amanecer. La tierra "vuelve a ser verde", "los campos estériles vuelven a dar" y dos seres humanos que han sobrevivido al apocalipsis regresan para repoblar el mundo, y se alimentan del "rocío de la mañana"[78].

Después del Ragnarök

Esta bella historia de regeneración puede convertirse en un poderoso símbolo de nuestro tiempo a varios niveles: personal, social y ecológico. Aunque, como en el caso de Balder, una sombra caiga sobre nosotros, el significado psicológico interno del mito es que la sabiduría superior del alma que encarna Balder siempre regresará. La vida siempre vuelve, como el alba tras la hora más oscura, y nosotros formamos parte de su flujo. Del mismo modo, las sociedades atraviesan periodos de auge y decadencia, crisis y transformación.

Los nórdicos parecían conocer el ocaso de su propia cultura, y presienten la muerte de los antiguos dioses, aunque hoy en día se está produciendo un resurgimiento y las runas talladas en la lengua de Balder vuelven a encontrar oídos para sus secretos.

Lo que no es ningún secreto es que la tierra está sometida a graves presiones debido a la expansión y explotación humanas. Midgard está enfermo, y la salud de cada uno de nosotros está ligada a ella. Mientras permanezcamos desalineados con el medio dorado del equilibrio que se encuentra en la naturaleza, estaremos invitando a que se deshaga el tejido de la vida, en el que cada uno de nosotros es un hilo. Si el cuadro formado por este tapiz se vuelve más oscuro, más feo, más deshilachado, esto se reflejará de modo holístico en cada una de nuestras vidas. Cada uno de nosotros es portador de una sombra personal, pero si dejamos que crezcan sin control como un lobo suelto en el bosque, las sombras que proyectamos como colectivo se encerrarán en un abrazo suicida. Muchas cosas ya han sido destruidas o, en palabras de Tolkien respecto a su mítico reino de Númenor, "han caído bajo la sombra". Sin embargo, algo queda; no todo está perdido. Por ello, la necesidad de sanación personal y colectiva (las hierbas medicinales y la magia blanca de Balder) se hace cada vez más acuciante.

Hogar: *othila* (salón ancestral)

Nombres: Gmc *othila*, también *ethel* (bienes raíces); Gótico *othal/utal*; IA *odil*. (*Nota: othila* no existe en el futhark joven y por lo tanto no está presente en los poemas rúnicos noruego ni islandés).

Sonido: *o* (como en *hogar*)

POEMA RÚNICO ANGLOSAJÓN

El hogar es amado por todos
los que prosperan allí en paz
y disfrutan de una cosecha frecuente.

VISUALIZACIÓN

En una llanura dorada se encuentra un salón ancestral, con las puertas abiertas y una humeante chimenea.

SIGNIFICADO

Othila significa *hogar*, en varios sentidos de la palabra. Literalmente, se refiere a una propiedad, patrimonio o posesiones. Las asociaciones prácticas de esta runa incluyen la vuelta a casa y la compra o herencia de una casa u otra posesión importante. También puede significar la adquisición de un sentido del lugar, o tal vez, llegar a sentirse como en casa dentro de uno mismo. Este último aspecto apunta a los significados simbólicos, psicológicos o espirituales de *othila*. Es, en definitiva, una runa bastante enraizadora y afirmadora.

Como sugiere el poema rúnico anglosajón, *othila* transmite una bendición: "El hogar es amado por todos" es una alabanza no solo a la morada física, sino también a un sentido más profundo del lugar. "Prosperar" es una imagen de satisfacción, y la "cosecha frecuente" significa recoger el fruto de nuestros esfuerzos. Este tema también recuerda a la primera runa, *fehu* (abundancia), que nos devuelve al principio de la secuencia del futhark, como una rueda en movimiento.

Como runa de la herencia, *othila* también representa las materias primas con las que estás dotado para trabajar en la vida: las condiciones en la que naces, los materiales y las posibilidades a tu disposición... en resumen, tu suerte en la vida. Es interesante observar que la forma de este símbolo incorpora la runa *Inguz* en sus dos tercios superiores y la runa *gebo* en los dos tercios inferiores, lo que sugiere nos ha sido dado, para bien o para mal, por las generaciones que nos han precedido. Pero tú decides qué hacer con estos elementos básicos.

En la disciplina espiritual, *othila* representa la satisfacción con uno mismo, la vuelta a casa, al propio centro del ser. En un mundo en el que todo el mundo persigue a los dragones de la riqueza material y la estimulación sensorial, este símbolo enseña el valor de nuestra posesión más verdadera: el refugio interior.

Invertida, *othila* puede sugerir que te están dejando de lado en algún aspecto. Puede haber problemas relacionados con herencias o con tu tierra natal. Tus esfuerzos por crear un refugio están encontrando dificultades. Tal vez te sientas alienado y desplazado o sin un lugar fijo material o espiritual. Piensa bien a dónde perteneces en verdad y qué tipo de entorno alimentará el centro de tu ser. Sigue a tu corazón, consolida tu posición actual o trasládate a un espacio más sostenible. Cuídate y nútrete.

Palabras clave: hogar, propiedad, propiedad heredada, regreso a casa, comprar una casa, sentido del hogar, satisfacción, suficiente, buena cosecha, la suerte de uno en la vida. *Invertida*: problemas por herencias, ser dejado al margen, desplazamiento, alienación, estar sin hogar.

mITOS Y LEYEnDAS

Como en la mayoría de las culturas tribales, la familia, la familia extendida, el clan y la comunidad de los primeros pueblos nórdicos y germánicos eran estructuras muy unidas que enlazaban las vidas de sus miembros en un todo cohesionado. Sin embargo, los lazos de la comunidad podían ser tan opresivos como gratificantes, como ilustra la estructura de clases, en cierto modo regimentada, que se describe en las Eddas.

Se consideraba que el modelo tripartito de sociedad había sido establecido por los dioses. En *Rigsðula* (La canción de Rig) leemos como Rig, otra forma del dios Heimdal (guardián de Bifröst, el puente arcoíris que une Midgard con los mundos superiores), engendró las tres clases de seres humanos; esto marcó la pauta de la vida de hombres y mujeres. Los esclavos, o sirvientes, recibían la peor parte: obreros que nunca eran liberados, no tenían un dios protector, aunque sin duda creían en una plétora de seres sobrenaturales.

En la tierra, sin embargo, tenían que conformarse con chozas rudimentarias y malolientes, y dormir bajo el mismo techo que sus animales domésticos. Por su parte, la clase campesina más numerosa estaba algo mejor: tenían a Thor como patrón y en la época vikinga solían vivir en viviendas formadas por "dos o más edificios: un par de casas largas paralelas, a veces complementadas con uno o dos graneros, que forman un complejo de tres o incluso cuatro lados con un patio en medio"[79]. Los arqueólogos conocen este tipo de estructura como *oppidum* (plural: *oppida*). También estaba la clase de los "condes", auténticos caudillos aristocráticos que llevaban una vida refinada en elegantes salones, con sus sirvientes, tesoros, barcos y propiedades que pasaban de padres a hijos. Odín era su patrón, y buscaban su favor mediante hazañas en la batalla.

Tenías que trabajar dentro de lo que te había sido dictado por el destino y hacer lo mejor que tu suerte te permitiera en una sociedad como tal. Nosotros tenemos la suerte de contar con más movilidad en nuestra sociedad, pero también debemos aprovechar al máximo las posibilidades que tenemos.

Casa y tierras

Como sabemos, en la época vikinga, los escandinavos se habían vuelto muy codiciosos, hacían incursiones, comerciaban y llevaban bienes a sus propias propiedades familiares en sus tierras natales. El estado de la propiedad (que en la época vikinga solía ser compartida por una gran familia) era importante tanto en lo simbólico como en lo material. Conviene recordar que en la cultura nórdica existía una distinción formal entre bienes muebles e inmuebles. En la *Saga de Grettir*, por ejemplo, se cuenta cómo dos hermanos, Thorgrim y Thorgeir, se reparten una finca: "*Þorgrim* se quedó con los bienes muebles y *Þorgeir* con las tierras". Hay un claro contraste de este tipo operando entre *othila* y *fehu*. Esta, la última de las runas del futhark antiguo, es la de casa y tierras, mientras que el primer símbolo, con su evocación de la riqueza como consuelo para todos, sugiere riqueza "movible" más que ancestral.

La imagen del patrimonio de una persona como receptáculo de su fortuna se ilustra muy bien en una de las sagas nórdicas más famosas. En *Eiríks saga rauða* (La saga de Erik el Rojo), se relata como la sacerdotisa Thorbjorg, cuyo papel profético y atuendo ritual se comentan en la introducción, es recibida por Thorkel, el dueño de la casa, y se le ofrece buena comida y utensilios para comer. Después de la comida, Thorkel le pregunta "qué le parece la casa y el estado y la condición de los hombres". Es evidente que se consulta a la vidente por sus poderes psíquicos para que haga una lectura sobre el destino de la hacienda y la fortuna de Thorkel. Más tarde le dice que, aunque tendrá éxito en Groenlandia, su futuro está en Islandia, y le profetiza una gran fortuna allí en términos que nos recuerdan la imagen del próspero padre de familia del poema rúnico anglosajón.

Para algunas personas, vivir una vida espiritual implica renunciar a los bienes materiales y a la prosperidad en favor de una existencia más ascética. En efecto, somos una civilización demasiado materialista, y sin moderación es probable que esta codicia resulte nuestra perdición. Sin embargo, debemos ser conscientes de que para los paganos nórdicos las condiciones eran muy diferentes: en un paisaje de fiordos y ensenadas, donde incluso las llanuras suaves podían ser prácticamente intransitables en invierno, las granjas enclavadas en las laderas con tejados de hierba y chimeneas humeantes representaban seguridad contra condiciones bastante hostiles. Todos los seres humanos, a lo largo de los tiempos, han buscado un hogar en un mundo en constante cambio, por mucho que todos seamos meros viajeros de paso. Esta runa contrasta con la runa *raido*, que se refiere a la importancia de dejar atrás lo familiar y salir al mundo. Al fin y al cabo, todo tiene su tiempo.

Es obvio que para nosotros, en el mundo occidental moderno, los retos de la vida cotidiana son muy diferentes a las condiciones de hace dos mil años, pero para mí no deja de ser inspirador el sentido nórdico de hogar y pertenencia que se encuentra más que todo en las sagas nórdicas. Por cierto, mientras escribo, una intensa nevada ha cubierto gran parte del país, y los granjeros están colocando heno en los campos para socorrer a su ganado. Afuera cae una lluvia fría y el viento sopla a través de los aleros; y me acaban de traer una taza de té muy apreciada, mientras mi hijo yace arropado bajo las sábanas, dormido. Si quitamos todos los adornos de nuestra vida moderna, nuestras esperanzas y temores no son tan distintos a los de nuestros antepasados. El hogar ofrece muchas ventajas. ¿Quién no desea prosperar allí en paz, y disfrutar de una cosecha frecuente?

Gimlé: El salón dorado

Michael Howard ofrece una bella interpretación de *othila* como hogar en otro sentido, el del "final del viaje del buscador a través del alfabeto rúnico". Escribe:

> Es la meta que el buscador ha buscado con tanto ahínco. Es la arboleda sagrada en el medio del bosque a la que el viajero llega tras recorrer el sendero boscoso. En algunos de los misterios clásicos, el aspirante es conducido a través de muchas pruebas hasta que llega a una habitación vacía que es el santuario interior del templo. En otras versiones, el iniciado recorre un laberinto y encuentra en su centro un espejo en el que se refleja su imagen[80].

Aquí, *othila* se convierte en hogar en el sentido del verdadero asiento del yo.

En cuanto a nuestro lugar de descanso definitivo (si es que existe tal cosa), en la mitología nórdica la morada final es un salón llamado Gimlé que es "más bello que el sol", según el gran poema profético *Völuspá*. Gimlé es el lugar donde los dioses supervivientes se reúnen tras el Ragnarök. También es donde morarán las personas que lo merezcan "hasta el fin de los tiempos", donde disfrutarán de una felicidad completa. Con reminiscencias del Tír na nÓg del mundo celta, tierra de la eterna juventud, es el paraíso eterno y el hogar de la cosecha de la tradición nórdica. En la disciplina espiritual, puede utilizarse como visualización del templo del yo superior que cada uno de nosotros lleva dentro. Para muchos, también alberga la esperanza de repatriarse con sus seres queridos en el mundo de las tinieblas cuando su propio viaje haya concluido.

Parte 3

TIRADA DE RUNAS

Aquel que leyera   las runas sagradas
    dadas por los dioses,
    que Odín colocó
    y que el sabio tiñó de color
hace bien en no   malgastar palabras.

HÁVAMÁL (DICHOS DEL ALTÍSIMO),
POEMAS DE LA "EDDA ANTIGUA"

Esta parte final de *Runas nórdicas* presenta un sistema completo de adivinación rúnica que será de utilidad e inspiración tanto para el principiante como para el practicante avanzado. En la sección "El arte de la tirada de runas", el lector encontrará esbozados los pasos para crear, cargar, tirar y esparcir los símbolos mágicos del alfabeto futhark antiguo. La sección "Tiradas y lecturas" muestra cinco métodos para utilizar tus runas, incluyendo escritos de consultas de la vida real que revelan cómo las Runas pueden ser interpretadas en el contexto de las preocupaciones humanas comunes. Si lo deseas, puedes dirigirte directamente a estas secciones para comenzar el trabajo práctico de adivinación. Sin embargo, primero se abordan algunas cuestiones que serán de interés para aquellos curiosos de la adivinación rúnica contemporánea. Las páginas que siguen, "Re-cordando la tradición", esbozan cómo las Runas se han vuelto populares de nuevo, incluyendo elementos tan diversos como el renacimiento del folclore germánico y las ficciones fantásticas de J. R. R. Tolkien. La siguiente sección, titulada "La teoría de la adivinación rúnica", explora la cuestión de por qué la adivinación rúnica debería funcionar de verdad. En ella contemplamos las teorías del caos, la sincronicidad y el inconsciente.

RE-CORDANDO
LA TRADICIÓN

El renacimiento de las runas como sistema adivinatorio de pleno derecho es un fenómeno relativamente reciente, aunque, como veremos, las escrituras rúnicas no han permanecido inactivas por completo durante los últimos mil años. El declive de la tradición suele datarse en torno al siglo X, momento a partir del cual sufrió la supresión general de las prácticas paganas llevada a cabo por la iglesia cristiana. La pregunta es: ¿hasta qué punto la persecución consiguió sus objetivos? El problema al que nos enfrentamos es que la historia la escriben los vencedores, y apenas existen pruebas concretas de una red organizada de gremios rúnicos o similares que sobrevivieran a la conquista. A menudo se insinúa en las historias habituales que la cristianización se produjo con mucha rapidez en el norte, donde barrió las viejas costumbres en apenas cien años. Es cierto que, al menos en apariencia, la conversión parece haberse producido a una velocidad alarmante. En torno al siglo X, la mayor parte de las tierras septentrionales fueron objeto de un intenso esfuerzo misionero. Los gobernantes locales y los reyes de naciones-estado emergentes como Suecia, Dinamarca e Islandia vieron beneficios políticos y económicos en la conversión a la fe cada vez más cosmopolita que habían adoptado sus vecinos del sur, y se crearon monasterios sostenidos por el mecenazgo local, a través de los cuales se introdujo todo el aparato eclesiástico.

Dinamarca se cristianizó con Harald Gormsson en 950, mientras que en 998 el rey Olaf Tryggvason la estableció como religión oficial de Noruega con la fuerza armada. Olaf Skötkonung intentó una hazaña similar en Suecia en las dos primeras décadas y media del siglo X. En Islandia, el cristianismo se impuso tras un infame soborno realizado al legislador Thorgeirr en el año 1000. En el siglo XII, los *gothi* (sacerdotes de una tribu o clan) que se reunían en el Thing (asamblea parlamentaria) habían acogido a dos obispos católicos, de Skalholt y de Holar, en el venerado Althing (parlamento) de Islandia. La nueva religión estaba en claro auge, pero el progreso no era ni mucho menos parejo ni se aceptaba tan fácilmente. En Noruega, donde los templos paganos fueron saqueados, hay relatos de intentos de conversión de sacerdotes paganos con el uso de la tortura y la mutilación, y allí, como en Dinamarca, los paganos lucharon contra sus perseguidores cristianos. Dinamarca incluso volvió al paganismo como religión oficial en 988, bajo el reinado de Svend , hijo de Harald, que expulsó a su padre de su tierra natal. Del mismo modo, en Suecia se produjo una reversión al paganismo hacia el año 1060, con la expulsión del país de los obispos de Sigtuna y Skara. De hecho, no fue hasta la década de 1120 cuando la resistencia sueca fue aplastada por el rey noruego Sigmund, y con Suecia cayó el último reino pagano del norte.

Sin embargo, entre los siglos XII y XIII, no cabe duda de que la fe foránea había logrado establecerse con un vigor excepcional. Pero, ¿hasta qué punto pudieron sobrevivir las antiguas costumbres en las familias de linaje noble, por un lado, y, por el otro, en las comunidades rurales conservadoras?

Parece muy probable que hubiera cierto grado de acomodación por ambas partes. Basta con echar un vistazo a las Eddas y a las sagas nórdicas para comprobar que las clases cultas islandesas y noruegas conservaban el interés por su cultura nativa y por la religión de los viejos tiempos. Aunque estos documentos, como ya vimos en la parte 1, a menudo tenían agendas cristianas subyacentes, sugieren que a las hazañas de los antiguos dioses y héroes mitológicos se les concedía un alto estatus como supuestas historias y como relatos compartidos en gran parte del norte. En una región donde el culto a los antepasados había florecido durante siglos o milenios, las creencias de los antepasados no podían borrarse por completo de la memoria colectiva. Incluso en las cortes de los reyes cristianos se daba cierta prioridad a conservar algún recuerdo de las glorias del pasado, como demuestran las sagas. Los poemas rúnicos noruego e islandés demuestran además que este interés se aplicaba también a las runas y, dadas sus fechas tardías y el uso consciente de temas paganos, pueden considerarse productos de una forma temprana de neopaganismo. Lo que la gente común sentía es menos fácil de juzgar, ya que estamos hablando más que todo de una población de siervos, en gran parte analfabetos, cuyos pensamientos los escritores de la época no estaban muy preocupados por registrar. Pero algunas costumbres populares sobrevivieron, como en el caso de las runas, que incluían lápidas, elementos decorativos y algunos vestigios de la antigua hechicería. Una confirmación perversa de la persistencia del uso mágico de las runas puede encontrarse en un edicto de Islandia, de fecha tan tardía como 1639, en el que su uso se definía como brujería y, en consecuencia, ilegal[1].

En general, no hace falta decir que la llegada del cristianismo al norte supuso el fin del sistema organizado de runas, cuyas pruebas hemos estudiado en la primera parte de este libro. La tradición oral puede haber continuado en susurros y ecos de cuentos y fábulas, pero la supervivencia de un aparato más formal para la transmisión de la tradición rúnica parece poco probable. ¿Tuvieron éxito los cristianos en su pogromo? Resulta paradójico y hasta irónico que las primeras colecciones cortesanas o monásticas de literatura y tradiciones nórdicas relacionadas sean las principales fuentes para cualquier resurgimiento de la magia rúnica y la tradición adivinatoria en la actualidad. Algunos estudiosos han llegado a afirmar que la tradición rúnica, tal y como la conocemos, debe considerarse de la época vikinga tardía, como si las complejas redes de significado que hemos explorado en este libro fueran de invención puramente literaria, una especie de precursor del romanticismo gótico. Es más, uno o dos medievalistas han llegado incluso a sugerir que los monasterios contribuyeron a la supervivencia de la escritura, a través de las páginas iluminadas de la tradición manuscrita. Pero, desde un punto de vista mágico, el puñado de runas que encontramos allí representa sin duda un uso más bien limitado y ornamental. Una vez más, es del rico pozo de la literatura nórdica, y no de unas pocas runas garabateadas en los márgenes de la historia, de donde puede recuperarse un sistema de adivinación rúnica plenamente operativo, para aquellos que decidan recurrir a él.

Algunos autores esotéricos afirman que la tradición antigua ha sobrevivido intacta en las zonas rurales de Suecia y Noruega. Puede que sea exageración y debería matizarse. Como veremos en la última sección de este libro, "Palabras finales: el renacimiento de las Runas", más de un escritor de la esfera popular ha afirmado poseer conocimientos iniciatorios conferidos por órdenes secretas de este tipo. Esto no es necesariamente mentira, pero tampoco es toda la verdad. Por desgracia, influye en una cuestión que afecta a toda la comunidad pagana contemporánea, y merece alguna explicación. Como veremos más adelante, los folcloristas han fomentado durante más de cien años el renacimiento de antiguas prácticas populares en la península escandinava, desde el tipo de grupos que organizan funerales simulados en barcos, hasta los ocultistas con agendas más mágicas. A algunos de estos últimos les gusta hacer creer que son mucho más antiguos y auténticos de lo que en realidad son, aunque creo que su papel es importante. En cualquier caso, estos son los tipos de sociedades a los que probablemente se refieran algunos autores contemporáneos.

Este no es un problema que se limite a los misterios nórdicos. En Inglaterra, tanto los turistas como los paganos contemporáneos creen que más de uno de los "festivales antiguos" y ritos al parecer ancestrales que se celebran en los jardines de los pueblos son supervivencias ininterrumpidas de un pasado lejano. Por supuesto, algunos elementos sí pudiesen ser antiguos, pero recientes investigaciones de historiadores como Ronald Hutton de la Universidad de Bristol (autor de *The Triumph of the Moon: A Study of Modern Pagan Witchcraft*) sugieren que datan de esfuerzos mucho más recientes por revivir antiguas costumbres paganas por parte de folcloristas y antropólogos del siglo XIX y principios del XX. Tales revelaciones son desalentadoras y, de hecho, algunas de las críticas recientes a la wicca en particular, y sus reivindicaciones de antigüedad, son en verdad inquietantes. Aidan Kelly concluye en su investigación de dos partes *Crafting the Art of Magic* que la wicca, tal y como la conocemos, es en gran medida una invención moderna creada por el padre del movimiento, Gerald Gardner. Kelly describe a Gardner como "taimado" y, aunque sigue profesando una afiliación personal a la wicca, plantea serias reservas en cuanto a la veracidad de sus afirmaciones. Hutton, al tiempo que elogia a Gardner como genio creativo, da al lector la misma pausa para reflexionar. Habla del peligro del fundamentalismo pagano, una mentalidad por la que los neopaganos se aferran a inexactitudes históricas con un vigor similar al de los cristianos fundamentalistas que niegan la teoría de la evolución. En su libro de 1998, *Druid, Shaman, Priest: Metaphors of Celtic Paganism*, Leslie Ellen Jones se propone demostrar hasta qué punto el druidismo actual es una construcción moderna (o quizá una acumulación de proyecciones procedentes de fuentes externas que se remontan a los antiguos historiadores griegos). Se pueden aplicar reservas similares a las extravagantes afirmaciones de algunos adeptos de la tradición nórdica.

Sin embargo, en mi opinión, existe un camino intermedio entre la credulidad abyecta y el cinismo burlón respecto a las "maneras antiguas". Sí, gran parte del Paganismo contemporáneo ya sea del norte, del sur, del este o del oeste, ha sido recuperado en tiempos recientes, aunque en muchos casos a partir de restos en verdad antiguos. Pero, entonces, ¿qué sistema de creencias no es una amalgama de ideas a través del tiempo y el espacio? Lo que hoy conocemos del cristianismo se parece muy poco a sus primeras manifestaciones, o incluso a las medievales. El taoísmo tuvo muchas formas e interpretaciones, y lo mismo ocurrió con el budismo. Los sistemas de creencias siempre las tienen. El Paganismo moderno en todas sus variedades se remonta a los tiempos más antiguos, pero su forma es en realidad el producto de una larga acumulación de influencias. Lo que hace el Paganismo moderno es ofrecer un medio, en la forma común del círculo ceremonial, dentro del cual se pueden recuperar los hilos y las huellas de las formas antiguas. Se trata de un conjunto de filosofías o prácticas (como el animismo, el totemismo animal, la celebración estacional, los cánticos y la hechicería) que comparten una ascendencia común con el chamanismo y que han surgido a lo largo y ancho de muchas culturas a lo largo de los siglos. Si las costumbres se han roto, es porque sus practicantes fueron perseguidos. Mi propia opinión es que, en lugar de tener que montar cada cosa en un marco antiguo, deberíamos reconocer que la tradición pagana consiste en una variedad de hilos sutiles y subversivos tejidos a través de la historia. Cada uno de nosotros, incluso en un acto tan simple como tomar las runas, es un tejedor en su continua renovación.

Además, en lo que respecta al tema de este libro, las runas nunca han perdido del todo su magia ni su encanto. Como demuestran las leyes islandesas, su uso (que se presume mágico) estaba lo bastante extendido en el siglo XVII como para provocar una legislación hostil. El uso de piedras de bauta (conmemorativas) continuó en Gotland hasta el siglo XVIII. En el ámbito del interés erudito, el temprano nacionalista sueco Johannes Bureus (1568-1652) escribió varios tratados sobre runas, incluido un novedoso sistema de "adulrunas" y su propio sistema esotérico basado en correspondencias con la cábala. A pesar de declararse un cristiano devoto, provocó la ira de la iglesia, ya que su inmunidad ante la justicia (o algo peor) estaba garantizada gracias a sus conexiones con la realeza[2]. Por último, las runas se cruzaron algunas veces en la hechicería de la alta magia ceremonial, que abundaba en el clima hermético de la Europa continental a principios de la Edad Moderna. Aunque estos parecen haber sido casos excepcionales más que la regla, ofrecen un venerable precedente para la incorporación de los símbolos al ocultismo popular.

Si pasamos a los movimientos folclóricos y nacionalistas que florecieron en Escandinavia y Alemania entre principios del siglo XIX y principios del XX, veremos que es aquí donde se encuentran las raíces más directas del renacimiento contemporáneo. En 1811 se fundó en Suecia la *Gotiska Forbundet* (Liga Gótica). Era la época de los hermanos Grimm y de Goethe. Aunque muchos recuerdan a los Grimm por sus cautivadores cuentos infantiles, repletos de ecos de antiguos mitos y sagas, los hermanos eran también serios eruditos que trataban de comprender y sistematizar el patrimonio germánico. Después de ellos, ninguna persona culta podía descartar sin más los cuentos populares y de hadas como tonterías. Con Goethe, una de las mayores figuras literarias del mundo europeo, se empezó a hablar de la literatura local y vernácula como algo que había que situar junto a los elevados clásicos griegos o romanos. Y a lo largo del siglo XIX, el pasado "gótico" se vio cada vez más bajo una luz romántica, y muchos miembros de la *intelligentsia* lo reconocieron como el derecho de nacimiento del mundo del norte de Europa. Para bien o para mal, poco a poco fue tomando forma una consciencia pangermánica. Richard Wagner hizo de la saga del tesoro maldito de los nibelungos la pieza central de su gran ciclo del Anillo. Wagner extrajo el tema del

Anillo de la islandesa *Saga völsunga* y del folclore germánico. En la primera tenemos, por supuesto, la historia del héroe Sigurd, instruido por la valquiria Brunilda en las artes de la tradición rúnica. Cuando Eugène Grasset (1841-1917), un ilustrador suizo-francés, diseñó un cartel para el estreno de *La valquiria* en la Ópera de París en 1880, representaba a Odín armado con una lanza y decorado con runas[3].

En esta época, el interés por los aspectos mágicos de las runas, tanto exotéricos como esotéricos, se renovó en los movimientos académicos y folclóricos de Alemania y la península escandinava. Por un lado, crecía el interés por la mitología y las religiones primitivas como campos de estudio, con especial atención a las que tenían raíces indoeuropeas comunes; por otro, empezaban a formarse sociedades místicas que pretendían recuperar activamente esas tradiciones culturales eclipsadas. Muchas de ellas eran sociedades ocultas o esotéricas (la palabra *ocultas* aquí significa "escondidas" y se refiere a la preocupación por descubrir la verdad superior). Si existe un lado oscuro en el renacimiento de las runas como signos mágicos, no radica en las imágenes cristianas estereotipadas del mago de las runas condenado al fracaso que practica sus artes oscuras en beneficio propio, sino más bien en las tendencias nacionalistas de algunos de los fundadores del movimiento.

Fue a partir de las experiencias místicas del ocultista alemán Guido von List en las primeras décadas del siglo XX cuando se inició el primer intento moderno de recuperar los significados ocultos de la escritura rúnica y resucitar las Runas como sistema esotérico. List (1848-1919) fue un romántico reaccionario que adoptó el prefijo aristocrático "von" a pesar de carecer de genealogía nobiliaria. Su biógrafo y traductor Stephen Flowers lo ha descrito como un "racista doctrinario"[4], ya que List compartía la fascinación de su época por una cultura germánica fundadora (real o imaginaria), y a lo largo de su vida sus revelaciones místicas se entrelazaron con una participación menos loable en movimientos políticos de derechas. En retrospectiva, el arianismo autoconsciente de gran parte de sus escritos resulta una lectura dolorosa. Sin embargo, List murió casi dos décadas antes de que los nacionalsocialistas llegaran al poder, por lo que hablar de él al mismo tiempo que del nazismo resulta anacrónico. Hospitalizado en 1902 para someterse a una operación ocular, pasó once meses con los ojos vendados, y en este estado afirmó haber experimentado una serie de visiones inspiradas por Odín que le revelaron los "secretos de las runas"[5]. Su sistema se basa en dieciocho versos de la sección "Runatal" del poema éddico *Hávamál*, donde Odín relata los *galdr* (hechizos, conjuros) que aprendió en el pozo de Mímir. Se trata de un enfoque algo diferente al de la mayoría de la adivinación contemporánea en el mundo anglosajón, donde se utilizan los veinticuatro símbolos del futhark antiguo, como se presenta en la segunda parte. Los versos de *Hávamál* a veces todavía se utilizan como claves en la magia rúnica, pero su relevancia directa para las runas individuales en la adivinación se considera menor.

Runas armanen de Guido von List

RUNAS	NOMBRES	VALORES ASIGNADOS POR LIST
ᚠ	fa, feh, feo	generación de fuego, perforador de fuego, propiedad, ganado; crecer, vagar, destruir; la palabra primordial; surgir, ser
ᚢ	ur	eternidad, fuego primigenio, luz primigenia, generación primigenia, uro, resurrección
ᚦ	thorr, thurs	trueno, rayo, relámpago, signo amenazador, pero también espina de vida (falo)
ᚫ	os, as, ask, ast	boca, surgir, ceniza, cenizas, el poder del habla, el poder espiritual que actúa a través del habla, romper grilletes
ᚱ	rit, reith, rath	rojo, rueda, derecha, la rueda solar, el fuego primigenio, Dios mismo, consciencia introspectiva exaltada de los arios
ᚤ	ka, kuan, ka	árbol del mundo, árbol tribal ario, principio femenino (kuan), el Todo en un sentido puramente sexual, sangre, posesión suprema
ᚼ	hagal	encerrar, el Todo cubierto, granizo, destruir, consciencia introspectiva, llevar cualidades de Dios en el interior
ᚾ	nuath, noth	necesidad, compulsión del destino, causalidad orgánica de todos los fenómenos, coacción del camino claramente reconocido

RUNAS	NOMBRES	VALORES ASIGNADOS POR LIST
ᛁ	is, ire, iron	hierro, indudable consciencia del poder personal, toda vida obediente a la voluntad imperiosa
ᛆ	ar, sun, ar-yans	nobles, el sol y la luz para destruir las tinieblas espirituales y físicas, la duda, la incertidumbre, el fuego primigenio, Dios
ᛋ	sol, sal, sul, si	sol, salvación, victoria, columna, escuela, la energía conquistadora del espíritu creador
ᛏ	tyr, tar, turn	girar, ocultar, tapa de ocultación, generar, espíritu fénix renacido del joven dios sol
ᛒ	bar, beor	nacimiento, la vida eterna en la que la vida humana es un día, predestinación en el mayor sentido
ᛚ	laf, lagu, logr	ley primordial, derrota, vida, caída, conocimiento intuitivo de toda esencia orgánica, leyes de la naturaleza, enseñanzas ario sagradas
ᛘ	man, mon	luna, ser madre, aumentar, vacío o muerto signo santificado de la propagación de la raza humana, *ma* como maternidad
ᛦ	yr, eur	iris, arco, arcoíris, arco de madera de tejo, error, cólera, runa del hombre invertida, mutabilidad de la luna (esencia femenina)
ᛅ	eh	ley, caballo, corte, matrimonio, concepto de amor duradero amor duradero basado en el matrimonio, dos unidos por la ley primordial de la vida
卐 ᚷ	fyrfos, ge	fyrfos o cruz ganchuda o gea, geo, tierra, dador de vida; la primera: signo de unión nupcial deidades, díada de poder espiritual/físico; la segunda: una raíz primordial para la vida

Las ideas de List se publicaron finalmente en un libro titulado *Das Geheimnis der Runen* (El secreto de las runas) en 1908. Aunque viciado por el supremacismo ario y sus falsas suposiciones, como gran parte de los pseudoestudios sobre el misticismo germánico primitivo de la época, su trabajo y el de otros primeros runólogos introdujeron las runas en el ámbito de los estudios ocultos y esotéricos. Menos edificante fue la adopción de las runas armanen por el partido nazi, sobre todo en la insignia de la SS, compuesta por una duplicación de la runa "sol" de List (*sowulo* del futhark antiguo)[6]. Esto evoca todo el sórdido asunto de la conexión entre las runas y el nazismo. Es cierto que el Tercer Reich intentó manipular el antiguo simbolismo germánico, como hizo con tantas otras cosas. Sin embargo, es importante ser escéptico ante la suposición de que la runología esotérica de la época, incluso en Alemania, fuera cómplice del nazismo. En la década de 1920, el místico Friedrich Marby desarrolló una serie de ejercicios llamados *Runen-gymnastik* (gimnasia rúnica), una técnica luego desarrollada por Siegfried Kummer, publicada en un tomo a principios de la década de 1930 titulado *Runenyoga*[7]. Marby fue arrestado en 1936 y enviado a Dachau, y pasó más de ocho años en campos de concentración. Así pues, los magos rúnicos que cruzaron la línea del partido sufrieron persecución junto con otros inconformistas bajo el Tercer Reich.

Como Prudence Jones y Nigel Pennick comentan en *A History of Pagan Europe*: "A menudo se escribe que el régimen de Hitler en Alemania... era de inspiración pagana, pero esto es falso. El ascenso de Hitler al poder se produjo cuando el partido católico apoyó a los nazis en el Reichstag en 1933, permitiendo la toma del poder por parte de los nazis"[8]. Este punto es importante, ya que la mancha del nazismo ha llevado a muchos estudiosos de la corriente dominante a desvincularse con estridencia tanto de la runología esotérica como del valor de nuestra herencia pagana. El estudioso de las runas R. I. Page, antimágico a rabiar, escribió en su influyente tratado de 1973 *Runes*:

En la ficción de la Escandinavia bajomedieval, el empleo de runas para fórmulas mágicas se convirtió en algo común. Esta creencia, la de que las runas eran mágicas, atrae a los de mente blanda en los tiempos modernos (del mismo modo que, por cierto, atrajo el misticismo teutónico de algunos partidarios del nazismo en los años treinta). Nuestra época muestra una lamentable tendencia a huir de la razón, el sentido común y la practicidad para adentrarse en los reinos de la superstición y la fantasía, y las runas se han incorporado a ello. De hecho, es posible que un escritor moderno, al afirmar el valor de las runas para la adivinación hoy en día, las defina como "un espejo para la magia de nuestro yo desconocido" y "un instrumento para sintonizar con nuestra propia sabiduría"[9].

De hecho, los mitos nórdicos relacionados con las runas, muchos de los cuales datan de al menos el siglo X, no son meramente bajomedievales, sino que reflejan, como vimos en la parte 1 una tradición en verdad antigua. De hecho, las capas más profundas de los mitos nórdicos y germánicos apuntan a un amplio estrato indoeuropeo de creencias religiosas. El demonio del nazismo que plantea Page también necesita que se le haga frente y se le destierre de una vez por todas. Una vez más, el Tercer Reich se apropió indebidamente de los materiales rúnicos y ocultos para sus propios fines sórdidos, una manipulación cínica que provoca disgusto entre los practicantes rúnicos contemporáneos. Pero las distorsiones groseras y nacionalistas del paganismo practicadas en la Alemania de Hitler no reflejan las creencias centrales de la tradición nórdica, como tampoco las Cruzadas, la Inquisición y la quema de brujas reflejaban las de Cristo.

Sin embargo, algunos pretenden condenar el renacimiento del paganismo nórdico por estos motivos. Una de las mayores autoridades en religión nórdica, Hilda Davidson, escribe:

Es inútil intentar recrearla [es decir, la religión pagana nórdica] como una forma viva de fe, como algunos han intentado hacer, cerrando los ojos ante los problemas y esforzándose por ver la antigua religión con líneas claras y colores brillantes. Los intentos de la Alemania nazi de recrear una religión aria inexistente perteneciente al pasado heroico y sus horribles consecuencias deberían ser advertencia suficiente contra tales intentos de atrapar una estrella caída y devolverla de nuevo a los cielos[10].

Las investigaciones de Davidson han sido útiles para muchos en el renacimiento de las runas, y quizá sea descortés señalar que su frase aquí recuerda con incomodidad a las propias palabras de Hitler en 1941: "Me parece que nada sería más insensato que restablecer el mundo de Wotan. Nuestra antigua mitología dejó de ser viable cuando se implantó el cristianismo"[11].

Sin embargo, muchos han vuelto a consagrar a Odín y Freya: la fe pagana asatrú es una religión oficial de Islandia, y el renacimiento más amplio del Paganismo contemporáneo está reconocido y protegido por la Carta de Libertad Religiosa de las Naciones Unidas. En el mejor de los casos, las escuelas de los misterios nórdicos del Paganismo contemporáneo buscan restaurar la herencia espiritual del mundo nórdico a la vida. Como vimos en la primera parte, los primeros materiales nórdicos, desde el verso de sabiduría arcana hasta la saga vikinga, son un depósito de inmensa sabiduría práctica y esotérica. Existen al margen de las manipulaciones nacionalistas más recientes de la cultura "pangermánica". Aunque influenciados por el medievalismo y el cristianismo, a través del tesoro cultural de los poemas y las sagas vislumbramos un antiguo estrato de la sabiduría popular del norte de Europa, que a su vez se entremezcla con una tradición de sabiduría indoeuropea aún más antigua y con tradiciones chamánicas nativas. Cuando recurrimos a las runas, en realidad estamos accediendo a este pozo de vasta sabiduría ancestral, representado en la tradición nórdica como las aguas del pozo de Mímir.

TOLKIEN Y COMPAÑÍA

Hoy en día, poca gente asocia las runas con algo siniestro. Sin embargo, en las décadas posteriores a la guerra, el campo de la antigua religión y magia germánicas seguía bastante empañado por su asociación con el régimen de Hitler. El clima de posguerra en Inglaterra era hostil a cualquier cosa que pudiera parecer "germánica" (incluso a las salchichas con nombres que sonaban alemanes), aunque los estudios sobre las runas anglosajonas, sobre todo en la tradición epigráfica, siguieron siendo un elemento básico de los estudios de inglés antiguo en prestigiosas universidades. En otro orden de ideas, la propia adivinación siguió siendo una práctica oscura ignorada por la mayoría, excepto por los supersticiosos o los estudiantes de antropología, hasta hace bien poco. Incluso C. G. Jung mantuvo en secreto sus investigaciones sobre la teoría de la sincronicidad hasta principios de la década de

1950[12]. Sin embargo, durante los años cincuenta, sesenta y setenta, los estudiosos fueron llegando poco a poco al consenso de que los usos y prácticas originales asociados a las runas eran de naturaleza mágico-religiosa e implicaban rituales de conjuro y adivinación.

En lo que respecta al ámbito popular, las ficciones fantásticas de J. R. R. Tolkien marcaron un antes y un después, y contribuyeron al aura de encanto, misterio y magia que rodea a las runas en el imaginario popular. Tolkien fue profesor de anglosajón y filología, traductor de epopeyas e ilustrador, además de autor de *best-sellers*. A lo largo de su vida, llegó a dominar cerca de una docena de idiomas, y hasta había empezado a inventar sus propias lenguas y escrituras desde una edad temprana. Como amante de todo lo nórdico, al igual que sus pares C. S. Lewis y W. H. Auden, Tolkien tenía interés especial por las runas. Las raíces mismas de su mitología de ficción, publicada posteriormente en 1977 como *El Silmarillion*, y los numerosos volúmenes de *El libro de los cuentos perdidos*, tenían una profunda influencia del mito nórdico, y la idea de la Tierra Media derivaba del Midgard del modelo nórdico de los nueve mundos.

Cuando se publicó *El hobbit* en 1937, su portada estaba rodeada de runas anglosajonas. Los lectores de *El hobbit* reconocerán estas líneas de la monografía inicial de esa obra: "Las runas eran letras que en un principio se escribían mediante cortes o incisiones en madera, piedra o metal, y por eso eran delgadas y angulosas. En los días de este relato los enanos las utilizaban con regularidad, especialmente en registros privados o secretos. Sus runas se representan en este libro por runas inglesas, que poca gente conoce ahora"[13].

En otras palabras, Tolkien "traduce" sus runas enanas utilizando la versión de veintinueve a treinta y un grafías del futhark anglosajón, que se desarrolló en Inglaterra hacia principios del siglo IX y cuyas primeras veinticuatro letras no son otras que "nuestras" runas: la escritura del futhark antiguo.

Al igual que las futhark, las "runas enanas", mejor conocidas como runas lunares o runas de Erebor, se consideran signos mágicos de poder y misterio que Gandalf, como mago, sabía interpretar. Elrond (también maestro rúnico) explicó a Bilbo cómo se habían ganado este título, cuando el hobbit aventurero visitó por primera vez la Última Morada al este del mar:

"Las letras lunares son letras rúnicas, pero no las puedes ver," dijo Elrond, "no al menos directamente. Solo pueden ser vistas cuando la luna les brilla por detrás, y lo que es más, paralas más ingeniosas, la fase de la luna y la estación tienen que ser las mismas que en el día en que fueron escritas. Los enanos las inventaron y las escribían con plumas de plata, como tus amigos te pueden contar. Estas tienen que haber sido escritas en una noche del solsticio de verano con luna creciente, hace ya largo tiempo"[14].

Cuando *El hobbit* alcanzó gran popularidad y el editor solicitó una continuación, Tolkien inició la saga que llegaría a conocerse como *El señor de los anillos*. Para ello, se necesitaría algo más que una fila de runas lunares, y Tolkien dotó a su trilogía (en realidad un sexteto) de varios alfabetos mágicos, incluida la escritura rúnica angerthas de cincuenta y ocho caracteres, muchos de estos basados en runas genéricas, incluido el futhark antiguo. Algunos ejemplos son: ᚠ, ᚦ, ᚲ, ᚡ, ᚱ, ᚷ, ᚹ, ᚺ, ᛉ, ᛏ y ᚼ.

En *El retorno del rey*, leemos que la dama Eowyn regala a Merry un cuerno antiguo en el que había "runas de altas virtudes"[15], y hay muchas pruebas que apoyan la afirmación de que Tolkien se basó en elementos de las tradiciones mágicas y epigráficas. El mago Gandalf, por ejemplo, firma con la runa ᚠ, que nos recuerda a la runa de Odín en el futhark antiguo: ᚠ. La comparación parece justificada a la luz de las similitudes entre los personajes: Odín es, en el mito nórdico, un mago que se sienta en su trono de chamán en Asgard. Cuando sale al exterior, va disfrazado con una túnica azul, un sombrero de fieltro que le cubre el ojo que le falta y va armado con una lanza o bastón mágico[16]. Gandalf es descrito en términos casi idénticos en el siguiente poema de *La comunidad del anillo*:

> *Señor de sabiduría entronizado,*
> *De cólera viva y de rápida risa;*
> *Un viejo de gastado sombrero*
> *Que se apoya en una vara espinosa*[17].

Adoptar la propia runa de Odín para Gandalf habría sido una pista falsa, pero la similitud sugiere que Tolkien había contemplado la morfología de los nombres significativos asociados al futhark. De hecho, los poemas rúnicos anglosajón, noruego e islandés entraban de lleno en su esfera de interés. Otra posible referencia, aunque críptica, puede verse en la escena en que la dama Galadriel entrega regalos a la comunidad del anillo en el bosque de Lothlórien. Leemos que la cajita de madera gris entregada a Sam el jardinero tiene una runa de plata tallada en la tapa; Galadriel le dice: "Esto es una G por Galadriel". En la escritura original del futhark antiguo, como vimos, la runa *gebo* representa el sonido *g*, y su significado es "regalo". Pareciera que Tolkien hizo allí una especie de broma educada.

La probabilidad de que Tolkien contemplara los significados rúnicos tradicionales y, asimismo, el sistema de referencia más amplio del que forman parte, se convierte en una certeza cuando observamos que compuso listas de nombres significativos para sus propias runas "inventadas". Así, leemos sobre el quenya, una escritura fluida que también puede representarse con las runas angerthas, en el "Apéndice E" de *El retorno del rey*:

En todos los modos [del quenya] cada letra y signo tenía un nombre; pero estos nombres se concibieron teniendo en cuenta los usos fonéticos en cada modo particular. No obstante, se consideraba a menudo deseable, especialmente para describir los usos de las letras en otros modos, que cada letra tuviera un nombre. Para este fin se utilizaban comúnmente los nombres Quenya "en pleno", aun cuando se refirieran a usos que eran peculiares de esa lengua. Cada "nombre en pleno" era una palabra en Quenya que contuviera la letra en cuestión. En lo posible, era el primer sonido de la palabra; pero cuando el sonido o la combinación expresada no se daba inicialmente, aparecía inmediatamente después de la vocal inicial. Los nombres de las letras del cuadro eran 1) *tinco*, metal; *parma*, libro; *calma*, lámpara; *quesse*, pluma; 2) *ando*, puerta; *umbar*, destino; *anga*, hierro, *ungwe*, telaraña; 3) *thúle* (*súle*), espíritu; *formen*, norte; *harma*, tesoro (o *aha*, ira); *hwesta*, brisa; 4) *anto*, boca; *ampa*, gancho; *anca*, mandíbulas; *unque*, un hueco; 5) *númen*, oeste; *malta*, oro; *noldo* (más arcaico, *ngoldo*), alguien perteneciente al clan de los Noldor; *nwalme* (más arcaico *ngwalme*), tormento; 6) *óre*, corazón (mente interior); *vala*, poder angélico; *anna*, regalo;

vilya, aire, cielo (más arcaico *wilya*); *rómen*, este; *arda*, región; *lambe*, lengua; *alda*, árbol; *silme*, luz estelar; *silmenuquerna* (s invertida); *áre*, luz solar (o *esse*, nombre); *árenuquerna*; *hyarmen*, sur; *hwestasindarinwa*, *yanta*, puente; *úre*, calor[18].

Aquí encontramos una miscelánea de términos que nos recuerdan a los enigmáticos futhark: hay una división en conjuntos, que recuerda el papel del ættir, objetos al parecer mundanos conviven con fuerzas naturales, cuerpos celestes y conceptos abstractos. Algunas runas se refieren a seres o razas, otras son simbólicas; incluso hay lagunas (significados perdidos) en la lista.

Por supuesto, Tolkien era conservador y devotamente católico por educación y convicción; desde luego, no era ocultista ni lector de runas. Sin embargo, los temas paganos encendieron su imaginación, y la mayoría de los elementos presentes en su mitología se remontan a la literatura nórdica y celta. Después de todo, la pieza central de *El señor de los anillos*, la historia de un anillo mágico y poderoso y sus efectos destructivos, es un viejo tema nórdico, que se encuentra en la *Saga Völsunga*, donde la confabulación de Loki desata la maldición del anillo de Andvari. Wagner, por supuesto, lo adaptó para su famosa ópera (aunque Tolkien "despreció"[19] su tratamiento del Ciclo del Anillo). Curiosamente, la primera runa tanto en el futhark antiguo como en las escrituras rúnicas anglosajonas (la fuente de las runas lunares de Tolkien) es *fehu*. Como revela mi comentario sobre esta runa en la parte 2, en los poemas rúnicos escandinavos medievales, *fehu* se refiere al anillo de oro de Andvari que Loki dio como *wergild* (dinero de sangre) por la matanza de Otter. El propio Otter es una criatura del mito nórdico que recuerda en cierto modo a Gollum (cuyo nombre deriva de *golem*, palabra hebrea que designa al homúnculo creado con fines malignos por hechiceros en rituales cabalísticos). Ambos personajes son cambiaformas que se desenvuelven tanto en el agua como en la tierra y cuyos destinos giran en torno a un anillo maldito. Así pues, los significados de las runas que encontramos en "Símbolos rúnicos" son algo más que incidentales en las ficciones de Tolkien, y pueden trazarse muchos otros paralelismos entre su universo de ficción y temas del pozo de la tradición rúnica.

La inmensa y constante popularidad de la ficción de Tolkien (basta pensar en el éxito de la trilogía cinematográfica dirigida por el neozelandés Peter Jackson) ha influido sin duda en la recepción de las runas entre el público anglófono. En términos de imaginación popular, puede haber contribuido a situarlas más directamente dentro de un mundo de magia y misterio, de magos, brujas, enanos, elfos, ents y hobbits, en lugar de algo menos rico. No cabe duda de que Tolkien casi fundó el género de la fantasía moderna, lo que ha suministrado un terreno fértil para las mentes más mágicas que fanáticas. Muchas derivaciones populares en este ámbito, como la popular serie *Warhammer* de espada y brujería, emplean sigilos de tipo rúnico que poseen nombres y valores significativos y funcionan de forma mágica dentro de las convenciones de los juegos de rol. Aunque estas áreas tienen poca aplicación directa a los misterios nórdicos, es interesante especular sobre si pueden inspirar a la próxima generación, incluso sin saberlo, a gravitar hacia la tradición ancestral.

LA TEORÍA DE LA ADIVINACIÓN RÚNICA

Dado que has elegido leer este libro, puede que no tengas ningún problema con la idea de que las runas generadas "al azar" puedan llevar consigo significados o mensajes ocultos. Pero, ¿por qué habrían de hacerlo? Las culturas tradicionales han mantenido durante mucho tiempo la noción de que los presagios se producen en el mundo natural, signos que surgen de forma espontánea y anuncian alguna fortuna o desgracia en el reino humano. Hay muchos ejemplos de ello, desde la adivinación pasiva de los signos del mundo natural, como la creencia celta de que una bandada de cuervos que se posa en el tejado de una vivienda augura la muerte de alguien, hasta sistemas técnicos más activos e ingeniosos. En una lectura oracular, este tipo de signos se buscan y evocan a consciencia mediante un sistema creado como las Runas, que pretende reflejar todas las fuerzas, corrientes y energías que actúan en el mundo de la experiencia humana. Y subyacente al signo siempre hay una imagen.

Mientras que algunos oráculos, como el *I Ching*, se componen más que todo de texto (poemas oraculares con interpretaciones) que aconseja al lector, a veces de forma críptica, las imágenes son el corazón de los sistemas de adivinación de todo el mundo. Incluso los poemas oraculares del *I Ching* se basan en última instancia en las imágenes primarias del oráculo, como el pozo o el caldero. De hecho, según la tradición china, las imágenes tienen primacía. El tarot se ha conservado como un conjunto de imágenes en torno

214

a las cuales se ha agrupado un gran cuerpo de interpretaciones, y en mi libro *Ogam: The Celtic Oracle of the Trees*, se muestra que el antiguo alfabeto de los druidas irlandeses posee imágenes oraculares y su propio código poético críptico.

Del mismo modo, los símbolos rúnicos son signos acompañados de una imagen (a menudo implícita en su nombre) y un texto (los poemas). Estas imágenes se destacan en las visualizaciones de la parte 2 de este libro. Aunque tienen raíces culturales, su simbolismo trasciende el tiempo y el espacio y se dirige a nosotros en el aquí y ahora con su sabiduría ancestral. A través de ellos podemos recuperar, en toda su función de sistema mnemotécnico de correspondencias, el conjunto de signos adivinatorios del acervo de la tradición nórdica y germánica. Como vimos en la parte 1, los poemas rúnicos y su red de correspondencias en el mito y la literatura nórdicos muestran los significados más profundos de los signos. Pero, ¿puede el universo en verdad elegir las runas correctas para nosotros en el momento de la consulta, proporcionando así la clave para la resolución de una crisis?

En la adivinación moderna, algunos pueden utilizar las Runas para "adivinar el futuro", pero para la mayoría de los comentaristas el propósito de su uso es el autodesarrollo y la adquisición de conocimientos esotéricos. A veces se denomina *trabajo con imágenes* o *trabajo con arquetipos*. En cuanto a cómo o por qué debería funcionar un proceso de este tipo, a pesar de las divergencias de enfoque entre los distintos comentaristas, existe una unidad básica de perspectiva. Quizás sea apropiado comenzar nuestra breve discusión del tema con la más popular de las guías rúnicas, el libro *New Book of Runes* de Ralph Blum, una autoridad familiar para muchos. En el prefacio, el doctor Martin D. Rayner plantea una interesante teoría sobre el tema de las coincidencias significativas: "Tal vez estas interpretaciones de las Runas son tan evocadoras que cada una contiene algún punto que puede ser aceptado como relevante para alguna parte de lo que está sucediendo en los límites de la consciencia cualquier día, en cualquier momento, a cualquier persona", escribe. Ahora bien, la casualidad y la proyección psicológica son las explicaciones comunes y corrientes que dan quienes sospechan que la adivinación no refleja más que el deseo de quienes la practican de descubrir mensajes significativos. El doctor Rayner, sin embargo, somete a contemplación la siguiente pregunta: "¿Puede haber otros factores que distorsionen la aleatoriedad esperada de la selección de las runas para suministrar un lenguaje mediante el cual el subconsciente se da a conocer a sí mismo y sus expectativas? En lo que a mí respecta, mantengo la mente abierta, recordándome que las observaciones no deben descartarse simplemente porque sus mecanismos subyacentes aún no se hayan explicado satisfactoriamente"[20].

El término que busca Rayner es sin duda *sincronicidad*, ya que la lectura de las Runas como texto oracular, similar a la del tarot, el *I Ching* y otros muchos ejemplos contemporáneos, se basa en la noción de coincidencia significativa, tal y como C. G. Jung definió la sincronicidad. La sincronicidad en sí implica que existe una tendencia inherente a la formación de patrones en el universo, lo que significa que el macrocosmos se reflejará en el microcosmos, momento a momento.

Esta idea no es tan descabellada como pudiera sonarles a los no iniciados, incluso en términos científicos. Los físicos F. David Peat y David Bohm (antiguo alumno de Einstein) han realizado investigaciones especialmente significativas sobre la naturaleza sincrónica de los fenómenos cuánticos. Sus trabajos en colaboración, como *Science, Order, and Creativity* y *The Turbulent Mirror*, se han ocupado de desentrañar las implicaciones filosóficas del colapso del modelo empírico materialista occidental. Esto ha provocado a su vez una revalorización complementaria de otras cosmovisiones culturales más antiguas. En *Synchronicity: The Bridge between Matter and Mind*, Peat analiza el *I Ching* a la luz del concepto de "envoltura" cuántica de David Bohm:

> Cuando se tira el *I Ching*, se crea o despliega una imagen del momento concreto en el tiempo que incluye al que pregunta, la pregunta y todo lo que le rodea. Al igual que en la física cuántica el observador, o interrogador, está incluido en la descripción general de la realidad, el interrogador está, sin duda, vinculado a la adivinación. El microcosmos de este instante significativo está

representado por un hexagrama particular, dentro del cual están contenidos el equilibrio del yin y el yang. En cierto sentido, por tanto, el momento de la adivinación y el hexagrama que se obtiene son una imagen de la semilla de la que nace el futuro[21].

La visión de Bohm se acerca bastante a lo esotérico cuando afirma que existe un "orden envuelto" o "implicado" al que se le puede atribuir una tendencia a formar patrones y que el "orden explicado" (lo que llamaríamos el mundo material) no es más que una expresión creativa o un "despliegue" del orden implicado. La física cuántica y la teoría del caos ocupan un campo en rápida evolución, pero no es exagerado afirmar que, lejos de ser anticuada y supersticiosa, la perspectiva sincrónica de la tirada de runas concuerda bastante bien con las ideas de vanguardia de la emergente nueva física.

La importancia primordial de la sincronicidad en relación con la adivinación radica en que la aparición "aleatoria" de signos en una lectura es indicativa de fuerzas subyacentes a la superficie de los acontecimientos. La interpretación de su configuración en un reparto ilumina el flujo de los acontecimientos del pasado al presente y hacia el futuro. Este flujo no es necesariamente fijo: el objetivo de trazarlo es ver cómo podemos alterar o mejorar los posibles resultados de una situación dada. Puede trazarse un fructífero paralelismo entre la noción moderna de sincronicidad y el funcionamiento del ørlog (destino) en la red de Wyrd, tal y como se entiende en la realidad conceptual de los antiguos nórdicos. Lo apasionante de este paralelismo es que en los últimos años la noción de sincronicidad se ha extendido mucho más allá de los círculos de la psicología junguiana y los adeptos mágicos, como indica el pasaje citado. La sincronicidad puede estar en la raíz de la misteriosa forma en que las partículas subatómicas pueden "seguirse" unas a otras sin ningún vínculo físico y, en el libro antes citado, F. David Peat la evoca para explicar muchos procesos, desde la creación del cosmos hasta los principios subyacentes a la evolución.

Otra sugerencia que a veces se hace sobre las runas es que solían ser un conjunto de sonidos sagrados, incluso más primitivos que los cantos posteriores que acabaron convirtiéndose en los poemas rúnicos. Cada sonido correspondía e invocaba una determinada energía. Se trata de una noción de simpatía o correspondencia mágica. Stephen Flowers escribe en *Runes and Magic*: "La escritura es ampliamente utilizada en la ejecución de operaciones mágicas, pero nunca está claro en las etapas más arcaicas hasta qué punto las formas de las letras en sí mismas contienen poder y hasta dónde son puras abstracciones para el sonido que se cree que contiene poder"[22].

El hecho de que el futhark antiguo tenga tres filas de ocho runas cada una (las ættir) nos anima a pensar en cada ætt como una "octava" en una especie de escala esotérica u oculta. Un solo símbolo es como una nota dentro de esa escala, mientras que varias runas juntas forman un acorde.

Freya Aswynn no duda de que el origen de los signos rúnicos se encuentra en "una serie de sonidos relacionados con las fuerzas naturales", y ha producido un inquietante conjunto de cantos de nombres rúnicos y otros materiales tradicionales. Según ella, "el sonido era una forma paralingüística de comunicación. Poco a poco, determinados sonidos se relacionaron con sigilos específicos y se convirtieron en conceptos"[23]. Sea o no cierto, podemos considerar que los alfabetos en general incorporan una serie de sonidos, lo cual, por supuesto, es su rasgo distintivo. Sin duda, los sonidos de raíz subyacen a las runas individuales, aunque estos cambiaron con el tiempo y, como en el caso del *ogam* celta, podían utilizarse para organizar conceptos superiores. La importancia del sonido en las tradiciones místicas (como los monosílabos sagrados y los mantras del budismo tibetano) es bien conocida, y es posible desarrollar prácticas similares utilizando las runas. Puedes experimentar cantando estas sílabas, que se indican junto con los nombres de las runas en "Símbolos rúnicos", o, si lo prefieres, cantar los nombres asociados a cada runa. Como todos los cantos, cantar los nombres de las runas elude la mente crítica y racional y nos lleva al dominio de lo intuitivo.

Como hemos visto, aunque las Runas son una herramienta de autodesarrollo, también forman parte de un marco cultural tradicional; existen y encarnan una herencia ancestral. Para muchos pronosticadores, las lecciones del sistema rúnico tradicional no son menos importantes que el significado personal directo de una adivinación. Las Runas son llaves que abren puertas en el conocimiento colectivo nórdico, simbolizado por el pozo de Mímir. Como hemos visto, es vital conocer y comprender un poco el sistema tradicional nórdico de los nueve mundos para la práctica de la adivinación rúnica. De hecho, las Runas son una herramienta perfecta para reflejar la sabiduría nórdica y conceptos asociados como las acciones de las nornas y la red de Wyrd. Las Runas son hilos o acordes en la red que se "repican", por así decirlo, en el acto de adivinación, y nos permite darnos cuenta del contenido arquetípico de nuestras experiencias individuales. Esto está diseñado para ser una experiencia fortalecedora e iluminadora, y arroja la "luz de los dioses" sobre nuestra situación. Algunos escritores del renacimiento de las Runas, como Edred Thorsson, Tony Willis, y sobre todo Freya Aswynn, consideran a las Runas como un vehículo para esta herencia cultural. Para otros, las Runas tienen un significado más universal.

Los signos rúnicos no solo forman un tipo de texto sagrado dentro del renacimiento de los misterios nórdicos, sino que también están ganando cada vez más adeptos en el movimiento mucho más amplio del Paganismo contemporáneo. Como señala la antropóloga Tanya Luhrmann en *Persuasions of the Witch's Craft: Ritual Magic in Contemporary England*: "Existe un interés creciente por la magia que extrae su simbología de los antiguos relatos germánicos e islandeses y del corpus de la mitología nórdica"[24]. La búsqueda de una continuación viva de las "viejas costumbres" por parte de los practicantes modernos crea un deseo de capturar el espíritu del paganismo antiguo a través de una forma moderna de creer y de ser que intenta sintonizar con los ritmos de los elementos.

Podemos concluir, entonces, que la naturaleza de la adivinación rúnica depende en parte del énfasis del maestro y de las interpretaciones con las que esté trabajando. No todos los lectores de runas elegirán seguir todas las interpretaciones o prácticas antes mencionadas. Obviamente, una persona que busque información pragmática a través de una tirada orientada al futuro utilizando una lista corta de correspondencias adivinatorias generará una predicción de tipo adivinatorio. En una lectura de este tipo, el énfasis es material y los signos recibidos se interpretarán de modo literal.

Por otra parte, si buscas un espejo de tu situación en el mundo de la red de las asociaciones rúnicas tradicionales, y trabajas contemplando la imagen y los versos del poema rúnico que se adjuntan a cada símbolo, profundizarás mucho más en los elementos tradicionales. Aun así, el carácter de la lectura puede variar. Algunos lectores pueden centrarse en el trabajo con arquetipos o imágenes, lo que tiende a dar a la interpretación una orientación psicológica o psicoespiritual, mientras que, para otros, la lectura puede ser un tipo de narración que utiliza los símbolos tradicionales y las narraciones adjuntas. En este caso, los cuentos antiguos y las imágenes poéticas de las Eddas y otros textos del mundo nórdico adquieren un cariz personal, como si el lector de runas hubiera entrado de algún modo en el propio mundo de la red. El individuo sigue los signos como si fueran hilos en un laberinto de significados, a la vez que crea una historia personal compuesta por los textos rúnicos que puede relacionarse con acontecimientos de la vida del buscador. Otros utilizan las runas más como una ayuda para la intuición y el desarrollo psíquico. Trabajar con las runas de forma regular, especialmente si estás haciendo lecturas para otros, sin duda mejorará tu intuición y ayudará a activar habilidades psíquicas y precognitivas latentes.

Por supuesto, el objetivo principal de la mayoría de los trabajos con runas sigue siendo el autoanálisis y la investigación de los factores que subyacen en las situaciones personales difíciles. De hecho, el aspecto más popular de las runas en los tiempos modernos ha sido el autodesarrollo y lo que podría llamarse autoayuda. Algunas personas pueden ver las Runas como un vehículo para comunicarse con su "guía personal" (un concepto paralelo en la tradición nórdica por el *hamingja*, o espíritu guía ancestral), su yo superior, o tal vez el dios o la diosa, en cualquier forma que la gente elija para adorarlos. Estas adaptaciones de la Nueva Era de un sistema milenario han abierto muchas puertas interesantes. De hecho, en muchos sentidos el término Nueva Era es un término erróneo. Muchas de las cosas que se denominan Nueva Era, a menudo de forma un tanto burlona, son en realidad prácticas y técnicas ancestrales. La frase llegó al inglés con William Blake, que tomó el concepto del místico sueco

Swedenborg, por lo que la idea tiene un linaje más noble de lo que sugieren las primeras apariencias. Pero, en cualquier caso, todo debe avanzar con los tiempos. ¿De qué sirve un sistema esotérico si no se dirige a nosotros en el aquí y ahora con conocimientos perspicaces y prácticos?

Aunque algunos comentaristas pueden alejarse mucho de la sabiduría verificable de la tradición rúnica al utilizar los símbolos como un sistema demasiado fluido, y atribuirles casi cualquier conjunto de obviedades o ensamblaje de enseñanzas de la Nueva Era, merece la pena mantener un sentido de la diversión, del "juego sagrado" en relación con las Runas. El juego sagrado, como ilustra Ⱶ (la runa *pertho*), es la noción de que lo sagrado puede revelarse en un espíritu de juego. Ahora bien, cuando utilizamos el concepto de sincronicidad para generar un conjunto de signos significativos, en realidad estamos interactuando con el universo a un nivel profundizado. Pero no hay que suponer que la búsqueda y obtención de la verdad de este modo sea siempre un proceso de la mayor seriedad y piedad. Los libros de runas son sistemas de "juego oracular", como señalan varios autores. Siempre debemos esforzarnos por acercarnos a las Runas con un espíritu de respeto, pero manteniendo la ligereza de corazón. En efecto, es posible ver el universo mismo como una manifestación de una especie de humor cósmico, aunque a veces parezca que la broma nos la gastan a nosotros. A menudo se dice que los vikingos se reían de la muerte, y al menos en esto pueden tomarse como modelo a imitar. El fatalismo y la negatividad no ayudan a nadie en su búsqueda del desarrollo personal. Aparte de todo lo demás, las runas, según mi experiencia, son divertidas.

Bien utilizadas, las Runas pueden convertirse en poderosas ayudantes y aliadas, e iluminar para nosotros regiones de nuestra experiencia que a menudo están ocultas a nuestra propia vista. Al hacer conscientes los patrones subyacentes, podemos identificar las áreas problemáticas y trabajar a nivel del bloqueo energético real. Al mismo tiempo, las Runas suelen animarnos a celebrar la buena suerte que tenemos. Junto con la bendición de los buenos consejos, nos animan a bailar el camino del mundo.

EL ARTE DE LA
TIRADA DE RUNAS

Esta sección de *Runas nórdicas* presenta un sistema para entender y practicar el arte de la adivinación rúnica. Ahora, en este libro el término *tirada de runas* es usado en un sentido general para significar adivinación mediante runas. Sin embargo, en los círculos contemporáneos encontrarás que a menudo se utiliza más en específico para la práctica de lanzar runas al azar sobre una tela blanca y observar el patrón de su caída. Esta técnica es la forma más espontánea, desestructurada y, en cierto sentido, prioritaria de la adivinación rúnica. Pero también hay muchas "tiradas" rúnicas similares a las que se utilizan para las cartas del tarot: una de las más sencillas consiste en las tres posiciones de pasado, presente y futuro. Se colocan las runas una tras otra y luego se lee el significado de los símbolos en conjunción con sus posiciones en la tirada.

Los que no estén familiarizados con la práctica de la tirada de runas podrían preguntarse qué se necesita para poder leer runas con éxito. ¿Hay que ser clarividente o psíquico? ¿Hay lectores más dotados que otros? En realidad, no existe una respuesta única a estas preguntas. Depende en parte de cuál sea el objetivo de la lectura (y del lector). En *Runas nórdicas* nos ocupamos de algo más que de la mera adivinación. La adivinación, como ya se ha dicho, consiste en descubrir el núcleo de la verdad superior en una situación, el cociente de la realidad sin diluir, para que el lanzador pueda tomar decisiones mejor informadas. Más allá de estos términos prácticos, también implica una búsqueda de significado y comprensión. Por supuesto, la adivinación permite leer el futuro, pero su lugar está junto a un análisis global de las tendencias que se producen en la vida de una persona, que implican cuestiones del pasado y del presente tanto como del futuro. Para una lectura pura del futuro, probablemente lo mejor sea consultar a un clarividente o vidente dotado.

Esto significa, en esencia, que una persona no necesita ser vidente natural para adivinar con éxito. Las runas, como otros sistemas de adivinación, aumentarán tu intuición y, con tiempo y paciencia, mejorarán tu acceso a grados superiores de percepción. Y las cualidades que hacen a un buen lector o maestro son, en última instancia, las mismas que el trabajo con runas fomenta: perspicacia, comprensión, autoconocimiento, compasión, fuerza, resistencia, autodominio y compenetración con los grandes misterios de la vida. A menudo la gente se acerca a los sistemas de adivinación con un espíritu sensacionalista, quizás para probar o experimentar o para demostrar que una técnica es verdadera o falsa, pero una faceta crucial del proceso de adivinación es que se trata de un asunto interactivo: obtendrás del proceso tanto como estés dispuesto a aportar, ya sea leyendo para ti mismo o haciendo que otros interpreten las Runas.

¿Cómo funciona, en esencia, la adivinación rúnica en la práctica? La caída de una runa en una "posición" determinada en un trazado es la clave de la lectura oracular con runas. Edred Thorsson, al comentar cómo se interrelacionan estos dos elementos para generar una lectura, proporciona dos términos técnicos útiles para describir la dinámica del procedimiento: "La lectura de runas, como cualquier sistema preciso de adivinación (*I Ching*, tarot, astrología) se basa en la superposición, aleatoria en apariencia, de 'elementos significativos' sobre 'campos significativos'. A partir de la combinación e interrelación de esas combinaciones, se lee la interpretación completa"[25].

En otras palabras, una runa es significativa en sí misma, y ese significado adquiere su especial relevancia según su posición en una tirada, a lo que podríamos añadir la situación de la persona que saca las runas como tercer elemento. Tal es el fundamento técnico básico de la adivinación rúnica.

Una vez que comprendemos la simplicidad esencial del proceso, queda claro que todo lo que tenemos que hacer es ser receptivos a lo que nos ofrece la lectura.

Las runas se organizan en un patrón significativo; nuestro papel es interpretar su mensaje para nosotros (o para la persona para la que estamos leyendo, a menudo conocida en el lenguaje adivinatorio como el consultante). Enfocar la mente y preparar el espíritu para lo que suele ser un proceso reflexivo es la mejor manera de empezar. Con el tiempo desarrollarás un sentido único del espacio que se despliega y profundiza con cada ocasión en la que te preparas para adivinar. Es un estado relajado, abierto y, en cierto modo, desapegado, impregnado de paz y calma. Lo que estamos haciendo esencialmente en esta fase es crear una especie de espacio sagrado en el que entrar en el proceso de adivinación, un lugar seguro y nutritivo al que volvemos una y otra vez y que se acentúa con el tiempo.

La adivinación es como mirarse en un espejo, buscar más allá de las imágenes narcisistas que el ego refleja por nosotros cuando pensamos en nosotros mismos en términos materiales para mostrar las cosas como realmente son. Las runas son símbolos que nos reflejan la progresión de las etapas y los estados por los que pasamos, al permitir evaluarnos con una objetividad poco común que también es muy sensible a nuestras percepciones subjetivas. Las Runas cartografían la realidad y nos muestran nuestro lugar en ella; permiten al buscador identificar el paisaje emocional, espiritual y material por el que atraviesa y le ayudan a aconsejar cuál es la mejor actitud o respuesta dadas las circunstancias. Las Runas son, al mismo tiempo, guías para la acción más que árbitros absolutos. El destino es fluido y debemos considerarnos sus hijos más que sus siervos. Ahora, antes de regresar al proceso de lectura, veamos más de cerca algunas de las técnicas que se han desarrollado para facilitar nuestro trabajo con las Runas.

HACER Y CARGAR TUS RUNAS

Como vimos en la primera parte, "Tradición rúnica", hay pocas referencias concretas a la adivinación rúnica en las fuentes históricas. Por ello, el relato de Tácito en el que el historiador romano describe un rito germánico de echar suertes se ha convertido en un documento clave para reconstruir el ritual de la adivinación rúnica. El ritual es importante en la medida en que muestra los pasos a seguir y nos centra en el carácter especial del arte al que nos dedicamos. Veamos de nuevo la imagen que Tácito esboza del arte del "sortilegio" entre los *germani*:

> Prestan la máxima atención a la adivinación y echar la suerte. Su método es muy sencillo: cortan una rama de un árbol frutal en rodajas que marcan con signos distintivos (en latín: *notae*) y esparcen al azar sobre una tela blanca. A continuación, el sacerdote de la comunidad invoca a los dioses y, con los ojos elevados al cielo, toma tres trozos de madera, de uno en uno, y los interpreta según los signos ya tallados en ellos[26].

Varias referencias en los materiales originales también sugieren que las auténticas runas de antaño se tallaban en ramitas, con ocre o incluso sangre a manera de tinta (de ahí el nórdico antiguo *hlaut-teine*, "ramita de la suerte" o "ramita de sangre", como se menciona en "Tradición rúnica"). No hace falta decir que no hay que seguir estas pistas al pie de la letra. Hoy en día se utilizan pequeñas piedras o tablillas de cerámica, incluida la variedad producida en masa que Edred Thorsson llama "galletas rúnicas" en lugar de ramitas de la suerte. Muchos practicantes ya poseen tales conjuntos, pero en última instancia es deseable que usted haga sus propias runas de piedra, cerámica o madera y, del mismo modo, que las inscriba personalmente. Este proceso personaliza las piedras y les infunde tu energía única. También puedes convertir todo el proceso en una especie de ritual al meditar profundamente sobre el significado de cada runa mientras la inscribes.

Las runas (piedras rúnicas) deben guardarse en un lugar especial, "resguardado" mediante un ritual, del mismo modo que en la tradición china el *I Ching* debe colocarse siempre en el nivel superior de una estantería para no ofender a los *shenming* o espíritus adivinatorios. Es deseable que, antes de su primer uso, las runas se "carguen" de algún modo. Esto puede implicar un periodo de meditación sobre los signos y la consagración de las piedras rúnicas en un lugar sagrado de un tipo u otro. El objetivo es personalizar y dar poder a las piedras. Debemos recordar que el animismo, la creencia de que el poder espiritual puede residir en objetos materiales, es una característica del Paganismo contemporáneo, y por ello tenemos la práctica de activar las piedras para que, de cierta forma, cobren "vida". Imbuir a las piedras rúnicas de potencia viva también las carga para fines mágicos relacionados con talismanes y rituales. A veces, la gente se pone una piedra rúnica bajo la almohada cada noche hasta haber trabajado toda la secuencia, como para grabar los significados en la mente subconsciente, o incluso las talla en una galleta o bollo y se las come en una ceremonia, para, literalmente, ingerir la energía del símbolo.

Otra forma de consagrar las piedras rúnicas consiste en exponerlas a las distintas fuerzas elementales que representan: el sol, el hielo, el granizo, el fuego, etc. Esto también sirve para reforzar su conexión con los poderes inherentes a estos elementos.

CREACIÓN DE UNA BOLSA Y DE UN MANTEL PARA TIRADAS

La tradición no establece que las runas deban guardarse en una pequeña bolsa de cuero o tela, pero dados los materiales de que se disponía en la época, no cabe duda de que esa habría sido la forma de guardar y transportar cualquier cosa preciosa y talismánica. De hecho, en *Eiríks saga rauða* (La saga de Erik el Rojo), que se encuentra en la parte 1, la descripción de la sacerdotisa sami Thorbjorg, última superviviente de nueve hermanas, cuenta como "alrededor de su cintura llevaba un cinturón de madera de tacto, y en él había una gran bolsa de piel en la que guardaba aquellos amuletos suyos que necesitaba para su magia"[27]. Por supuesto, las ramitas rúnicas pueden haberse destruido a veces después de su uso en un ritual, pero la dificultad de crear un nuevo conjunto para cada acto de consulta habría hecho de esto un hecho menos que cotidiano.

Aunque por lo general las piedras rúnicas deben guardarse en una bolsa de tela o cuero, la verdadera tirada requiere un mantel blanco ceremonial, como describe Tácito. Puede ser de algodón, lino, seda u otro material precioso, pero no sintético, y debe mantenerse limpio, en sentido literal como ritual. Algunos lectores de runas marcan la tela con divisiones que trazan diferentes "esferas" de existencia, y los símbolos se interpretan entonces a la luz de las áreas en las que han caído, que actúan como posiciones en una tirada, pero esto no es necesario para las tiradas expuestas en este libro.

INVOCACIÓN

En el relato de Tácito, leemos que antes de la adivinación, el sacerdote "invoca a los dioses". Pocas fórmulas de invocación reales se han conservado en los relatos históricos; sin embargo, existe amplia documentación sobre la invocación de dioses y diosas como Odín, Thor, Frey, Njörd y Freya en rituales de protección y venganza y en la toma de juramentos[28]. En la adivinación contemporánea, al igual que en la antigua, es habitual ofrecer alguna invocación o canto al comienzo del lanzamiento. Hay que recordar que en ciertos aspectos, los "dioses" de la creencia antigua se entienden como entidades simbólicas que representan ciertas funciones o fuerzas del ser o de la naturaleza. Aunque las energías a las que nos referimos son objetivamente reales, las personificamos en términos culturales para que nos proporcionen un símbolo o modelo comprensible. Así, una invocación a Odín, por ejemplo, es en parte una llamada a la fuente profética, poética y oracular de la propia inspiración, que puede considerarse tanto una cualidad de uno mismo como un agente externo que nos "visita".

Estos cantos están diseñados para cargar el espacio en el que se produce la adivinación, con lo que se crea así un recinto simbólico, un círculo mágico dedicado a la obra en cuestión, dentro del cual surgen los "dioses". El siguiente canto está diseñado para invocar a Odín en su papel de maestro de las runas, la adivinación y la magia.

Alabado seas, Odín, padre de todo,
maestro de la magia, del misterio y del poder.

Guardián y dador de las runas,
Préstame tu único y ardiente ojo.

¡Odín! ¡Te llamo, te invoco
En tu aspecto de Grímnir, el encapuchado!

Por la uña de las nornas, por la lengua de Bragi,
Por los dientes de Sleipnir y el pico del búho,
Por la sangre, por los huesos, por los parientes del pasado,
¡Te llamo, te invoco!

Ven, Padre de Todo, a este círculo
A bendecir y consagrar
La tirada que se va a realizar.

Aunque Odín es el archidios de la adivinación, puede que algunos lectores prefieran invocar a la diosa, en uno u otro de sus aspectos. De hecho, hay una descripción de un ritual de adivinación de *Eiríks saga rauða* (La saga de Erik el Rojo), que implica una variante nórdica del gran rito pagano contemporáneo del lanzamiento en círculo, un ritual derivado de la magia ceremonial. En esta poderosa historia lo lleva a cabo la chamana Thorbjorg, que trabaja en la tradición *seidr*, y el relato es tan hermoso que lo he incluido completo aquí.

[Thorbjorg] se equipó con los aparatos que necesitaba para realizar sus hechizos. Pidió que se encontraran mujeres que tuvieran los conocimientos necesarios para realizar el hechizo y que llevaran el nombre de Varblokur, guardianas espirituales. Pero no encontró a ninguna, así que buscó por toda la casa para ver si había alguien versado en la materia.

"Yo no soy experta en magia", fue la respuesta de Gudrid, "tampoco soy profetisa, pero Haldis, mi madre adoptiva, me enseñó en Islandia la tradición [o "canto"] que ella llamaba Varblokur".

"Entonces eres más sabia de lo que me atrevía a esperar", dijo Thorbjorg.

"Pero esta es la clase de tradiciones y procedimientos en los que siento que no puedo ayudar", dijo Gudrid, "pues soy una mujer cristiana".

"Sin embargo, podría pasar", dijo Thorbjorg, "que resultaras útil a la gente en este asunto, sin ser peor mujer que antes. Aún así, dejo en manos de Thorkel el procurarme las cosas que necesito aquí".

Thorkel [el señor de la casa] presionó entonces a Gudrid, hasta que ella dijo que haría lo que él deseaba. Las mujeres formaron un círculo a su alrededor, mientras Thorbjorg se sentaba en la plataforma de hechizos. Gudrid recitó el canto con tanta belleza y tan bien que ninguno de los presentes pudo decir que había escuchado antes el canto recitado por una voz más hermosa. La vidente le dio las gracias por su canto, diciendo que había atraído a muchos espíritus que consideraban maravilloso prestar oídos al canto, espíritus "que se mantienen alejados de nosotros y no nos prestan atención. Y ahora se me revelan muchas cosas que antes estaban ocultas para mí y para los demás".

A continuación, la vidente profetiza y habla a los presentes de las pruebas que superarán y de la buena fortuna que les espera.

Aunque no conocemos las palabras exactas del canto, podemos adivinar con facilidad la deidad a la que se dedicó toda la ocasión. Freya es la maestra de la escuela de magia conocida como *seidr*, que Thorbjorg practicaba, y la diosa es una poderosa chamana y vidente por derecho propio. Aunque no se la relaciona directamente con las Runas, el mito nórdico revela varias figuras divinas femeninas como maestras de la magia rúnica y practicantes de la videncia. Freya es famosa por haber enseñado magia a los dioses de los æsir y como tal es una figura útil para invocar, para aquellos que se sienten en relación con ella. El siguiente canto es al estilo de la hechicería tradicional, para aquellos que deseen consagrar así su ritual de adivinación.

Alabada seas, Freya, reina de los æsir,
Reina de los vanir, bella dama de Álfheim.
Señora de la magia, madre de Midgard;
Por el poder soberano de la seidr
Y la fuerza de Brísingamen
Préstame tu visión en este rito mío.

¡Freya! ¡Gran diosa! ¡Te llamo, te invoco!
Rodéame con tu manto emplumado
Para que pueda ver a través de los nueve mundos
Desde las raíces hasta el tronco y las puntas
Del árbol sagrado, Freya, ¡regálame tus secretos!

¡Freya! Te llamo, te invoco:
Por la rueda del carro y la ligera pata del gato,
En las alas del halcón, desde las oscuras venas del suelo,
Por la dorada luz del día y el oscuro manto de la noche.

Ven, reina de todo, a este círculo
A bendecir la tirada que se va a realizar.

Quienes prefieran rituales menos pomposos, pueden sustituirlos por palabras que tengan un significado personal. Lo importante en un ritual es la concentración y la intención. También es vital sentirse cómodo con las formas que se utilizan. Las fórmulas tradicionales están ahí más que todo para vincularnos con el pasado y aumentar la potencia de un canto a través de la repetición y la resonancia que esto crea a través de los nueve mundos. Si tienes tus propios guardianes o protectores, puedes ofrecerles una oración o simplemente forma una intención, sin necesidad de emitir palabras.

Las instrucciones para generar un ritual mágico no estarían completas sin unas palabras de precaución. Sin importar como se entienda la naturaleza de los dioses antiguos, no se debe invocarlos con un estado de ánimo equivocado. Con esto quiero decir que los elementos del ritual antes descritos, diseñados para garantizar la pureza del ritual, deben ser respetados, y la adivinación debe evitarse cuando una persona se siente enojada, molesta o con ganas de engatusar. Esto podría parecer contrario al propósito de la adivinación, ya que la gente a menudo recurre a las Runas u otros oráculos cuando se ve envuelta en una crisis personal. El punto no es que no podamos llevar nuestros problemas a las Runas (esta es una de las razones por las que deben emplearse las "runas de buena ayuda"), lo importante es que no debemos poner sobre el oráculo toda la carga de responder de tal o cual manera. Cuando entramos en una lectura esperando, incluso exigiendo, una respuesta determinada, los resultados pueden ser a menudo desagradables. Además, invocar casualmente a dioses antiguos mediante fórmulas de hechicería tradicionales despierta fuerzas que, aunque llenas de iluminación, se tratan mejor cuando se está en un estado de pureza ritual.

A modo de ejemplo, una vez realicé una lectura del tarot en circunstancias poco ideales y los resultados fueron un tanto aleccionadores para los afectados: se trataba de una pequeña reunión en la que una pareja que acababa de conocer me pidió que les hiciera una lectura, pero, por desgracia, la gente había bebido, y yo tengo por norma no mezclar la adivinación con el alcohol. Sin embargo, como la mujer en cuestión se marcharía pronto, era posible que no se presentara otra oportunidad hasta dentro de algún tiempo. Era una noche algo tormentosa y en lo personal me pareció que los elementos lucían perturbados, pero por cortesía accedí. Lo que sigue parece sacado de una película de terror de mal gusto, pero esto es lo que ocurrió: coloqué las cartas sobre la mesa, y la primera que volteé, frente al consultante, fue la Torre; una carta del tarot que suele considerarse mala para los enamorados, por su representación de dos figuras (un hombre y una mujer) que caen en direcciones opuestas desde lo alto de una torre en ruinas que ha sido alcanzada por un rayo. Cuando me disponía a explicar la carta, un relámpago iluminó la habitación a través de una claraboya y un gran trueno ahogó mis palabras. El pobre hombre de la pareja se levantó de un salto de la silla, y justo después una ráfaga de viento abrió de golpe la puerta trasera de la casa, y la puerta de la habitación en la que estábamos sentados se abrió también, enviando una ráfaga helada y esparciendo las cartas.

No estoy sugiriendo que la lectura en ese momento invocara el trueno, pero la sincronía de los hechos fue desagradable y no pasó desapercibida para los presentes. La lección que saqué de ello es que nunca se debe hacer una lectura, ni siquiera por un falso sentido de la cortesía, si se tiene algún reparo al respecto. No hará ningún favor a los destinatarios.

Una vez hecha esta dramática salvedad, me gustaría señalar que, según mi experiencia, la inmensa mayoría de las lecturas son ocasiones muy edificantes, y a veces hay personas que se acercan a mí después de meses, o incluso años, para contarme lo precisas o útiles que resultaron ser las Runas. Con unas cuantas reglas básicas, tu experiencia será igual de satisfactoria. Recuerda que la tradición afirma que las Runas fueron dadas para ayudarnos a progresar, no para entorpecernos.

TIRADAS
Y LECTURAS

Existen docenas de técnicas de tiradas disponibles para su uso, algunas de ellas son estándar, otras creaciones únicas. También es posible que quieras innovar sobre la marcha. En ocasiones, las Runas pueden sacarse de su bolsa para colocarse en posiciones inspiradas por las necesidades del momento, de modo que, al instante, se crea una tirada novedosa.

Una tirada es una disposición de runas según un patrón preestablecido de posiciones, que consiste en lanzar runas sobre una tela (que puede estar dividida en segmentos o "campos significativos"), aunque, a menos que se indique lo contrario, el término tirada se utiliza aquí en sentido general para abarcar tanto las posiciones como estos lanzamientos. A continuación, se presentan cinco ejemplos concretos. Encontrarás una lista de significados para cada posición en la tirada dada, seguida de un ejemplo de lectura en el que podemos observar la interrelación del signo rúnico y la posición. Ten en cuenta que una tirada se lee en el orden en que se han numerado las posiciones (véase más abajo), aunque después de colocarlas puede que desees observar las interrelaciones entre todas las runas, sin importar del orden. Esto nos lleva al tema de la posición relativa de una runa, en otras palabras, como se relaciona con las runas que la rodean. Aquí no hay reglas rígidas, pero si una lectura tiene un tema general particular, la posición relativa de una runa afectará a como la leemos en la tirada. Si la tirada incluye posiciones como pasado, presente y futuro, por ejemplo, las runas en estas posiciones pueden tener un significado especial. Por ejemplo, *isa* en el presente seguida de *sowulo* en el futuro tendería a indicar que la desgracia actual está siendo disipada por una nueva luz que entrará en la situación en el futuro. Además, una runa bastante ambigua, como *Inguz*, se aclara gracias a las runas de su entorno inmediato, sobre todo cuando la propia tirada contiene una secuencia clara de acontecimientos o permite observar con facilidad el desarrollo de un tema concreto.

Por último, unas palabras sobre las runas invertidas: se considera que una runa está invertida cuando, aunque se coloca boca arriba para mostrar el lado con el símbolo, el propio símbolo permanece apuntando hacia abajo. Las runas que son iguales cuando apuntan hacia arriba como hacia abajo no tienen significado de invertidas. Algunas personas consideran que una runa está invertida cuando sale de la bolsa boca abajo (de modo que se ve el reverso de la piedra en lugar del lado con el símbolo). En mi opinión, si una runa está boca abajo, lo mejor es darle la vuelta de izquierda a derecha para no correr el riesgo de invertirla por accidente. No considero que una runa boca abajo tenga significado de invertida, de hecho, nueve de las runas no lo tienen, así que ¿cómo sería posible leer cualquiera de estos nueve como invertido si salieran boca abajo? Si una posición particular en una tirada se refiere a cuestiones negativas (véase, por ejemplo, la séptima posición en la tirada del maestro de runas más abajo), entonces se dice que una runa en esa posición está "mal aspectada"; es decir, consideramos su significado invertido, incluso si no está invertida (¡suponiendo, por supuesto, que la runa sea invertible!).

Las lecturas están redactadas a partir de tiradas en las que se animó al consultante (la persona para la que se realiza la tirada) a tomar parte activa en la interpretación. Estas redacciones pretenden reflejar en la medida de lo posible las interpretaciones subjetivas de estos hombres y mujeres sobre los diseños o las tiradas y mostrar cómo se interpretan los signos para que funcionen en las lecturas reales.

TIRADA DE LAS TRES NORNAS

Una tirada de runas común y sencilla consiste en colocar tres runas una detrás de otra para representar el pasado, el presente y el futuro. Estas posiciones corresponden al papel de las tres nornas, que, en la mitología nórdica, gobiernan "lo que pasó, lo que está pasando y lo que está por venir". La variación siguiente es una tirada de cuatro runas, en la que primero dibujamos una runa para definir el tema general de la adivinación:

	Primera posición: el tema	
Segunda posición: la raíz del tema	**Tercera posición:** eventos actuales	**Cuarta posición:** el resultado probable

Esta tirada elemental puede ser muy reveladora. Recuerda que las runas son multifacéticas, y una disposición al parecer muy simple puede contener muchas capas de significado oculto. También tiene la virtud de ser fácil de aprender y recordar: una disposición cotidiana, por así decirlo. Sin embargo, como siempre, no debemos caer en el fatalismo ante los consejos o las aparentes predicciones de las Runas, como ocurre con cualquier otro sistema de oráculos, ya que el futuro siempre debe considerarse flexible y no inamovible. Las Runas dan impulsos y consejos profundos, pero su interpretación debe complementarse con nuestra propia intuición y un sentido del libre albedrío sanamente desarrollado.

Ejemplo de lectura

Jane, una curandera, decidió consultar las Runas porque sentía que había llegado a un punto muerto en su búsqueda de un hogar habitable y un sentido de pertenencia. Dos años antes había puesto fin a una relación de siete años con su pareja (con quien vivía entonces) y un año después se mudó de una agradable casa en un lugar semirrural al centro de una gran ciudad. Esperaba encontrar un apartamento que le brindara una sensación de calidez y seguridad, pero fracasó tras varios intentos. Vivir en la ciudad era necesario porque Jane estaba cursando estudios a tiempo parcial, y tenía esperanzas de llevar una nueva y estimulante vida con mayor acceso a oportunidades, lo que le brindaba vivir en la ciudad. Sin embargo, empezaba a desesperarse por no encontrar un entorno que satisficiera sus necesidades más profundas. Consultó las Runas, con el siguiente resultado:

	Primera posición: ◆ el tema	
Segunda posición: ᚹ la raíz del tema	Tercera posición: ᚱ eventos actuales	Cuarta posición: ᛉ el resultado probable

El tema: ◆ (*Inguz:* sexualidad)

Ninguno de los significados de la runa *Inguz* resonó para Jane hasta que llegó a su aspecto festivo. Jane, una vegetariana estricta, defensora de los derechos de los animales y de causas, sentía que había perdido el sentido de la diversión espontánea y la capacidad de celebrar la vida. Interpretó la aparición de la runa *Inguz* como un recordatorio de lo que se había estado diciendo a sí misma en este sentido: era hora de relajarse y permitir que su energía fértil y vital se expresara con mayor libertad.

La raíz del tema: ᚹ (*wunjo:* dicha)

La segunda runa fue mucho más fácil de interpretar para Jane. En lo que se refiere a la relación cancelada, Jane intentaba restablecer la amistad con su expareja y se había permitido recordar sus momentos más felices, lo que consideraba un proceso constructivo. El verso del poema rúnico anglosajón de esta runa dice:

La alegría viene a quienes no conocen la tristeza,
bendecidos con ganancias y abundancia,
contentos en una comunidad fuerte.

Asimismo, aunque Jane creía que era necesario dejar de vivir en una comunidad más pequeña, echaba de menos la sensación de pertenencia y familiaridad que le había proporcionado. Asociaba aquellos tiempos con la sencillez y la seguridad. Así, *wunjo* describía bien el pasado de Jane en contraste con el presente.

Acontecimientos actuales: R (*raido:* ritmo)

Desentrañar las asociaciones de esta runa resultó muy significativo para Jane. El verso del poema rúnico anglosajón para *raido* dice:

Cabalgar es fácil para los héroes
dentro de un salón; es mucho más difícil a horcajadas
de un caballo fuerte recorriendo los senderos de las
grandes millas.

Jane sintió que esto reflejaba a la perfección su circunstancia actual: mientras aún estaba "dentro de un salón" (una referencia, según ella, a su vida anterior), las cosas eran "suaves" (es decir, fáciles y cómodas), pero se sentía confinada e incluso asfixiada. Ahora se encontraba "a horcajadas... en los grandes senderos" de una ciudad, valiéndose por sí misma en un mundo más amplio, fuera de su zona de confort.

Sin embargo, Jane reconoció en esta runa un reto al que debía enfrentarse. La imagen del "caballo fuerte" le tocó una fibra sensible, ya que había crecido en una granja rodeada de caballos y recordaba con cariño su relación infantil con estos animales. Cuando le dijeron que algunos de los significados adivinatorios de *raido* eran "ir a sitios, ritmo, movimiento", sintió que eso resumía bien su actual fase de existencia. Aunque no esperase alcanzar un sentido de lugar en un futuro inmediato, se encontraba en una fase de progreso y tenía una sensación de impulso en su vida que le había faltado en su existencia anterior. La imagen de un jinete firme en la silla de montar de un caballo se interpretó como su permanencia centrada en el flujo de su existencia actual.

El resultado probable: ⋈ (*dagaz:* luz de los dioses)

El día es el mensajero de los dioses;
la luz de los dioses concede el éxtasis,
buena esperanza y bendición para todos.

Esta runa se correspondía con las esperanzas de Jane para el futuro. Aunque estaba reconciliada con los aspectos externos de su situación actual, afirmaba que los últimos tiempos había sentido que su mundo se había oscurecido. La runa *dagaz* representa literalmente "día", pero también "un día": un ciclo de luz y oscuridad seguido de un nuevo amanecer. Algunos comentaristas interpretan la forma helicoidal de la runa como una representación de la luz que mengua hasta un punto de oscuridad total y luego reaparece y vuelve a brillar.

Lo anterior llamó la atención de Jane. Le reconfortaba pensar que sus circunstancias actuales eran una fase dentro del camino más amplio de su vida, pero empezaba a preguntarse cuándo volvería la sensación de luz interior a la situación. *Dagaz* le pareció la confirmación de que había luz al final del túnel. Esta conclusión la llevó de vuelta a *Inguz* y reafirmó su sensación de que necesitaba aligerarse, recuperar el disfrute y la celebración de la vida.

TIRADAS DE LA RUEDA DEL AÑO

La rueda del año es el ciclo estacional que suele celebrarse en el Paganismo contemporáneo. Las siguientes lecturas implican la superposición de los puntos de la rueda del año con runas, lo que crea un análisis divino de todo un ciclo anual. *Nota*: los calendarios sagrados reproducidos a continuación se basan en el sistema general de fechas de festivales utilizado en el Paganismo contemporáneo, no son específicos de la tradición nórdica. Para un análisis de los calendarios germánicos y nórdicos, véase la runa *jera*.

Aquí se ofrecen dos variantes: la tirada de las cuatro estaciones y la tirada de la rueda óctuple. Esto nos permite trazar nuestro progreso a lo largo de todo un año, con más o menos detalle, dependiendo de si elegimos una o la otra.

La tirada de las cuatro estaciones incluye los cuatro puntos estacionales principales del año, que he mencionado bajo sus títulos nórdicos, con los términos más generales usados en el Paganismo contemporáneo incluidos entre paréntesis. Estas fiestas solares se basan en la proximidad del sol a la tierra y son más universales y antiguas que las fiestas del fuego, que reflejan los ciclos agrícolas celtas. Llegar a un calendario "nórdico" que encaje con los festivales de fuego paganos contemporáneos es difícil, por lo que en la rueda óctuple he utilizado los términos celtas más conocidos. Diferentes grupos de misterios nórdicos han encontrado sus propias soluciones a este problema, así que dejaré este asunto a la discreción del lector. No es necesario decir que es muy sencillo adaptar estas tiradas al sistema de tu preferencia. En ambas tiradas, las fechas del hemisferio sur aparecen entre paréntesis: en el hemisferio sur, el sentido de la rueda se invierte.

Por favor, ten en cuenta que estas dos tiradas funcionan mejor como una especie de gráfico para medir el desarrollo de los acontecimientos y los retos que plantean. Tenderás a encontrar que las runas que salgan al tirarlas de esta forma se corresponden bastante con el desarrollo del camino de tu vida. Sin embargo, las runas son polifacéticas y rara vez se ajustan a nuestras expectativas exactas, así que no te alarmes si aparece una runa de aspecto negativo en el futuro. No se corresponde necesariamente con lo que te dicen tus miedos. Además, el objetivo de las Runas es aprender a combinar tu futuro de forma creativa; un presagio "negativo" te da la oportunidad de anticiparte a una dificultad y tomar medidas para evitar o enmendar dificultades en el futuro.

Tirada de las cuatro estaciones

En la tirada de las cuatro estaciones simplemente colocamos cuatro runas, empezando por la estación más cercana al día de la lectura, así se crea una predicción estacional que da indicaciones sobre el carácter básico de cada uno de los cuatro trimestres venideros. Recuerda que, en lo que respecta al futuro, la predicción rúnica debe considerarse siempre como una indicación de tendencias y no como una predicción inmutable.

Otra opción es colocar la primera runa en el marcador del solsticio o equinoccio que acaba de pasar y asignar las tres siguientes a los espacios que representan las tres estaciones que siguen. De este modo, puedes iluminar los asuntos del pasado reciente, que a veces nos resultan tan oscuros como el futuro. La tirada de las cuatro estaciones que aparece a continuación muestra los puntos estacionales sobre los que deben colocarse las runas.

Solsticio de verano
22 de junio
(22 de diciembre)

Equinoccio de primavera
22 de marzo
(22 de septiembre)

Equinoccio de otoño
22 de septiembre
(22 de marzo)

Solsticio de invierno
22 de diciembre
(22 de junio)

Tirada de la rueda óctuple

En la tirada de la rueda óctuple se aplican principios similares a los de la tirada anterior: simplemente se colocan ocho runas, desde la estación actual o próxima hasta el final de un ciclo anual completo. Esta variante ofrece más detalles que la tirada de las cuatro estaciones.

La tirada de la rueda óctuple también ofrece más posibilidades de retroceder en el proceso una o dos estaciones y, por lo tanto, obtener información sobre los acontecimientos del pasado reciente. Por ejemplo, puede que estemos en pleno verano y que la primera runa sea la del equinoccio de primavera, lo que significa que puedes ver los hilos que corren a través del último trimestre, desde el equinoccio de primavera hasta *Beltane*, primero de mayo (o primero de noviembre en el hemisferio sur), hasta el solsticio de verano actual, y hacia el futuro, comenzando con *Lughnasa*, primero de agosto (o primero de febrero en el hemisferio sur).

Solsticio de verano
22 de junio
(22 de diciembre)

Beltane
1ro. de mayo
(1ro. de noviembre)

Lughnasa
1ro. de agosto
(1ro. de febrero)

Equinoccio de primavera
22 de marzo
(22 de septiembre)

Equinoccio de otoño
22 de septiembre
(22 de marzo)

Imbolc
1ro. de febrero
(1ro. de agosto)

Samhain
1ro. de noviembre
(1ro. de mayo)

Solsticio de invierno
22 de diciembre
(22 de junio)

Ejemplo de lectura

El ejemplo de lectura que presentamos a continuación se basa en la tirada de la rueda óctuple, aunque el mismo principio puede aplicarse a la tirada de las cuatro estaciones. La elección de una u otra dependerá del volumen de información que busques. Ambas pueden ser poderosas, aunque la segunda es, por supuesto, más sencilla.

Esta lectura se realizó para una pareja que acababa de concebir su primer hijo. Aunque su relación era sólida y no estaban descontentos con el acontecimiento, su decisión de continuar con el embarazo les planteaba muchas consideraciones prácticas. A los problemas emocionales se sumaron los económicos. Ante la incertidumbre de cómo se presentaría el año siguiente, decidieron consultar a las Runas para que les guiaran, y utilizaron la tirada de la rueda óctuple. Así respondieron las Runas (nótese que la rueda gira y se lee en el sentido de las agujas del reloj; es decir, de izquierda a derecha):

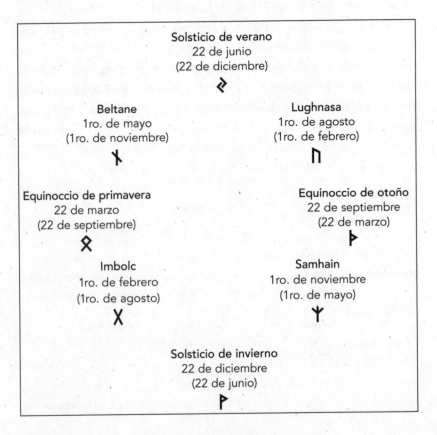

Solsticio de invierno: ᚹ (*wunjo:* dicha)

Al momento de la lectura, faltaba un mes para el solsticio de invierno. Para la mayoría de los futuros padres, la inminente llegada de un bebé conlleva una mezcla de emociones, pero la aparición del *wunjo* aquí reflejaba el aspecto de alegría misteriosa y trascendente que Caitlin y Finn estaban experimentando. Este símbolo parecía decir: "Por ahora, permítanse sentirse alegres por esta gran ocasión".

Imbolc: ᚷ (*gebo:* intercambio)

Gebo en *Imbolc* da a entender que la unión de la pareja tiene todas las perspectivas de perdurar y fortalecerse en un futuro próximo, y es probable que se profundice el sentido de la contribución que cada uno puede hacer al otro y al hijo. También existe la sensación de que la fertilidad es uno de los grandes dones de la vida y que esta runa complementa el mensaje de la anterior.

Equinoccio de primavera: ᛟ (*othila:* hogar)

Para la llegada del equinoccio de primavera, Caitlin estaría embarazada de cinco meses. *Othila* sugiere la importancia de los asuntos domésticos y el mantenimiento del hogar. El embarazo puede hacer que las mujeres se vuelvan sensibles al estado del entorno doméstico, y la pareja ya estaba hablando de las cosas que había que hacer en casa para prepararse para la nueva llegada. Era probable que, a medida que pasara el tiempo, las energías de ambos se volviesen "hacia dentro".

Beltane: ᚾ (*naudiz:* opresión)

Naudiz en *Beltane* sugiere una fase en la que lo más probable es que Caitlin y Finn se centren en sus necesidades y en las necesidades de la vida. Con Caitlin embarazada de siete meses y medio, sus necesidades corporales y emocionales crecerían al mismo tiempo que su vientre. Ella y Finn responderían a cuestiones prácticas: las necesidades de la situación.

Solsticio de verano: ᛃ (*jera:* tiempo de cosecha)

La aparición de *jera* en el solsticio de verano es un bello emblema de la proximidad del nacimiento. *Jera* es la runa de la cosecha, que representa el momento en que "la diosa Tierra nos regala sus brillantes frutos". Con el sol en su cenit y un hijo creciendo en el vientre de Caitlin, la pareja esperaría el comienzo de una nueva vida (en más de un sentido). También sería el momento de empezar a capitalizar sus preparativos y arreglos para el nacimiento y los días venideros.

Lughnasa: ᚢ (*urox:* desafío)

El antiguo festival de *Lughnasa* cae en la misma semana en la que nacería el bebé. La aparición de *urox*, la runa del buey salvaje, sugirió a Finn y Caitlin que el bebé sería varón. Por supuesto, cualquier recién nacido irrumpe en la vida de sus padres con gran entusiasmo y no pocos trastornos, pero ambos intuyeron (sin preferencia) que el niño sería varón, lo que después resultó ser así.

Equinoccio de otoño: ᚦ (*thurisaz:* infortunio)

Thurisaz en el equinoccio de otoño, tiempo para el que el bebé tuviera siete semanas, sugería un periodo de adaptación y las dificultades que ello conllevaba. La imagen perturbadora de un gigante podría traducirse en el carácter exigente del recién nacido o en ciertos aspectos sombríos que surgen en los padres en respuesta a esta nueva situación. A veces, *thurisaz* puede señalar problemas de salud femenina y podría augurar el desafiante periodo posnatal. Por último, podrían surgir dificultades con instituciones.

Samhain: ᛉ (*algiz:* protección)

Sin embargo, para la llegara del *Samhain*, todas las pruebas se habrían superado. En ese entonces, el niño tendría catorce semanas y los padres ya le habrían agarrado el ritmo a la crianza. *Algiz* es un fuerte signo de protección, que sugiere una consolidación de su relación y la presencia de influencias favorables que alejan la negatividad. Como nos tranquiliza el comentario sobre *algiz*, "no temas ningún mal".

TIRADA DE LOS NUEVE MUNDOS

La tirada de los nueve mundos es buena sobre todo para desentrañar los elementos de un asunto complicado o para realizar un análisis completo de todos los componentes de la situación general de tu vida. Es ideal para el autoanálisis psicológico o psicoespiritual, ya que nos ofrece un espejo de los hilos subyacentes en su carácter y situación. No es tan útil como tirada predictiva o aplicada a cuestiones puramente "prácticas".

Uno de los puntos fuertes de esta tirada es que te permite comprender como, sin saberlo o no, estás creando la realidad que estás viviendo. Por supuesto, algunos elementos de nuestra realidad son estructuras preexistentes que solo alguien en un estado delirante podría imaginar que ha creado por sí mismo. Pero otros elementos están ahí porque los atraemos hacia nosotros, seamos o no conscientes del proceso. El objetivo de esta lectura es ser conscientes de ese conocimiento.

Esta tirada se basa en el modelo de los nueve mundos de la mitología nórdica, ya que hay nueve mundos en el sistema mitológico nórdico, como vimos en la parte 1. La columna central se corresponde con el sistema oriental de los chakras. Ljossálfheim, por ejemplo, es el mundo de los elfos de la luz en la mitología nórdica. Pueden identificarse con los espíritus guía y las fuerzas directrices superiores que nos llevan a nuestra expresión creativa, y esta posición se corresponde con el chakra de la garganta, el chakra de nuestra autoexpresión.

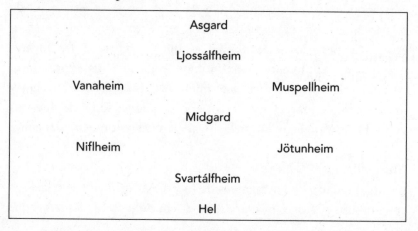

Asgard

Como el mundo de los dioses superiores, esta posición representa el yo superior, la voluntad divina y cómo nos situamos en relación con estos aspectos. Representa lo que los poderes superiores desean para nosotros en una situación y, por lo tanto, también puede relacionarse con el mejor futuro posible que podemos crear para nosotros mismos. Asgard es la fuente de la inteligencia universal, la conciencia divina y la iluminación. En términos orientales, corresponde al chakra de la coronilla.

Ljossálfheim

Como mundo de los elfos de la luz, Ljossálfheim sirve de puente entre Asgard y Midgard. En otras palabras, está relacionado con nuestra creatividad y nuestro poder de manifestación. Nos enseña sobre nuestra capacidad para encontrar soluciones novedosas a los problemas, tanto prácticos como más abstractos, y por lo tanto se relaciona con el pensamiento, en el sentido más elevado de la palabra. A este nivel, lo que pensamos es lo que manifestamos, ya que la realidad material refleja nuestro estado de ánimo. Ljossálfheim es también donde residen nuestros guías espirituales, las fuerzas intermediarias que nos inspiran y aconsejan. Corresponde al chakra de la garganta.

Vanaheim

Como mundo de los dioses de la fertilidad, Vanaheim representa nuestra conexión con las aguas de la vida y, en consecuencia, se corresponde con el sentimiento y la emoción. Esta esfera puede relacionarse con la fertilidad biológica real en una cuestión específica, pero lo más habitual es que se refiera a las fuentes de nuestros sentimientos más íntimos y a como los expresamos. Nuestra salud en esta área determina lo que florecerá y crecerá y lo que se marchitará y morirá en el paisaje emocional de nuestras vidas. En sí, Vanaheim está relacionado con el sentimiento del amor.

Muspellheim

Como el mundo de los gigantes de fuego, Muspelheim se relaciona con nuestras pasiones primarias, en el sentido tanto de las cosas que nos impulsan (a sobrevivir o triunfar o conquistar) como de aquello por lo que sentimos más pasión. Esto puede adoptar la forma de una ardiente dedicación a un camino concreto o de amor apasionado o lujuria por otro. El fuego, por supuesto, tiene dos aspectos: el que nutre y protege y el que quema y consume. ¡La espada de fuego es de doble filo!

Midgard

Como mundo de la Tierra Media (nuestro mundo), Midgard se relaciona con nuestra humanidad, tanto en el sentido del grado en que vivimos nuestro potencial como en el de nuestra relación con los demás. Es nuestro centro, del que emana el autoempoderamiento, y es la medida de nuestra autorrealización. El ideal es alcanzar nuestro máximo potencial. Midgard es también el lugar donde se nos pone a prueba en relación con los demás, sobre todo en nuestra capacidad de expresar y extender nuestra humanidad a nuestros semejantes. Corresponde al chakra del corazón.

Niflheim

Como el mundo de la niebla y la bruma, Niflheim se relaciona con nuestras confusiones, ilusiones y engaños. Se refiere a aquellas cosas que vemos nubladas, como a través de la niebla. Esto puede deberse a condiciones externas, pero también puede significar que estamos imaginando cosas, para bien o para mal, y que necesitamos una visión más objetiva. La fantasía, la proyección psicológica y, en el peor de los casos, la grandiosidad y la paranoia son posibles problemas. Es el aspecto negativo de las fuerzas que surgen de Vanaheim y nos muestra las influencias que pueden llevarnos por mal camino.

Jötunheim

Jötunheim, el mundo de los hostiles gigantes de hielo, se relaciona con las fuerzas inconscientes (impulsos, deseos, compulsiones) que nos dominan. Nos muestra en dónde nos sentimos obligados, en lugar de actuar desde nuestro propio centro estable. En el ámbito personal, se relaciona con la ceguera y la ignorancia, y cómo estas crean obstáculos en nuestras vidas. En el mundo exterior, estas fuerzas se endurecen hasta convertirse en brutalidad, por lo que esta posición puede referirse a personas hostiles o instituciones gigantes con las que tenemos que lidiar. Junto con Svartálfaheim, el mundo de abajo, corresponde al chakra sexual.

Svartálfheim

Como mundo de los elfos oscuros, Svartálfaheim se relaciona con la vida instintiva de la sensación. Es el estar-en-el-ahora del que disfrutan los animales y los espíritus de la naturaleza. Es vital para un sentido de conexión con las energías de la tierra y con la acción espontánea que no se filtra a través del intelecto. Aunque también es un puente importante hacia el mundo del inconsciente, en sus aspectos negativos puede llevarnos a hábitos irreflexivos que, en el peor de los casos, pueden calificarse de vicios. Corresponde al chakra sexual.

Hel

Como reino del inframundo más profundo, Hel corresponde a la noción psicológica moderna del inconsciente. El inconsciente es, por un lado, el almacén de materiales personales reprimidos (recuerdos suprimidos, experiencias, deseos y similares) que arrojamos a las sombras de nuestra realidad consciente; pero también es el plano de las sombras, el hogar de las formaciones arquetípicas que surgen de las profundidades. No somos conscientes de este reino "imaginario", que genera muchas de las experiencias que nos rodean. Sin embargo, es imperativo hacerlo consciente, ya que aquí se originan nuestros ciclos repetitivos y nuestros conflictos psicológicos más profundos. Corresponde al chakra inferior.

Ejemplo de lectura

Natalie, una mujer en sus treintas, sentía que había llegado a una especie de crisis o *impasse* en su relación con su pareja, Tobias. La tensión entre ambos se había vuelto casi insoportable. Hacía tiempo que Natalie creía que les iría mejor viviendo separados, pero se resistía a hacerlo, en parte por motivos económicos. Trabajaba a tiempo parcial y estudiaba fotografía, su gran pasión. Tobias tenía un pequeño pero próspero negocio de exportación de esculturas ornamentales y solía pagar la mayor parte de las facturas.

En tiempos recientes habían caído en un patrón de amargas discusiones y recriminaciones. Tobias, a menudo impulsado por algo más que "unos tragos", se volvía exigente y autoritario, según Natalie. También afloraba su resentimiento por tener que darle apoyo económico.

Las peleas se habían vuelto más frecuentes y violentas en lo emocional. Natalie se dio cuenta de que tenía que mudarse y encontrar su propio espacio, tanto por su propio bien como por el de la relación. Sin embargo, sentía que, a fin de cuentas, Tobias y ella aún se querían, y la perspectiva de independizarse la llenaba de inquietud. Consultó las Runas, utilizando la tirada de los nueve mundos, en un intento de llegar al fondo de su propio rol en el drama que se estaba desarrollando.

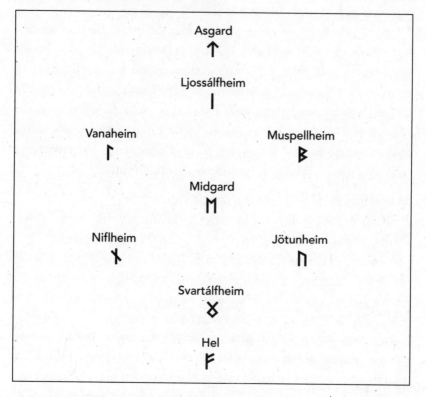

Asgard: ↑ (*Tiwaz:* el guerrero)
Tiwaz en Asgard sugiere que este un momento que debe regirse por la verdad y afrontar los hechos sin miedo. Será necesario que Natalie acceda al guerrero interior para afrontar la naturaleza

de los problemas que se le plantean. También debe ser objetiva e imparcial para garantizar que la espada que pende sobre su relación con Tobias se blanda con equidad y justicia.

Ljossálfheim: | (*isa:* peligro)

Isa en Ljossálfheim sugiere un bloqueo entre el mundo de los dioses (o yo superior) y el mundo práctico y cotidiano de Midgard. Se supone que Ljossálfheim, como mundo de los elfos de la luz, tiende un puente sobre esa brecha, pero está congelado y paralizado por la energía inerte y estática de *isa* (hielo). Esto bloquea el flujo de la inspiración y la creatividad; congela el chakra de la garganta y frena nuestra plena autoexpresión. Desde el punto de vista artístico, Natalie aún no había encontrado su voz.

Vanaheim: ⌐ (*laguz:* inconsciente)

Laguz en Vanaheim es una combinación muy fuerte, ya que Vanaheim es el mundo del flujo y la fertilidad, donde residen las aguas de la vida, el manantial de nuestros sentimientos y emociones. Que *laguz* (un símbolo de agua) haya aparecido aquí es una colocación simpática; indica sin duda una relación de Natalie con su vida interior. Sin embargo, podría haber una tendencia a empantanarse en las emociones y verse abrumada por corrientes feroces, como estaba ocurriendo en su vida amorosa.

Muspellheim: ᛒ (*berkana:* nacimiento)

Berkana en Muspelheim es otra colocación potente. Muspelheim rige las pasiones, que en el caso de Natalie podrían estar relacionadas con su relación con Tobias y su amor por la fotografía. A través de su curso a tiempo parcial y sus actividades creativas, se encontraba sin duda en una fase incipiente (en ese momento, la anterior le parecía una interpretación más adecuada que cualquier sugerencia de maternidad). Lo que más deseaba era dar a luz sus ideas conceptuales.

Midgard: ᛗ (*ehwaz:* movimiento)

Ehwaz en Midgard era un resumen muy apropiado de la situación de vida y las relaciones personales de Natalie en el momento actual. Estaba en una fase de movimiento, y contemplaba un cambio de morada para conseguir algo de espacio y cambiar los límites de la relación. Sentía la necesidad de mudarse; sin embargo, en esta fase lo que necesitaba era el vehículo práctico y financiero que la llevara hasta allí.

Niflheim: ᚾ (*naudiz:* opresión)

Naudiz en Niflheim señala el problema en esta ecuación. Los mayores temores de Natalie estaban relacionados con la necesidad de sobrevivir en el mundo real; su idea de cómo lograrlo era confusa y estaba algo oprimida por la negatividad. Por el momento, su relación satisfacía esas necesidades, pero más allá de eso se sentía insegura y no poco temerosa.

Jötunheim: ᚢ (*urox:* desafío)

Sin embargo, *Urox* en Jötunheim reforzó la necesidad de pasar a la acción. Jötunheim es el peligroso y gigantesco reino del caos y la violencia. Que el agresivo buey salvaje haya aparecido aquí reflejaba la atmósfera emocional cada vez más tensa de la relación entre Natalie y Tobias. Ambos se habían convertido en toros en la cristalería del otro, y la situación parecía estar cada vez más fuera de control.

Svartálfheim: ᛟ (*othila:* hogar)

Othila invertida en Svartálfheim subraya aún más esta urgencia. Es la única runa invertida de la lectura y significa un salón o una casa que está *de cabeza*, literalmente. Natalie relacionó su ubicación en Svartálfheim con el hecho de que era una ama de casa que amaba las cualidades sensuales y nutritivas de un entorno doméstico agradable y estético. Ella y Tobias compartían eso, pero habían surgido corrientes internas negativas que alteraron su equilibrio.

Hel: ᚠ (*fehu:* abundancia)

Por último, *fehu* en Hel apareció en la raíz de todo el ciclo que Natalie sentía estar viviendo. *Fehu* se relaciona con la riqueza, el dinero o el oro y tenerla aquí, enterrada en Hel, parecía mostrar la causa subyacente del estancamiento, para Natalie. Había perdido su independencia y se había vuelto dependiente de Tobias, y toda la situación estaba minando su confianza mutua. Esto reforzaba en ella la necesidad de salir adelante y establecer su propia vida, con la esperanza de que este paso también resultara positivo para su relación a largo plazo con Tobias, a quien amaba profundamente.

TIRADA DEL MAESTRO RÚNICO

Esta tirada no está relacionada con las Runas en específico. De hecho, es una tirada de tarot que se adaptó para su uso con las runas (y renombrada como tal). Me gusta tanto que la incluí en mi obra *Ogam: The Celtic Oracle of Trees* como "tirada druídica". Esto ilustra el principio de que las tiradas de otros sistemas, como el tarot, el ogam y otros de los muchos oráculos disponibles hoy en día, pueden adaptarse para la adivinación rúnica. Si tienes una tirada favorita de tarot o de otro sistema, experimenta adaptándola al campo rúnico.

Con el tiempo y la práctica, encontrarás que las diferentes posiciones en la tirada del maestro rúnico se interrelacionan de muchas maneras. Las posiciones superiores definen el valor superior, simbólico de la experiencia pasada, presente y futura, mientras la fila media ilustra una línea de tiempo de acontecimientos del pasado en el presente y futuro. La fila inferior revela las influencias ocultas que, para bien o para mal, actúan en una situación.

Otra forma de verlo es que la "cruz" de runas de la izquierda es la página o capítulo pasado del libro de tu vida, la columna central es el presente y la derecha muestra el nexo de los acontecimientos futuros, como una página a punto de desplegarse. Estas tres áreas también están regidas por las tres nornas.

```
                        6

        9                                       10
    1       2                   3           4       5
        7                                       8
```

Primera posición: pasado lejano	**Sexta posición:** tema general
Segunda posición: pasado reciente	**Séptima posición:** bloqueos
Tercera posición: presente	**Octava posición:** guías y ayudantes
Cuarta posición: futuro próximo	**Novena posición:** tema pasado
Quinta posición: futuro lejano	**Décima posición:** tema futuro

Ejemplo de lectura

Jeff se encontraba en un momento crucial de su vida: durante varios años había trabajado como banquero de inversiones en una empresa extranjera, desplazándose entre Londres y Nueva York; pero, a pesar de la buena remuneración, se había desilusionado con su estilo de vida. La oferta de un puesto más alto en la empresa y un aumento de sueldo deberían haber sido motivo de alegría. En cambio, se sentía atrapado e incluso un poco desesperado ante la perspectiva. Sentía que su propia vida se le escapaba sin que se sintiera realizado en su profesión, y el conflicto interior por el nuevo puesto lo ponía de manifiesto.

De hecho, en lugar de aceptar el puesto que le ofrecían, decidió regresar a su ciudad natal y a un estilo de vida más satisfactorio. Así lo hizo, y con sus ahorros montó su propio pequeño negocio, relacionado con la industria cinematográfica. Sin embargo, la empresa no tuvo mucho éxito y optó por disolverla. Comenzó entonces una serie de modestos trabajos a tiempo parcial, centrándose no tanto en el trabajo sino en su propio tiempo e intereses. Sin embargo, Jeff se enfrentaba a dos grandes problemas: seguía sin saber qué quería hacer y sus fondos menguaban.

Jeff sentía que, tras años en el desalmado sector empresarial, quería hacer algo útil y significativo. Hacía poco se había encontrado con personas e ideas de naturaleza espiritual y se sentía conectado a una fuerte fuente espiritual. Lo ideal para él hubiera sido participar en un proyecto progresista de verdad, y lleno de luz. Sin embargo, la única perspectiva tangible en el horizonte era la de un amigo que quería que se involucrara en una granja ecuestre. Jeff también se había interesado cada vez más por las Runas y contemplaba la posibilidad de leerlas para otros y cobrar por ello; pero se trataba, en aquel momento, de una idea experimental. Así que planteó su dilema a las Runas y el resultado fue:

Primera posición: pasado lejano ↑

Segunda posición: pasado reciente ⋂

Tercera posición: presente ϟ

Cuarta posición: futuro próximo ⟨

Quinta posición: futuro lejano ᚱ

Sexta posición: tema general ✕

Séptima posición: bloqueos ⤫

Octava posición: guías y ayudantes ᛉ

Novena posición: tema pasado ᚱ

Décima posición: tema futuro ↟

1. Pasado lejano: ↑ (*Tiwaz:* el guerrero)

Jeff identificó esta runa con las energías guerreras de su anterior carrera en el mundo de las finanzas, que, aunque era un mundo de luchas, también le daba una sensación de fuerza y posición. Como abogado, la runa *Tiwaz* (con sus conexiones con la "verdad") le sugería su vocación original, de la que se había apartado.

2. Pasado reciente: ⋂ (*urox:* desafío)

Urox es una runa de desafío, y el pasado reciente sin duda lo había sido para Jeff. Tras abandonar su puesto seguro, había pasado por una serie de pruebas de fuerza. Su roce con la industria cinematográfica le había puesto en contacto con un entorno agresivo y conflictivo contra el que había luchado en vano. Y su búsqueda de una vocación más significativa le había conducido sin duda a un importante rito de iniciación.

3. Presente: ϟ (*sowulo:* la fuente)

La aparición de *sowulo* en el centro de la línea temporal de los acontecimientos fue un consuelo para Jeff y confirmó el hecho de que, a pesar de los retos de su vida, sentía que se estaba arrojando luz sobre sus circunstancias y que estaba más cerca de las fuentes de iluminación interior, más cómodo consigo mismo, más ligero y más "encarrilado" que nunca. Ahora tenía una sensación mucho más fuerte de compenetración con lo que denominaba energía universal.

4. Futuro próximo: ◊ (*jera:* tiempo de cosecha)

La posición de *jera* en el futuro próximo tenía dos ángulos distintos para Jeff: como runa de la cosecha, correspondía a su esperanza de que en un futuro próximo sus esfuerzos y empresas empezaran a dar fruto y se abriera una dirección firme, y también la consideraba un posible mensaje para no volverse demasiado inseguro sobre el futuro, ya que la diosa Tierra "regala todos sus frutos brillantes", lo que representaba el potencial para desarrollar campos de implicación y obtener ganancias materiales en los meses que se avecinaban.

5. Futuro lejano: R (*raido:* ritmo)

También *raido*, situándose en la posición del "futuro lejano", sugería dos lecturas distintas: por un lado, como runa de acción en el mundo, podría señalar un canal que se abriría en última instancia para las habilidades y talentos de Jeff; pero, al mismo tiempo, es una runa de movimiento e impulso, lo que implica que tendría que tomar la iniciativa o que su futura vocación implicaría mucho movimiento o viajes. ¿O podría tratarse de un augurio relacionado con la empresa ecuestre que le ofrecía un amigo?

6. Tema general: X (*gebo:* intercambio)

El tema general de la lectura se plasma en *gebo*, y Jeff sintió que comprendía con claridad su importancia. Su objetivo final era encontrar una vocación en la que pudiera donar sus talentos y energías y recibir a cambio una sensación de recompensa y satisfacción. Para él, el significado primario de *gebo* como runa de intercambio encajaba a la perfección.

7. Bloqueos: X (*othila:* hogar)

Othila salió invertida en esta lectura en la posición relativa a los bloqueos. Como runa de la propiedad y del "hogar" (en todos los sentidos), su aparición tenía mucho sentido: hacía poco, Jeff había invertido en un apartamento, con un acuerdo que incluía un depósito inicial y una financiación posterior. Sin embargo, su último trabajo había terminado, y de repente, tuvo que convencer a un banco para que le concediera una hipoteca. Su inversión estaba en peligro, lo que para él se reflejaba en la runa *othila* invertida.

8. Guías y ayudantes: M (*dagaz:* luz de los dioses)

La aparición de este símbolo supuso otro impulso para Jeff. Al igual que la runa *sowulo* en tercera posición, parece indicar una fuerte conexión con el mundo de la luz. Jeff había intentado conectar con sus guías superiores (o espíritus) y sintió que esta runa era una afirmación de este hecho.

9. Tema pasado: ᚱ (*laguz:* el inconsciente)

Laguz es una runa del reino de los sentimientos y del inconsciente. En muchos sentidos, esto resume el último capítulo de la vida de Jeff, pues tras una carrera muy concreta y racional, ahora se estaba centrando más en los niveles no materiales e intuitivos de la realidad. Aun así, esto tiene sus propios ensayos y errores, y *laguz* también advierte de los peligros de dejarse inundar por las aguas del inconsciente, lo que puede ser un consejo muy apropiado.

10. Tema futuro: ᛉ (*algiz:* protección)

La última runa contenía una nota de advertencia para Jeff. Aunque sentía conexión con la luz, la oscuridad seguía estando muy presente para él y su existencia actual no era segura. El hecho de que *algiz* apareciera invertida aquí sugiere con fuerza la necesidad de tener cuidado en un futuro próximo, no sea que los rigores de sobrevivir en el mundo real se levanten para tragarse el recién descubierto idealismo y esperanza de Jeff. Sin embargo, él creía que podía tener en cuenta la esencia de esta advertencia sin dejar de ser optimista sobre el futuro. Hoy en día, Jeff trabaja en un alto cargo gubernamental bien remunerado que le resulta significativo y satisfactorio.

TIRADA LIBRE

Las tiradas anteriores se basan en la colocación de las runas sobre una posición determinada, a partir de la cual se establece su significado. Este es el tipo de adivinación más común que se practica hoy en día con las runas, las cartas del tarot, etcétera. Sin embargo, en las culturas antiguas la adivinación era a menudo un arte mucho más espontáneo, basado en formas al parecer sin estructura, como los patrones en el barro agrietado, las formaciones de nubes y el vuelo de los pájaros. La siguiente tirada de runas se basa en un método de adivinación similar y libre; se trata de una técnica avanzada.

En este caso, el conjunto de piedras rúnicas se lanza delante del lanzador (de preferencia sobre un mantel blanco). Algunas de las runas caen boca arriba, otras boca abajo. Las runas boca abajo se dejan a un lado. Entre las runas restantes, el lector busca una "runa maestra"; es decir, una formada por su configuración global. Si aparece una, las runas individuales se enderezan (para acentuar la runa maestra) y se interpretan como una secuencia, del pasado al futuro. Este método es mucho más variable que la adivinación estándar y depende en gran medida de la intuición individual. Se recomienda como una buena forma de desarrollar un arte de adivinación no estructurado e intuitivo. Si no aparece ninguna runa maestra, aún puedes observar el patrón general y la interrelación de las runas entre sí. Las runas que han caído en el centro son las preocupaciones centrales, mientras que las que están en los márgenes son elementos más distantes. Pero recuerda que no existe una fórmula sencilla para este tipo de adivinación.

Ejemplo de lectura

Vincent es un músico experto en varios instrumentos. Participa en proyectos musicales muy diversos y ha creado un estudio casero con equipos de grabación y muestreo. Mientras trabajaba en un festival de música en otra ciudad, recibió la devastadora noticia de que habían entrado en su estudio y le habían robado el equipo. Esto se sumó a otros crueles golpes que le habían llovido en los últimos meses, como la ruptura con su pareja y una crisis nerviosa. Una vez superada la conmoción inicial, se sometió a un profundo examen de consciencia para ver cómo podía recuperarse de esta desgracia. ¿Traía consigo algún tipo de mensaje este golpe a sus aspiraciones? ¿Podría sacar algún provecho de la pérdida?

Vincent planteó esta pregunta a las Runas. Primero sacó una sola runa de la bolsa para indicar el tema general de su actual desafío, que resultó ser *fehu*, y luego arrojó las piedras restantes, que cayeron en una especie de flauta desplegada. Una vez eliminadas las runas que estaban boca abajo, las que quedaban le parecieron a Vincent, un lector de runas experimentado, que formaban un símbolo *isa* alargado. Consideró que era la runa maestra, que aparece en una tirada rúnica como una forma de símbolo que se revela entre las runas lanzadas al azar. Esta runa se lee entonces como el tema general de la lectura. Como runa de dificultad, desgracia y peligro, *isa* parecía bastante apropiada. Vincent sintió intuitivamente que las runas que se ubicaban más abajo de la línea de runas lanzadas; es decir, las más cercanas a él, representaban las raíces del problema y que cada runa de la línea representaba el desarrollo de su *wyrd*, o destino individual, en esta situación.

ᚠ

ᛒ

ᛋ

ᛉ

ᛗ

ᛜ

ᚾ

ᛇ

ᛁ

Secuencia rúnica: *la runa del tema es* fehu. *Las runas que forman la runa maestra* isa, *leídas de abajo arriba (es decir, de las más cercanas al lector de runas a las más lejanas), fueron:* isa, naudiz, hagalaz, inguz, dagaz, jera, eihwaz *y* berkana.

Vincent interpretó que el que haya salido *fehu* le indicaba que el tema general de la lectura era la cuestión de la abundancia en su vida. Llevaba mucho tiempo luchando con la tensión entre la integridad del proceso creativo y la comercialización de la música en el mundo material. Aunque deseaba ganar dinero para liberar sus planes y ambiciones, despreciaba el materialismo grosero. Interpretó la aparición de *fehu* como un indicio de que su relación con la abundancia podía haberse bloqueado en algún nivel, lo que había provocado una serie de acontecimientos perturbadores de los que la pérdida del equipo no era más que el último y más grave. ¿Cómo podría invertirse este patrón negativo?

La runa maestra, *isa*, parecía reforzar este sentimiento. *Isa* es una runa de graves dificultades y desgracias, regida por la antipática norna Skuld. *Isa* tiende a relacionarse con condiciones intratables o complejos que se convierten en grandes pruebas en el camino de nuestro destino y tienden a ser bastante difíciles de superar. Pero aún más revelador, y sincronístico de una manera increíble, es que las tres runas inferiores, *hagalaz, naudiz* y el símbolo de *isa* (que corresponden a las tres nornas, Urd, Verdandi y Skuld) aparecen en su orden futhark exacto. El símbolo de *isa* no solo ocupaba la posición raíz de la lectura, sino que también estaba en su secuencia tradicional de tres, ¡y toda la tirada formaba una runa *isa* maestra! Esta poderosa manifestación comunica en definitiva la influencia de las nornas en la vida de Vincent, en este caso en una configuración de lo más desafiante. A lo que se enfrentaba era nada menos que un gran desafío kármico que debía superar.

Las tres runas siguientes parecían indicar el camino a seguir: *Inguz* y *dagaz* son runas de vitalidad y luz; sugieren energía vital e iluminación divina. Esta combinación de energía personal y "la luz de los dioses" es justo la combinación necesaria para romper las garras de esta manifestación negativa de la influencia nórnica; y así lo confirma la siguiente runa: *jera*, tiempo de cosecha. En realidad, *jera* sigue a las tres runas nórnicas en la secuencia futhark, y su aparición aquí indica que la influencia fertilizadora de *Inguz* se cumple tras el ciclo temporal representado por *dagaz*. Una nueva luz amanece y trae consigo crecimiento, plenitud y festividad.

Aunque Vincent debe esforzarse (*Inguz*) y cultivar la luz interior (*dagaz*) para escapar del ciclo actual, todo luce muy prometedor.

Por último, el emparejamiento de *eihwaz* con *berkana* muestra la necesidad de movimiento para iniciar una transición hacia una fase de nuevos comienzos y la puesta en marcha de nuevos proyectos. *Eihwaz* es una runa de movimiento, de superación de los límites establecidos. Aquí, un aspecto del pasado se desprende en su totalidad para dar paso a una nueva realidad. *Berkana* cumple esta función a la perfección: como runa de flagelación, sugiere purificarse dejando atrás el pasado y abrazando lo nuevo. También es una runa de fecundidad y del nacimiento de las propias concepciones, sea cual sea la forma que adopten. En última instancia, toda la lectura muestra un movimiento regenerativo en la vida de Vincent, que pasa de estar atrapado en las heladas garras de la influencia hostil de las nornas a liberar su energía creativa y entrar en una nueva fase de posibilidades y abundancia.

PALABRAS FINALES:
EL RENACIMIENTO
DE LAS RUNAS

En este libro hemos seguido las runas del futhark antiguo desde sus raíces en la tradición rúnica de los primeros siglos de nuestra era, a través de varios desarrollos, hasta nuestros días. Hemos reunido no solo las runas del futhark antiguo y sus diversos nombres y correspondencias, sino también un conjunto completo de interpretaciones del significado de los propios símbolos, que tienen su fuente única en los textos reales que sobreviven de una antigua tradición de sabiduría. Y hemos examinado aspectos de la tirada de runas que deberían guiarte hasta el punto de ser capaz de innovar tu propio enfoque, incluyendo la creación de nuevas tiradas, cuando sea apropiado o necesario. Pero incluso con estas herramientas e información, es posible que desees explorar el amplio mundo de la tirada de runas.

En las páginas siguientes, comparto un breve estudio de algunos de los principales comentaristas del renacimiento de las Runas, junto con las ventajas y desventajas de sus "libros de Runas" para contribuir con tu creciente comprensión de las Runas y tu habilidad interpretativa en desarrollo.

En cuanto al enfoque adivinatorio de las Runas, los inicios de la década de 1980 fueron decisivos. El libro *Rune Games*, de Marijane Osborn y Stella Longland, publicado en 1982, ofrece una mezcla única de erudición (con un valioso trabajo sobre el poema rúnico anglosajón) y perspicacia imaginativa. Osborn había leído literatura inglesa antigua para su doctorado en Oxford y, junto con Longland, se propuso crear una serie de actividades o juegos diseñados para acceder a la "sabiduría que altera la consciencia" de los signos rúnicos. Afirmó (en este y en varios otros ensayos publicados) que el poema rúnico anglosajón era en realidad un conjunto de "versos oraculares" y que esta función podía recuperarse para los usuarios actuales. Merece la pena repetir aquí un pasaje reproducido también en la primera parte de este libro:

> El arte de la adivinación tiene muchas formas, pero como consideramos que "El Poema Rúnico" es una serie de expresiones oraculares, es la adivinación mediante oráculos lo que ahora nos ocupa...
>
> De forma creativa, los oráculos, por su uso de la analogía y el símbolo, la paradoja y la ambigüedad, estimulan la imaginación del individuo en nuevas direcciones para que pueda, si es capaz, percibir su relación con el mundo exterior de otra manera y cambiar así su futuro.
>
> ...la contribución del oráculo consiste en ofrecer una expresión enigmática que puede desencadenar potenciales creativos no utilizados...
>
> La posibilidad de cambio a través del autoanálisis es la verdadera cualidad "mágica" de los sistemas de echar suerte, que más bien podrían llamarse sistemas de "hacer suerte"[1].

Para ello, las autoras comparan las Runas con el *I Ching* y el tarot: "'El poema rúnico' ofrece un nuevo enfoque de los problemas de la individualidad y la existencia que surge directamente de la experiencia de los pueblos de las latitudes nórdicas"[2]. Los comentarios sobre el poema rúnico anglosajón son los más sofisticados que se pueden encontrar en la literatura oracular contemporánea, pero, por extraño que parezca, los poemas escandinavos son ignorados. El uso de las runas en la adivinación era uno de los principales objetivos de la obra, pero las autoras le impartían a la adivinación un sentido especial: no como adivinación, sino dirigida al autoconocimiento y a "desencadenar potenciales creativos no utilizados"[3]. A pesar de no ser el texto más accesible para la mayoría de los lectores en términos de contenido o diseño, *Rune Games* sigue siendo una especie de clásico olvidado que profetizó y alimentó los enfoques más populares que le siguieron. Si lo encuentras en una librería de segunda mano, no lo dejes pasar.

El *Libro de las runas*, de Ralph Blum, también publicado por primera vez en 1982 y reeditado en 1991 como *El nuevo libro de las runas*, y el libro *Futhark: la magia de las runas* de Edred Thorsson, son otras dos de las primeras obras que pueden considerarse representativas de los polos más divergentes de la interpretación rúnica contemporánea.

Blum pertenece al movimiento del "potencial humano", que aborda las runas desde una perspectiva psicológica y espiritual, con un toque liberal de filosofía de la Nueva Era. Su *Libro de las runas* reconoce la influencia de "un curso único" titulado "La tradición oracular" impartido por el doctor Allan W. Anderson en el Departamento de Estudios Religiosos de la Universidad Estatal de San Diego. El curso se centraba en el *I Ching* como, en palabras de Anderson, "el único texto sagrado sistemático que poseemos", y más tarde Blum recurriría a la consulta del *I Ching* para rellenar las lagunas del oráculo rúnico, menos sistemático[4]. Para gran indignación de los tradicionalistas, de los que Thorsson ha sido el más contundente, Blum adivinó de manera espontánea el orden de sus Runas, ignorando por completo la antigua secuencia del futhark antiguo. Además, y por desgracia, las interpretaciones que ofrece de ciertos símbolos ignoran los poemas rúnicos y otras fuentes históricas, sin hacer casi ninguna referencia a la antigua literatura nórdica. En *At the Well of Wyrd*, Thorsson habla claramente de las "bastardizaciones" de la tradición y nombra a Blum como uno de los principales "infractores"[5]. Sin embargo, Blum ha tenido cierto éxito entre el público, y sus obras han sido las más vendidas de todos los comentaristas populares.

Thorsson representa el polo del renacimiento rúnico, que se inspira en los "maestros rúnicos" alemanes del renacimiento ocultista alemán de principios y mediados del siglo XX, y en particular en la obra de Guido von List. Sin embargo, mientras List trabajaba con una variante de dieciocho símbolos del futhark antiguo, y basaba su interpretación de cada signo rúnico en un conjunto de versos del antiguo poema nórdico *Hávamál*, Thorsson utilizaba el futhark antiguo estándar de veinticuatro símbolos, con referencia a los poemas anglosajón y escandinavo (y otros materiales de procedencia germánica y nórdica). Su tratamiento de los signos rúnicos se inspira en el misticismo, pero también en investigaciones doctorales sobre la religión y las creencias populares germánicas. Thorsson desempeñó un papel decisivo en la creación del Gremio Rúnico en Austin, Texas, en 1980, que desde entonces se ha convertido en una asociación internacional cuyo objetivo es el estudio "científico" y mágico de las runas.

En *Futhark*, Thorsson se propone purgar las runas de elementos "extraños"; es decir, de glosas judeocristianas. Pero para que esto no se malinterprete, condena la simplificación inherente a la descripción de las runas por parte de los nacionalsocialistas, afirmando que "durante el régimen nazi todo lo 'germánico' fue movilizado y pervertido con fines manipuladores"[6]. Su obra posterior, *Runelore*, ofrece un interesante conjunto de investigaciones históricas sobre la historia de la escritura desde la Edad Antigua hasta nuestros días. Un lector desprevenido podría deducir de este libro la existencia de una tradición oculta de gremios rúnicos que sobreviven en secreto a lo largo de los siglos, algo que Thorsson no afirma en realidad. De hecho, Thorsson respalda lo que denomina runología científica (es decir, erudita o académica) y señala áreas que merecen más investigación, como la obra de Johannes Bureus. Sin embargo, el mejor texto de adivinación rúnica de Thorsson se publicó en 1988 con el título *At the Well of Wyrd: A Handbook of Runic Divination*. Es un libro muy práctico, un manual diseñado para la adivinación en específico. También se ve favorecido por el hecho de que el misticismo teutónico de las obras anteriores de Thorsson se ha suavizado en el tono y que los comentarios de Thorsson sobre cada runa están precedidos por sus propias versiones de los tres poemas rúnicos.

Al igual que Thorsson, que también ha escrito un libro sobre el *ogam*, dos autores británicos, Michael Howard y Nigel Pennick, han mostrado una preocupación más general por las escrituras mágicas. Michael Howard, que escribió *Las runas y otros alfabetos mágicos*, publicado en 1978, es un autor pagano contemporáneo muy conocido por ser el editor de *The Cauldron*, una de las revistas más longevas del mundo pagano wiccano y celta[7]. Su contribución más popular a nuestro tema, *The Wisdom of the Runes*, se publicó en 1985 y muestra una especie de término medio entre los extremos de Blum y Thorsson. Tradicionalista hasta el punto de que antepone a sus interpretaciones los versos apropiados del poema rúnico anglosajón, Howard brinda una introducción bien documentada y muy legible al campo general y un sinuoso comentario a través de lo que él llama "la senda del bosque": los significados conjeturales de los símbolos individuales en el pensamiento "hereje". Nigel Pennick, un escritor cuyo interés general por el misticismo alfabético y otros temas relacionados se refleja en varios tomos dedicados a las runas y al *ogam*, fue el segundo escritor en abordar la esfera más amplia de los alfabetos sagrados. En *The Secret Lore of Runes and Other Ancient Alphabets*, Pennick indaga en toda la tradición de usos esotéricos de las escrituras antiguas: hebreo, griego, runas, ogam, alfabetos mágicos y alquímicos. Pennick continuó *Secret Lore* con *Secrets of the Runes* en 1992. Parte del material está recogido de la obra anterior, pero este texto profundiza y amplía su consideración de las fuentes nórdicas, con traducciones de la literatura islandesa y del poema rúnico anglosajón. También se trata de una introducción a la tradición nórdica, más que de un manual de adivinación. Sobre el lugar de las runas dentro de esa tradición, Pennick escribe: "Si han de tener algún valor, tanto los significados como los usos mágicos de las runas deben relacionarse con las condiciones actuales. Por supuesto, aunque hay algunos significados que nunca serán apropiados para ciertas runas, siempre deben entenderse en términos de las condiciones actuales. Este enfoque creativo y no dogmático es un aspecto característico de la tradición nórdica hoy en día, como lo fue en el pasado"[8].

La obra posterior de Pennick, *Complete Illustrated Guide to Runes* pudiera ser el mejor estudio global realizado hasta la fecha sobre el fenómeno del renacimiento de las runas. Casi todos los aspectos concebibles de la "tradición", desde la Edad Antigua hasta la actualidad, se ponen de relieve, y un número de escrituras rúnicas distintas del futhark se consideran por su potencial adivinatorio: anglosajona, northumbriana, futhark joven, gótica, medieval y armenia. Si hay un defecto en este enfoque, es que no se exploran en profundidad escrituras individuales, como el futhark antiguo, lo que deja al lector con una especie de mezcla de significados.

En 1988, *Leaves of Yggdrasil*, de Freya Aswynn, aportó el primer enfoque del oráculo rúnico centrado en la diosa. Aswynn, autoproclamada sacerdotisa de Woden, se propone conscientemente restaurar el sistema de *seidr*, una tradición mágica relacionada con su tocaya, la diosa Freya, de quien se dice que en la mitología nórdica instruyó a Odín en el arte de la magia vanir. Gran parte de los comentarios de Aswynn se dirigen a los trabajos mágicos, en contraposición a la simple adivinación, aunque estas dos ramas están muy relacionadas. Otra característica de su obra es un énfasis más profundo en la mitología nórdica que el que se encuentra en la mayoría de los demás comentarios, incluyendo muchas ideas originales sobre la red de resonancias que los símbolos encarnan dentro del sistema de nueve mundos del pensamiento nórdico. *Leaves of Yggdrasil* fue actualizado y reeditado por Llewellyn en 1998 como *Northern Mysteries and Magic: Runes, Gods and Feminine Powers* con un CD de acompañamiento, que incluye cantos evocadores o *galdr* (hechizos, conjuros) basados en cantos nórdicos como *Völuspá*, *Hávamál* y *Sigdrífomál*.

Kenneth Meadows, en su obra de 1996 *El poder de las runas*, es otro autor (junto con Tony Willis) que reivindica tradiciones secretas, en este caso de enseñanzas orales conservadas desde tiempos inmemoriales y que le fueron transmitidas en zonas rurales periféricas de Suecia. Una vez más, aunque Escandinavia ofrece un mayor potencial para la pervivencia de costumbres populares que la Europa continental o las Islas Británicas, es probable que se refiera a movimientos revivalistas más recientes; las investigaciones sobre afirmaciones similares de grupos wiccanos y druidas han revelado a menudo que se trata de exageraciones[9].

Meadows se preocupa por reformar nuestra comprensión de las Runas del futhark antiguo en varios aspectos. En primer lugar, afirma que el orden original del alfabeto sitúa *urox* primero y *fehu* al final de la escritura, ¡por lo que tendríamos que renombrar el sistema como utharkr antiguo! Esta teoría fue defendida en su día por uno o dos eruditos escandinavos, pero desde entonces se ha descartado por considerarse que se debe a la erosión de las piedras en las que aparece la secuencia "completa", y no a un orden alternativo más antiguo del futhark. Meadows también expresa su preocupación por la adopción de las Runas como sistema "mágicko" (al estilo del ocultismo occidental popular) y su uso indebido con fines de poder personal. Establece una distinción entre la hechicería, a veces oscura, del mago rúnico que busca controlar las fuerzas naturales y el chamán rúnico o chamana rúnica que utiliza el sistema para reconciliarse con la voluntad del cosmos. Algunos de sus significados corregidos para los símbolos del uthark (como lo rebautiza Meadows), aunque muy legibles, son difíciles de corroborar en las fuentes primitivas. Sin embargo, el chamanismo es, como afirma Meadows, un excelente campo para la fertilización cruzada con las runas.

Cualesquiera que sean sus puntos fuertes e inconvenientes, el poder de estos comentarios, mediado por la magia de la sincronicidad, ha llegado a las mentes y los corazones de muchos, incluido el mío, y sin duda seguirá haciéndolo.

Tampoco son las únicas autoridades dignas de mención. Existen docenas de libros de interpretación, y junto a las obras publicadas, una vasta red de comentarios sobre los signos rúnicos, incluidos cientos de sitios web, muchos de los cuales ofrecen lecturas en línea. No creo que internet sea tan buena para la lectura de oráculos como un buen juego de runas, pero cada cual elige. En lo personal, me parece que hay mucha más magia en los innumerables "libros de trabajo" de practicantes individuales o utilizados por "círculos" de odinistas y otros paganos contemporáneos que surgen del estudio, la contemplación y el ritual que involucra a las Runas.

Por último, debemos considerar el "oráculo rúnico" en su totalidad como una multitud de comentarios que giran alrededor de la columna central de los signos del alfabeto futhark antiguo. A medida que desarrollas el arte de la tirada de runas, tus propias interpretaciones tienen un lugar importante dentro de este mundo en red, ya que todos los hilos de significado generados a través de las Runas tienen un lugar vital dentro de este vasto y desplegable tapiz.

ΠΟΤΑΣ

El origen de las Runas y cómo usar este libro

1. Nigel Pennick, *Secrets of the Runes* (1992; reimpresión, Londres: Thorsons,1995), 11 (las citas corresponden a la edición de 1992).

Tradición rúnica

1. En ese relato de los materiales de *Runatal* y otros materiales éddi-cos, estoy en deuda con las redacciones de Kevin Crossley-Holland, *The Norse Myths* (Londres: Penguin, 1980), 15–17, y Clive Barret, *TheViking Gods* (Londres: Heineman, 1989), 170–71.

2. Edred Thorsson, *At the Well of Wyrd: A Handbook of Runic Divination* (York Beach, Maine: Samuel Weiser, 1996), xvii.

3. R. I. Page, *An Introduction to English Runes* (Londres: Methuen, 1973), 107.

4. Thorsson, *At the Well of Wyrd: A Handbook of Runic Divination*, 4–5.

5. Maureen Halsall, *The Old English Rune Poem: A Critical Edition* (Toronto: imprenta de la Universidad de Toronto, 1981), 97–98.

6. Ralph Elliott, *Runes: An Introduction* (Mánchester, Inglaterra: imprenta de la Universidad de Mánchester, 1959), 1–2.

7. Thorsson, *Well of Wyrd*, 5.

8. Elliott, *Runes*, 2.

9. Stephen Flowers, *Runes and Magic: Magical Formulaic Elements in the Older Runic Tradition* (Nueva York: Peter Lang, 1986), 75.

10. Marijane Osborn y Stella Longland, *Rune Games* (Londres: Routledge and Kegan Paul, 1987), 97–98.

11. René Derolez, *Runica Manuscriptica: The English Tradition* (Brujas, Bélgica: De Tempel, 1954), 354–55.

12. Ibid.

13. Margaret Clunies Ross, "The Anglo-Saxon and Norse Rune Poems: A Comparative Study", *Anglo-Saxon England* 19 (1990): 23–39.

14. Thomas Du Bois, *Nordic Religions in the Viking Age* (Filadelfia: imprenta de la Universidad de Pensilvania, 1999), 31.

15. Crossley-Holland, *Norse Myths*,182.

16. Patricia Terry, trad., *Poems of the "Elder Edda"* con introducción de Charles W. Dunn (Filadelfia: imprenta de la Universidad de Pensilvania, 1990), xxii.

17. Ursula Dronke, ed. y trad., *Myth and Fiction in Early Norse Lands*, Collected Studies Series (Aldershot, Hampshire, Inglaterra: Variorum, 1996), 144.

18. De la introducción a Terry, *Poems of the "Elder Edda"*, xxii.

19. Terry, *Poems of the "Elder Edda"*, 3.

20. William Anderson y Clive Hicks, *The Green Man: Archetype of Our Oneness with the Earth* (Londres: HarperCollins, 1990), 25.

21. Mircea Eliade, *Shamanism: Archaic Techniques of Ecstasy*, Bollingen Series 76 (Princeton, Nueva Jersey: imprenta de la Universidad de Princeton, 1964), 271.

22. Terry, *Poems of the "Elder Edda"*,10.

23. Ibid., 3.

24. Ibid., 15.

25. Ibid., 26.

26. Ibid., 31.

27. Joseph Campbell, *The Masks of God*, vol.1, *Primitive Mythology* (Londres: Penguin, 1976), 257.

28. Terry, *Poems of the "ElderEdda"*, 31–32.

29. Ibid., 21.

30. Ibid., 33.

31. Ibid., 162.

32. Ibid.

33. DuBois, *Nordic Religions*, 124.

34. Terry, *Poems of the "Elder Edda"*, 66.

35. Michael Howard, *The Wisdom of the Runes* (Londres: Rider, 1985), 54–55.

36. Ursula Dronke, ed. y trad., *The Poetic Edda*, vol.1, *Heroic Poems* (Oxford: imprenta de la Universidad de Clarendon,1997), 14

37. Terry, *Poems of the "Elder Edda"*, 7.

38. Ibid., 21.

Símbolos rúnicos

1. Terry, *Poems of the "Elder Edda"*, 164.

2. Ibid., 14.

3. Ibid., 6.

4. Maureen Halsall, *The Old English Rune Poem: A Critical Edition* (Toronto: imprenta de la Universidad de Toronto, 1981), 104.

5. Ibid., 105.

6. Campbell, *The Masks of God*, 293.

7. Terry, *Poems of the "Elder Edda"*, 68.

8. Crossley-Holland,*The Norse Myths*, xxxi–xxxii.

9. Ursula Dronke, ed. y trad., *The Poetic Edda*, vol. 2, Mythological Poems (Oxford: imprenta de la Universidad de Clarendon, 1997), 384.

10. Crossley-Holland, *The Norse Myths*, 26.

11. Ibid., 8.

12. Terry, *Poems of the "Elder Edda"*, 20.

13. Ibid., 13.

14. Flowers, *Runes and Magic*, 342–45.

15. Terry, *Poems of the "Elder Edda"*, 11.

16. William Morris y Eirikr Magnusson, ed. y trad., *Volsunga Saga: The Story of the Volsungs and the Niblungs: With Certain Songs from the Elder Edda* (Londres: Walter Scot, 1900), 42–44.

17. Kenneth Meadows, *Rune Power* (Shaftesbury, Dorset, Inglaterra: Element, 1996), 50.

18. Crossley-Holland, *The Norse Myths*, 3.

19. Campbell, *The Masks of God*, 395.

20. Terry, *Poems of the"Elder Edda"*, 94.

21. James E. McKeithen, *"The Risalah of Ibn Fadlan: An Annotated Translation with Introduction"* (tesis de doctorado, Universidad de Indiana, 1979), 148–49.

22. Terry, *Poems of the "Elder Edda"*, 20.

23. Ibid.,18.

24. Robert K. Barnhart, *The Barnhart Dictionary of Etymology* (Bronx, Nueva York: H. W. Wilson, 1988).

25. Terry, *Poems of the "Elder Edda"*,18.

26. Ibid., 16.

27. Ibid., 37.

28. Elliot, *Runes*, 58.

29. Terry, *Poems of the "Elder Edda"*, 18.

30. Eric Partridge, *Origins: A Short Etymological Dictionary of Modern English* (1958; reimpresión, Londres: Routledge and Kegan Paul, 1996), 765.

31. Terry, *Poems of the "Elder Edda"*,164.

32. Ibid.,18.

33. Ibid.,1.

34. Crossley-Holland, *Norse Myths*, 3.

35. Freya Aswynn, *Northern Mysteries and Magic: runes, Gods and Feminine Powers* (St. Paul, Minnesota: Llewellyn, 1998), 44.

36. Halsall, *Old English Rune Poem*, 121.

37. Morris y Magnussonm, *Volsunga Saga*, 35–41.

38. Crossley-Holland, *The Norse Myths*, 3–4.

39. Halsall, *Old English Rune Poem*, 123.

40. Ibid., 185.

41. Citado en Britt-Mari Nasstrom, *Freyja—the Great Goddess of the North*, Lund Studies in History of Religions, ed. Tord Olsson, vol. 5 (Lund, Suecia: Universidad de Lund, 1995), 51.

42. I. Jean Young, *The Prose Edda of Snorri Sturluson: Tales from Norse Mythology* (Cambridge: Bowes and Bowes, 1954), 24.

43. Terry, *Poems of the "Elder Edda"*, 40.

44. John Grant, *An Introduction to Viking Mythology* (Londres: Apple Press, 1990), 29.

45. Hilda R. Ellis Davidson, *The Lost Beliefs of Northern Europe* (Londres: Routledge, 1993), 107.

46. Terry, *Poems of the "Elder Edda"*, 7.

47. Jones y Pennick, *History of Pagan Europe*, 144.

48. Davidson, *Lost Beliefs*, 69.

49. Terry, *Poems of the "Elder Edda"*, 2.

50. Ibid., 7.

51. Michael Howard, *The Wisdom of the Runes* (Londres: Rider, 1985), 83.

52. Nigel Pennick, *Games of the Gods: The Origin of Board Games in Magic and Divination* (Londres: Rider, 1988), 177–78.

53. Elliot, *Runes*, 52.

54. Terry, *Poems of the "Elder Edda"*, 32.

55. Ibid., 163.

56. Howard, *Wisdom of the Runes*, 84.

57. Terry, *Poems of the "Elder Edda"*, 1.

58. Mi propia redacción, basada en la sección del relato de la creación de la *Edda prosaica*.

59. Mi propia redacción, basada en el relato de Ragnarök de la *Edda prosaica*.

60. Terry, *Poems of the "Elder Edda"*, 43.

61. Osborn y Longland, *Rune Games*,75.

62. Elliot, *Runes*, 47–50.

63. Howard, *The Wisdom of the Runes*, 86.

64. Howard, *The Wisdom of the Runes*, 45.

65. Davidson, *Lost Beliefs*, 93.

66. Citado en *Freya Aswynn, Northern Mysteries and Magic: Runes, Gods and Feminine Powers* (St. Paul, Minnesota: Llewellyn, 1998), 22.

67. Terry, *Poems of the "Elder Edda"*, 17.

68. Halsall, *Old English Rune Poem*, 142.

69. Arthur Cotterell, *The Encyclopedia of Mythology* (Londres: Lorenz, 1996), 178.

70. Terry, *Poems of the "Elder Edda"*, 33.

71. Howard, *The Wisdom of the Runes*, 45.

72. Hilda R. Ellis Davidson, *Myths and Symbols in Pagan Europe: Early Scandinavian and Celtic Religions* (Mánchester, Inglaterra: imprenta de la Universidad de Mánchester, 1989), 116.

73. Davidson, *Lost Beliefs*, 106.

74. Terry, *Poems of the "Elder Edda"*, 37–38.

75. Ibid.

76. Ibid., 39–40.

77. Ibid., 7.

78. De *Vǫluspá* y *Vafþrúðnismál* en Terry, *Poems of the "Elder Edda"*, 7, 43.

79. Estoy en deuda por estos detalles con Kevin Crossley-Holland, *The Norse Myths*, xvi–xvii.

80. Howard, *The Wisdom of the Runes*, 91–92.

Tirada de runas

1. Jones y Pennick, *History of Pagan Europe*, 205.

2. Edred Thorsson, *Runelore: A Handbook of Esoteric Runology* (Nueva York: Weiser, 1987), 55.

3. Nigel Pennick, *The Complete Illustrated Guide to Runes* (Shaftesbury, Inglaterra: Element, 1999), 44.

4. Guido von List, *The Secret of the Runes*, trad. Stephen Flowers (Rochester, Vermont: Destiny Books, 1988), 1–12.

5. Ibid., 10.

6. Pennick, *Illustrated Guide*, 43.

7. Citado en Pennick, *Illustrated Guide*, 130.

8. Jones y Pennick, *History of Pagan Europe*, 218.

9. Page, R. I, *An Introduction to English Runes* (Londres: Methuen and Co., 1973), 12.

10. Davidson, *Lost Beliefs*, 162.

11. Citado en Jones y Pennick, *History of Pagan Europe*, 218.

12. Véase el prólogo de C. G. Jung, *Synchronicity: An Acausal Connecting Principle* (Princeton, Nueva Jersey: imprenta de la Universidad de Princeton, 1973), 3–4.

13. J. R. R. Tolkien, *The Hobbit* (Londres: HarperCollins, 1990), ix.

14. Ibid., 51.

15. J. R. R. Tolkien, *The Lord of the Rings: The Return of the King* (Londres, HarperCollins, 1997), 956.

16. Crossley-Holland, *Norse Myths*, xxvi.

17. J. R. R. Tolkien, *The Lord of the Rings: The Fellowship of the Ring* (Londres: HarperCollins, 1997), 351.

18. Tolkien, *The Return of the King*, Apéndice E, 1096.

19. Humphrey Carpenter, *J. R. R. Tolkien: A Biography* (Londres: HarperCollins, 1995), 54.

20. Ralph Blum, *The New Book of Runes* (Londres: Angus and Robertson, 1994), 13.

21. F. David Peat, *Synchronicity: The Bridge between Matter and Mind* (Londres: Bantum, 1987), 140.

22. Flowers, *Runes and Magic*, 33.

23. Aswynn, *Northern Mysteries*, 95.

24. Tanya M. Luhrmann, *Persuasions of the Witch's Craft: Ritual Magic in Contemporary England* (Londres: Picador, 1989), 391.

25. Thorsson, *Well of Wyrd*, 87.

26. Elliot, *Runes*, 1–2.

27. DuBois, *Nordic Religions*, 124.

28. Más detalles en el capítulo "Cults of the Northern Gods" en Davidson, *Lost Beliefs*, 87–106.

Palabras finales: el renacimiento de las Runas

1. Osborn y Longland, *Rune Games*, 97–98.

2. Ibid., 22–23.

3. Ibid., 97.

4. Blum, *New Book of Runes*, 11.

5. Thorsson, *Well of Wyrd*, 8.

6. Edred Thorsson, *Futhark: A Handbook of Rune Magic* (Nueva York: Samuel Weiser, 1984), 16.

7. Para más información y asuntos relacionados, véase Ronald Hutton, *The Triumph of the Moon: A Study of Modern Pagan Witchcraft* (Oxford: imprenta de la Universidad de Oxford, 1999), 371–72.

8. Pennick, *Secrets of the Runes*, 11.

9. Véase en especial Hutton, *Triumph of the Moon*; Leslie Ellen Jones, *Druid, Shaman, Priest: Metaphors of Celtic Paganism* (Middlesex, Inglaterra: Hisarlik Press, 1998); y Aidan Kelly, *Crafting the Art of Magic* (St. Paul, Minnesota: Llewellyn, 1991).

BIBLIOGRAFÍA

Anderson, William, y Clive Hicks. *The Green Man: Archetype of Our Oneness with the Earth*. Londres: HarperCollins, 1990.

Aswynn, Freya. *Northern Mysteries and Magic: Runes, Gods and Feminine Powers*. St. Paul, Minnesotta: Llewellyn, 1998.

Auden, W. H., y Paul B. Taylor. *The Norse Poems*. Londres: Athlone Press, 1981.

Bammesberger, Alfred, ed. *Old English Runesand Their Continental Background*. Heidelberg: Carl Winter–Universitatsverlag, 1991.

Barnhart, Robert K. *The Barnhart Dictionary of Etymology*. Bronx, Nueva York: H. W. Wilson, 1988.

Barret, Clive. *The Viking Gods*. Londres: Heineman, 1989.

Bauschatz, Paul C. *The Well and the Tree: World and Time in Early Germanic Culture*. Amherst: imprenta de la Universidad de Massachusetts, 1982.

Blum, Ralph. *The Book of Runes*. Londres: Angus and Robertson, 1982.

———. *The New Book of Runes*. Londres: Angus and Robertson, 1990.

Bradley, Daniel J. "The Old English Rune Poem: Elements of Mnemonics and Psychoneurological Beliefs". *Perceptual and Motor Skills 69*, no. 1 (Agosto de 1989): 3–8.

Bremmer, Rolf H., Jr. "Hermes-Mercury and Wodin-Odin as Inventors of Alphabets: A Neglected Parallel". En *Old English Runes and Their Continental Background*, editado por Alfred Bammesberger, 409–19. Heidelberg: Carl Winter – Universitatsverlag, 1991.

Campbell, Joseph. *The Masks of God*. Vol. 1, *Primitive Mythology*. 1958. Reimpresión, Londres: Penguin Books, 1976.

Carpenter, Humphrey. *J. R. R. Tolkien: A Biography*. Londres: HarperCollins, 1995.

Cotterell, Arthur. *The Encyclopedia of Mythology*. Londres: Lorenz, 1996.

Crossley-Holland, Kevin. *The Norse Myths*. 1980. Reimpresión, Londres: Penguin, 1982.

Davidson, Hilda R. Ellis. *The Lost Beliefs of Northern Europe*. Londres: Routledge, 1993.

———. *Myths and Symbols in Pagan Europe: Early Scandinavian and Celtic Religions*. Mánchester, Inglaterra: imprenta de la Universidad de Mánchester, 1989.

———. *Pagan Scandinavia*. Londres: Thames and Hudson,1967.

———. *Scandinavian Mythology*. Londres: Paul Hamlyn, 1969.

Davidson, Hilda R. Ellis, and Peter Gelling. *The Chariot of the Sun and and Other Rites and Symbols of the Northern Bronze Age*. Londres: J. M. Dent and Sons, 1969.

Derolez, René. "Runes and Magic." *American Notes and Queries* 24, no. 7–8 (1986): 98–102.

———. *Runica Manuscriptica: The English Tradition*. Brujas, Bélgica: De Tempel, 1954.

Dronke, Ursula, ed. and trans. *Myth and Fiction in Early Norse Lands*. Collected Studies Series. Aldershot, Hampshire, Inglaterra: Variorum, 1996.

———. *The Poetic Edda*.Vol. 1, Heroic Poems.1969. Reimpresión, Oxford: imprenta de la Universidad de Clarendon, 1997.

———. *The Poetic Edda*.Vol. 2, Mythological Poems. 1969. Reimpresión, Oxford: imprenta de la Universidad de Clarendon, 1997.

Drucker, Johanna. *The Alphabetic Labyrinth: Letters in History and Imagination*. Londres: Thames and Hudson, 1995.

DuBois, Thomas. *Nordic Religions in the Viking Age*. Filadelfia: imprenta de la Universidad de Pensilvania, 1999.

Eliade, Mircea. *Shamanism: Archaic Techniques of Ecstasy*. Bollinger Series 76. 1951. Reimpresión, Princeton, Nueva Jersey: imprenta de la Universidad de Princeton, 1964.

Elliot, Ralph. *Runes: An Introduction*. 1959. Reimpresión, Manchester, Inglaterra: imprenta de la Universidad de Manchester, 1989.

Flowers, Stephen. *Runes and Magic: Magical Formulaic Elements in the Older Runic Tradition*. Nueva York: Peter Lang, 1986.

Grant, John. *An Introduction to Viking Mythology*. Londres: Apple Press, 1990.

Halsall, Maureen. *The Old English Rune Poem: A Critical Edition*. Toronto: imprenta de la Universidad deToronto, 1981.

Howard, Michael. *The Wisdom of the Runes*. Londres: Rider, 1985.

Hutton, Ronald. *The Pagan Religions of the Ancient British Isles: Their Nature and Legacy*. Oxford: Blackwell, 1991.

———. *The Triumph of the Moon: A Study of Modern Pagan Witchcraft*. Oxford: imprenta de la Universidad de Oxford, 1999.

Jones, Leslie Ellen. *Druid, Shaman, Priest: Metaphors of Celtic Paganism*. Middlesex, Inglaterra: imprenta de Hisarlik, 1998.

Jones, Prudence, y Nigel Pennick. *A History of Pagan Europe*. Londres: Routledge, 1995.

Jung, C. G. *Synchronicity: An Acausal Connecting Principle*. 1960. Reimpresión, Princeton, Nueva Jersey: imprenta de la Universidad de Princeton, 1973.

Kelly, Aidan. *Crafting the Art of Magic*. St. Paul, Minnesota: Llewellyn, 1991.

Kocher, Paul. *Master of Middle-Earth: The Achievement of J. R. R. Tolkien*. Londres: Thames and Hudson, 1972.

Larrington, Carolyne. *A Store of Common Sense: Gnomic Theme and Style in Old English Wisdom Poetry*. Oxford: imprenta de Clarendon, 1993.

List, Guido von. *The Secret of the Runes*. Traducido por Stephen Flowers. Rochester, Vermont: Destiny Books,1988.

Luhrmann, Tanya M. *Persuasions of the Witch's Craft: Ritual Magic in Contemporary England*. Londres: Picador, 1989.

Markale, Jean. *Merlin: Priest of Nature*. Traducido por Belle N. Burke. 1981. Reimpresión, Rochester, Vermont: InnerTraditions, 1995.

McKeithen, James E. "*The Risalah of Ibn Fadlan*: An Annotated Translation with Introduction". Tesis de doctorado, Universidad de Indiana, 1979.

Meadows, Kenneth. *Rune Power: The Secret Knowledge of the Wise Ones*. Dorset, Inglaterra: Element,1996.

Morris,William, y Eirikr Magnusson, ed. y trad. *Volsunga Saga: The Story of the Volsungs and the Niblungs: With Certain Songs from the Elder Edda.* Londres: Walter Scot, 1900.

Nasstrom, Britt-Mari. *Freyja—the Great Goddess of the North.* Lund Studies in History of Religions, ed. Tord Olsson, vol. 5. Lund, Suecia: Universidad de Lund, 1995.

Osborn, Marijane. "*Hleotan* and the Purpose of the Old English Rune Poem." *Folklore* 92, no. 2 (1981): 168–73.

Osborn, Marijane, y Stella Longland. *Rune Games.* 1982. Reimpresión, Londres: Routledge and Kegan Paul. 1987.

Page, R. I. *An Introduction to English Runes.* Londres: Methuen, 1973.

Partridge, Eric. *Origins: A Short Etymological Dictionary of Modern English.* 1958. Reimpresión, Londres: Routledge and Kegan Paul, 1996.

Patterson, Jacqueline. *Memory. Tree Wisdom: The Definitive Guidebook to the Myth, Folklore, and Healing Power of Trees.* Londres: Thorsons, 1996.

Peat, F. David. *Synchroncity: The Bridge between Matter and Mind.* Londres: Bantum Books, 1987.

Pennick, Nigel. *The Complete Illustrated Guide to Runes.* Shaftesbury, Inglaterra: Element, 1999.

——. *Games of the Gods: The Origin of Board Games in Magic and Divination.* Londres: Rider, 1988.

——. *The Secret Lore of Runes and Other Magical Alphabets.* Londres: Rider, 1991.

——. *Secrets of the Runes.* 1992. Reimpresión, Londres: Thorsons, 1995.

Polome, E. "The Names of the Runes." In *Old English Runes and Their Continental Background,* editado por Alfred Bammesberger, 421–38. Heidelberg: Carl Winter–Universitatsverlag, 1991.

Ross, Margaret Clunies. "The Anglo-Saxon and Norse Rune Poems: A Comparative Study". *Anglo-Saxon England* 19 (1990): 23–39.

——. *Prolonged Echoes: Old Norse Myths in Medieval Society.* Odense: imprenta de la Universidad de Odense, 1994.

Sorrell, Paul. "Oaks, Ships, Riddles, and the Old English Rune Poem". *Anglo-Saxon England* 19 (1990): 103–16.

Stanley, E. G. *The Search for Anglo-Saxon Paganism*. 1964. Reimpresión, Cambridge: D. S. Brewer, 1975.

Terry, Patricia, trad. *Poems of the "Elder Edda"*, con introducción de Charles W. Dunn, 1969. Reimpresión, Filadelfia: imprenta de la Universidad de Pensilvania, 1990.

Thorsson, Edred. *At the Well of Wyrd: A Handbook of Runic Divination*. 1988. Reimpresión, York Beach, Maine: Samuel Weiser, 1996.

———. *Runelore: A Handbook of Esoteric Runology*. Nueva York: Weiser, 1987.

———. *Futhark: A Handbook of Rune Magic*. Nueva York: Samuel Weiser, 1984.

Tolkien, J. R. R. *The Book of Lost Tales*. Part 1. Londres: Unwin, 1985.

———. *The Hobbit*. 1937. Reimpresión, Londres: HarperCollins, 1990.

———. *The Lord of the Rings: The Fellowship of the Ring*. 1955. Reimpresión, Londres: HarperCollins, 1997.

———. *The Lord of the Rings: The Return of the King*. 1955. Reimpresión, Londres: HarperCollins, 1997

———. *The Lord of the Rings: The Two Towers*. 1955. Reimpresión, Londres: HarperCollins, 1997.

Toynbee, Arnold. *Mankind and Mother Earth*. Oxford: imprenta de la Universidad de Oxford, 1976.

Wells, Peter S. *The Barbarians Speak: How the Conquered Peoples Shaped Roman Europe*. Princeton, Nueva Jersey: imprenta de la Universidad de Princeton, 1999.

Willis, Tony. *The Runic Workbook: Understanding and Using the Power of Runes*. Bath, Inglaterra: Aquarian Press, 1986.

Wilson, David M., ed. *The Northern World: The History and Heritage of Northern Europe*. Nueva York: Harry N. Abrams, 1980.

Young, I. Jean. *The Prose Edda of Snorri Sturluson: Tales from Norse Mythology*. Cambridge: Bowes and Bowes, 1954.

ÍNDICE DE LAS RUNAS DEL FUTHARK ANTIGUO

OTROS LIBROS DE INNER TRADITIONS EN ESPAÑOL

Runas para la bruja verde
Un grimorio de hierbas
por Nicolette Miele

Lecciones de los 12 Arcángeles
Intervención divina en la vida cotidiana
por Belinda J. Womack

Herbolario de la senda de los venenos
Hierbas nocivas, solanáceas medicinales y enteógenos rituales
por Coby Michael

Numerología
Con tantra, ayurveda y astrología
por Harish Johari

La cábala y el poder de soñar
Despertar a una vida visionaria
por Catherine Shainberg

Libro de bolsillo de piedras
Quiénes son y qué nos enseñan para la salud,
felicidad y prosperidad
por Robert Simmons

Medicina ancestral
Rituales para la sanación personal y familiar
por Daniel Foor, Ph. D.

Oráculo alquímico del agua
Un mazo de 40 cartas con manual
por Alexandra Wenman

Tarot de los espíritus de la naturaleza
Un mazo de 78 cartas y un libro para el viaje del alma
por Jean Marie Herzel

Inner Traditions en Español
P.O. Box 388
Rochester, VT 05767 1-800-246-8648
www.InnerTraditions.com

O póngase en contacto con su librería local.